Experiências que deixam marcas

Experiências que deixam marcas

Estratégias e ferramentas do CRM para uma melhor Experiência do Cliente

Volume 3

1ª Edição

Coordenação:
Andréa Naccarati de Mello

Coautores:
Alex Mariano, Andrea Calvino, Andréa Naccarati de Mello, Carlos Alberto Bentim Pires, Eric Bacconi Gonçalves, Fábio Dias Monteiro, Francisco Neto, Jonathan Melo, Julio Quaglia, Rodrigo Andrade, Rodrigo Tavares, Sérgio Szpoganicz de Oliveira, Tania Zahar Miné, Tatiana Thomaz

São Paulo, 2022

Coordenação: Andréa Naccarati de Mello

Preparação: Andréa Naccarati de Mello
Ilustrações: Caio Oishi
Revisão: Felipe Faverani
Projeto gráfico e diagramação: Caio Oishi
Capa: Caio Oishi

Dados Internacionais de Catalogação na Publicação (CIP)
(Câmara Brasileira do Livro, SP, Brasil)

Experiências que deixam marcas : estratégias e
ferramentas do CRM para uma melhor experiência
do cliente / coordenação Andréa Naccarati de
Mello. -- 1. ed. -- São Paulo : Robecca & Co.
Editora, 2022. -- (Experiências que deixam
marcas ; 3)
Vários autores.
Bibliografia.
ISBN 978-65-993938-4-6
1. Administração 2. Clientes - Contatos -
Administração 3. Cultura organizacional
4. Marketing de relacinamento 5. Negócios
I. Mello, Andréa Naccarati de. II. Série.
22-117420 CDD-658.812

Índices para catálogo sistemático:
1. Customer experience : Serviço ao cliente :
Administração 658.812
Aline Graziele Benitez - Bibliotecária - CRB-1/3129

“O propósito do negócio é criar
e manter um cliente.”

Peter Drucker

"Este livro é dedicado aos profissionais que amam seus clientes, que valorizam o relacionamento das empresas com eles, que sabem da importância das suas experiências ao longo das suas jornadas, e que entendem que uma série de iniciativas precisam ser tomadas pelas empresas não só para conquistá-los, mas também para mantê-los e fidelizá-los."

AGRADECIMENTO

O tema Experiência do Cliente é vasto, visto que envolve todas as áreas da organização que, direta ou indiretamente, afetam a satisfação do cliente em cada ponto de contato com a marca, o produto ou o serviço ao longo da sua jornada de compra. Ao mesmo tempo, ainda é passível de entendimento da sua importância, dos seus principais conceitos, das ferramentas e tecnologias disponíveis para sua gestão.

Por isso a coleção sobre *Customer Experience* (CX) já está no volume três. O primeiro volume desenvolveu os conceitos fundamentais do CX. O volume dois, a jornada, os dados e as métricas. Agora, o volume três será sobre CRM (*Customer Relationship Management*).

Nenhum desses volumes teria sido possível sem nossos coautores e patrocinadores. Gostaríamos de agradecer a todos eles, e especialmente a Fortics, na pessoa do sr. Francisco Neto, CEO; a Multiplica Brasil, na pessoa do sr. Rodrigo Andrade, sócio e *country manager;* a RecargaPay, na pessoa do sr. Rodrigo Tavares, vice-presidente da jornada do cliente e vendas; e a Zoho Brasil, na pessoa do sr. Jonathan Melo, diretor de marketing, que estão nos apoiando neste novo volume.

Seguimos confiantes de que esta coleção é uma semente da Experiência do Cliente que vai gerar muitos frutos nas empresas ao longo dos anos.

Andréa Naccarati de Mello

SUMÁRIO

94
CONFERENCE CHAMPS

PRE FÁ CIO

Desde a primeira invenção de uma ferramenta de CRM, criada pelo engenheiro dinamarquês Hildaur Neilsen, em 1956, a indústria vem se aprimorando em transformar o Relacionamento com o Cliente em um ativo gerenciável. Diversas outras ferramentas foram sendo introduzidas no mercado até que Tom Siebel, em 1993, coloca um ponto de inflexão nesta tendência e passa a oferecer o poder computacional para, pela primeira vez, criar um modelo de CRM automatizado.

A partir desta data, rapidamente as empresas passam a utilizar ferramentas de CRM como forma de melhor se relacionar com o seu Cliente. Este primeiro passo vai exatamente na direção de se construir um relacionamento mais próximo, focado na fidelização e nas possibilidades de vendas cruzadas (*cross-selling*) ou de mais produtos para os mesmos Clientes (*upselling*).

Em um segundo passo, o CRM passa a auxiliar, a partir de informações de comportamento de consumos, o desenvolvimento de novos produtos e serviços cada vez mais parecidos com os seus Clientes. É justamente neste passo que as empresas começam a perceber o poder de se adicionar valor a partir de múltiplas atividades com foco no Cliente.

No final, toda esta jornada de se gerenciar a relação com seus Clientes nada mais era do que gerar uma relação de encantamento e experiência baseada em ferramentas que podiam auxiliar nesta direção.

Este livro trata exatamente disto. Dos diversos métodos e ferramentas disponíveis para que a empresa possa construir uma estratégia de se ter o Cliente no centro do negócio, com todo o gerenciamento capaz de produzir experiências que irão permitir maior fidelização, redução de perda (*churn*) e, ao mesmo tempo, trazer uma oportunidade de aumento de valor e percepção de seus produtos e serviços. Mais que um livro de leitura obrigatória aos profissionais que desejam implementar um CRM efetivo, ele serve como um guia, um passo a passo do que temos de fazer.

Cyro Diehl - *Cofounder* da Be Compliance e ex-presidente da Oracle

IN TRO DU ÇÃO

Quando se pensa em CRM (*Customer Relationship Management*, gestão do relacionamento com o cliente), precisa-se considerar uma grande amplitude de temas, áreas e profissionais envolvidos, assim como o CXM (*Customer Experience Management*, gestão da experiência do cliente). E considerar não só o CRM tradicional, mas também o CRM nas mídias sociais.

Este volume três da coleção de Experiência do Cliente cobre todos esses aspectos do CRM, escritos por vários profissionais experientes e qualificados nos assuntos que desenvolvem.

Você pode se perguntar por que uma Coleção sobre CX está abordando CRM. Eu explico. Várias iniciativas podem ser implantadas para melhorar o CX, desde as mais básicas, até as mais surpreendentes, mas uma delas é de extrema importância: a criação do relacionamento com o cliente, que se dá através da estratégia, dos *softwares*, dos processos, das diferentes especialidades de profissionais e da cultura centrada no cliente – isto é, do CRM. Ambos trabalham com os objetivos de melhorar a satisfação dos clientes, a retenção, as oportunidades de novos negócios via recompra, *upsell* e *cross-sell*, a fidelização e a *brand advocacy* ("o sonho" das marcas).

A primeira parte deste livro é uma introdução ao CRM, à importância do entendimento do cliente e à toda a relação entre CRM e CX.

A segunda parte já mergulha no CRM tradicional em si: sua origem, o passo a passo para sua implantação, suas métricas, os dados e a segmentação dos clientes, a construção da persona, da jornada, da régua de relacionamento, a automação de processos, alguns casos de sucesso, o *UX Writing* para melhorar a comunicação com os clientes etc. Tudo isso vai mostrar que o CRM integra, automatiza, segmenta, personaliza, retém, fideliza e reduz custos.

A terceira parte foca no CRM nas mídias sociais (*SCRM* ou *Social Customer Relationship Management*), nem sempre implantado pelas empresas por não entenderem os seus benefícios e os seus riscos, por questões estratégicas, enfim. Isso não tira o mérito do SCRM de forma alguma já que, se bem executado, ajuda a cuidar da imagem, da reputação, da autoridade da marca; a fortalecer o relacionamento com os clientes e identificar os *brand advocates* ("advogados da marca"), que trabalharão organicamente na geração e conversão dos *leads* para proporcionar melhor resultado ao negócio.

O "mundo do CRM" é desafiador e encantador para empresas de qualquer porte, de qualquer segmento de mercado, B2B ou B2C. Há ainda muitos mitos que precisam ser desmistificados, e é o que tentaremos fazer aqui também.

Siga nesta jornada conosco!

Andréa Naccarati de Mello

PARTE I

O CLIENTE NO CENTRO

01

A IMPORTÂNCIA DA GESTÃO DO RELACIONAMENTO COM O CLIENTE PARA O *CUSTOMER EXPERIENCE*

por Andréa Naccarati de Mello

Muito se tem falado em *Customer Experience* (CX, Experiência do Cliente, em português) e várias definições têm sido apresentadas. Para relembrar, escolhi a definição da Gartner[1].

> **"Customer Experience *são as percepções e sentimentos relacionados ao cliente, causados pelo efeito pontual e cumulativo das interações com os funcionários, sistemas, canais ou produtos de um fornecedor."***

1. https://www.gartner.com/en/information-technology/glossary/customer-as,%2C%20systems%2C%20channels%20or%20products. Acesso em 22 de maio de 2022.

Fonte: Andréa Naccarati de Mello

E é por isso que a gestão do *Customer Experience* abrange a empresa toda, já que todas as áreas, direta ou indiretamente, têm impacto nas vivências, percepções, emoções, satisfação do cliente nos seus pontos de contato com a marca, o produto ou o serviço ao longo da sua jornada de compra (essa é a minha definição de CX). Todos esses pontos de contato importam, e uma má experiência pode levar à perda do cliente. Sempre falo do efeito dominó, em que uma peça pode derrubar todas.

A empresa necessita ter sua Cultura centrada no cliente; uma na qual os colaboradores (internos e externos) e as áreas multifuncionais trabalhem de forma integrada e colaborativa para melhorar a experiência do cliente. Uma área ter êxito e as demais não, pode, sim, levar ao aumento do "*churn rate*".

O cliente está mais exigente. Ele demanda das empresas boas experiências (que ganharam maior relevância ao longo do tempo), além da expectativa de bons produtos e serviços.

Uma pesquisa da Opinion Box[2] mostrou a importância da boa experiência e seu impacto na compra:

- 93% dos consumidores consideram a experiência um fator importante ou muito importante em um processo de compra;
- 77% acreditam que a maioria das empresas precisam melhorar a experiência que oferecem para os seus clientes;
- 82% gastam mais em empresas que oferecem uma boa experiência;
- 76% deixaram de fazer uma compra por causa de uma experiência negativa.

Existem outras referências de pesquisas que indicam resultados similares, o que deveria convencer as empresas a implantarem uma gestão de experiência do cliente que colocasse seu nível de satisfação em outro patamar. Eu tendo a achar que a boa experiência com as empresas vá se tornar a base do CX, e não mais vantagem competitiva, como ainda é hoje, pelo fato de muitas empresas ainda estarem aquém das expectativas dos clientes e não terem plano de ação (tampouco visão) para resolverem isso no curto prazo.

2. https://blog.opinionbox.com/panorama-da-experiencia-do-consumidor/. Acesso em 23 de maio de 2022

A gestão do CX precisa "ouvir" (monitorar) ativamente o cliente para compreender a sua satisfação e as suas "dores", resolver os problemas e melhorar as experiências, num processo cíclico e frequente.

TRANSFORMANDO A AVALIAÇÃO DO CLIENTE EM AÇÃO

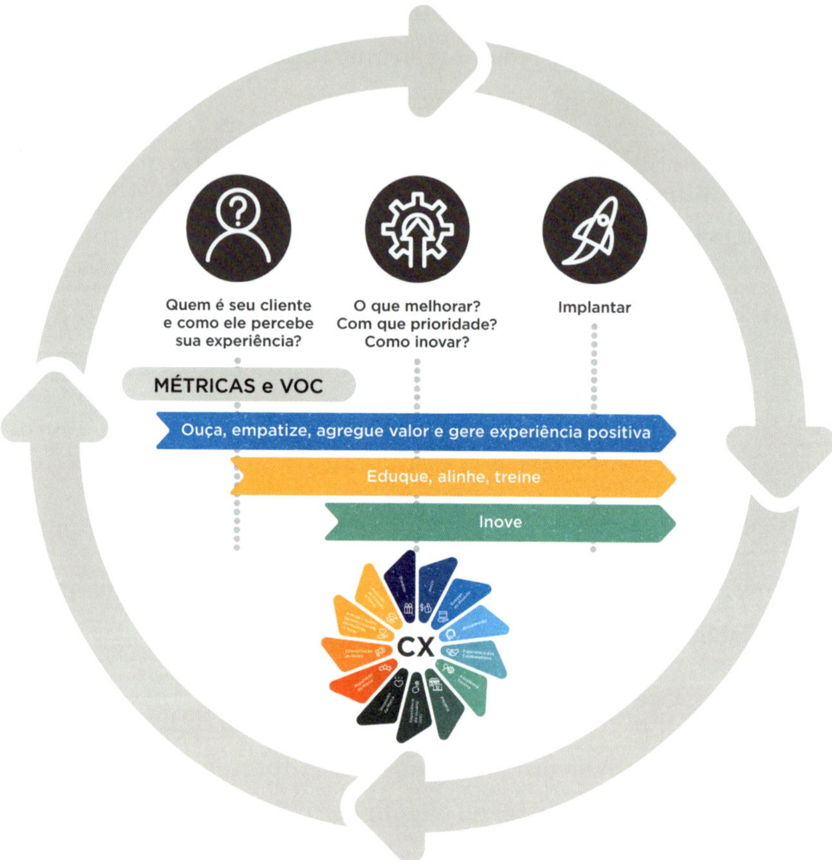

Fonte: Adaptado de André Luiz Camacho da Silveira

Várias iniciativas podem ser implantadas para melhorar o CX, desde as mais básicas, até as mais sofisticadas dentro desse processo como um todo. Vou listar algumas delas, e não necessariamente em ordem de importância, ok?

- Construa uma Cultura centrada no cliente (se a sua empresa não nasceu com o cliente no centro, precisará realizar uma transformação interna para isso);
- Entenda quem são os seus clientes (não tem como agir, se não souber o que eles esperam);
- Faça uso de análise de dados dos seus clientes (não se esqueça da LGPD, tema desenvolvido no volume 2 desta coleção);
- Implemente o VOC (*Voice of Customer*) para entender o que os clientes dizem, do que reclamam, o que elogiam, para a empresa ter uma visão clara da situação e poder agir;

Fonte: Talkwalker

- Entenda e otimize a jornada do cliente (fazer jornada é complexo, mas você pode priorizar e fazer por partes; não se esqueça de considerar que o cliente é um indivíduo, antes de ser cliente. Você encontra mais detalhes sobre isso no volume 2 desta coleção);
- Implemente programas de fidelidade (defina a estratégia e para qual segmento faz sentido oferecer esse benefício);
- Mantenha a mensagem da sua marca clara (para seus clientes conhecerem o propósito da marca, seu lado humano e se identificarem com ele);
- Ofereça opções de canais de atendimento nos quais seus clientes estão (e não esqueça de informá-los via site, mídias sociais etc);
- Integre canais para reduzir o esforço dos clientes toda vez que quiserem se comunicar com a empresa (*omnichannel*);

- Escolha "a dedo" a sua equipe de atendimento e ofereça treinamento contínuo (mais detalhes no capítulo do Carlos Bentim Pires, neste livro);
- Automatize o atendimento usando Inteligência Artificial (AI), mas não se esqueça de manter a opção humana se o cliente precisar (vai ganhar eficiência no atendimento, mas entenda se funciona para todos os segmentos de clientes);
- Ofereça opções de autoatendimento para os clientes (via FAQ no site da empresa, *chatbot* no site, no WhatsApp etc);
- Crie uma conexão emocional com seu cliente através de relacionamento frequente (não lembre dele apenas para oferecer promoções, mas também em datas especiais como aniversário, Natal etc.);
- Trate seus clientes de maneira personalizada e ofereça iniciativas customizadas (na medida do possível);
- Seja transparente quanto ao que a empresa entrega (e não entrega) para alinhar expectativas com os clientes;
- Etc. (vai depender do que aprender sobre o seu cliente).

Esse relacionamento frequente se constrói através do CRM (*Customer Relationship Management*, gestão do relacionamento com o cliente, em português). CRM é tão importante para o CX, que dedicamos este livro inteirinho para esse tema.

Não consigo pensar em CX sem o CRM. Claro que é o mundo ideal para as empresas, mas deveria ser a meta perseguida por elas; devagar, dentro das possibilidades da empresa, mas o caminho a seguir.

E a personalização na comunicação e no atendimento?

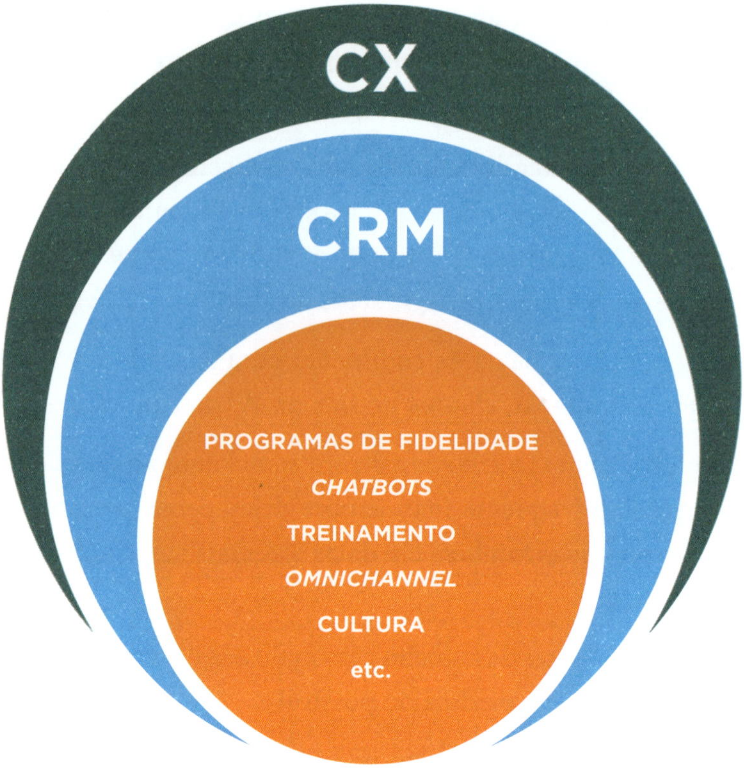

Fonte: Andréa Naccarati de Mello

De acordo com uma pesquisa realizada pela Open Text com dois mil brasileiros, 73% dos entrevistados voltariam a comprar de marcas que apostam na personalização do atendimento, e 77% se tivessem uma experiência digital personalizada[4].

Hoje já se fala em hipersonalização, o que vai além do atendimento. Nada mais é do que uma experiência customizada ao longo da jornada de compra. Isso pode levar à fidelização do cliente como resultado de uma boa experiência, fruto de uma visão única e integrada das áreas da empresa.

4 https://www.consumidormoderno.com.br/2021/09/20/comprar-marcas-individualizada/. Acesso em 6 de março de 2022

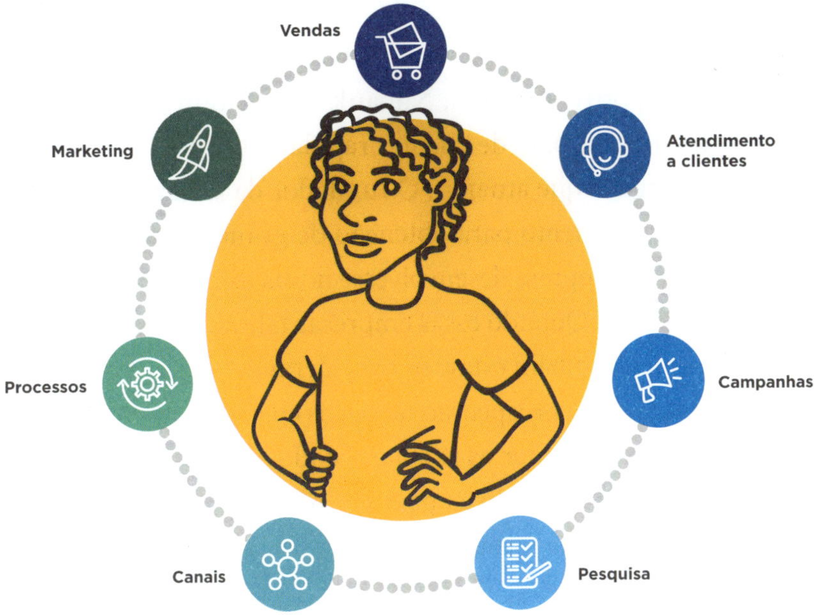

Fonte: Andréa Naccarati de Mello

Investir em CRM e em CX traz resultado para as empresas porque aumenta a satisfação dos clientes, personaliza, customiza, retém e fideliza. Eles recompram, fazem *cross-sell*, *upsell*, recomendam e criam oportunidades de vendas para a empresa organicamente.

3 RAZÕES POR QUE AS EMPRESAS GERENCIAM E INVESTEM EM CX

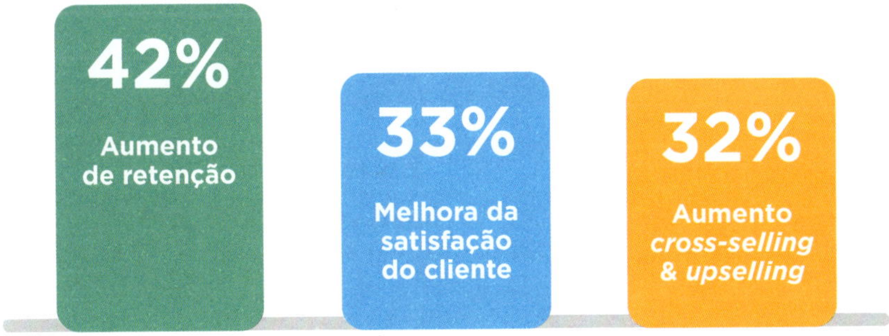

Essas razões podem impactar positivamente o faturamento das empresas

Fonte: https://www.revechat.com/blog/improve-customer-experience/. Acesso em 23/05/2022

Algumas empresas avaliadas em milhões (ou bilhões) de dólares como Uber, Spotify, Amazon, Nubank começaram investindo na construção de uma base de clientes rapidamente para se valorizarem nos mercados que atuam[5] . O fundador da Amazon entendeu que o alto investimento para obtenção de grande base de clientes permitiria que a empresa desenvolvesse novas tecnologias e se mantivesse inovadora. Quando essas empresas falavam em aumentar a base de clientes, também estavam considerando retê-la e fidelizá-la porque sabiam que a prospecção de novos clientes seria muito mais cara que cativar e manter os já conquistados. E suas Culturas *customer-centric*, suas iniciativas para melhorar as experiências têm resultado em terem se tornado referências de boas práticas do CX.

Em 2021, o Nubank atingiu o mais alto NPS (*Net Promoter Score*) do setor bancário, 66.6[6].

Sucesso por acaso? Acho que não! Estratégia certa, ou errada? Todos têm sua opinião, mas a Visão dessas empresas parece que tem dado muito certo.

Para finalizar, gostaria de comentar que o CRM, através de suas estratégia, tecnologia, ferramentas, também trabalha para aumentar o número de *leads* e de clientes, o que também será tratado ao longo dos próximos capítulos.

Escaneie para
mais conteúdo

5 https://epocanegocios.globo.com/Empresa/noticia/2019/09/de-uber-nubank-empresas-que-valem-bilhoes-mas-nunca-registraram-lucro.html. Acesso em 6 de março de 2022
6 https://epocanegocios.globo.com/Empresa/noticia/2021/02/nubank-e-magalu-pay-lideram-indice-de-aprovacao-entre-clientes-do-setor-bancario.html. Acesso 6 de março de 2022

"TRABALHAR COM CX E CRM PERMITE QUE AS EMPRESAS ENTENDAM OS SEUS CLIENTES, SUAS NECESSIDADES, TOMEM AÇÕES, CRIEM COMUNICAÇÃO PERSONALIZADA, RELEVANTE E CONTÍNUA PARA UMA MAIOR SATISFAÇÃO, RETENÇÃO, FIDELIZAÇÃO E, QUEM SABE, *BRAND ADVOCACY*."

02

ENTENDIMENTO DO CLIENTE COMO FERRAMENTA FUNDAMENTAL DE RELACIONAMENTO

por Tatiana Thomaz

Como adoro pesquisas e estatísticas, farei uso de diversos dados de estudos para enfatizar as ideias que irei compartilhar. Já darei início a este capítulo com um dado importante, para pensarmos a respeito a partir dele: de acordo com uma pesquisa da Accenture, 77% dos CEOs disseram que suas empresas mudarão a forma como se envolvem e interagem com os clientes.

Neste contexto, entender de fato quem está por trás dos dados é essencial! Quem é o seu cliente, o que deseja, como se comporta, quais são suas necessidades e como é a sua jornada com a sua empresa? Somente de posse das respostas a estas perguntas é possível atender adequadamente o cliente.

Quando pensamos em CRM, não existe "R" de *Relationship* / Relacionamento sem um eficaz "M" de *Management* / Gerenciamento e, principalmente, entendimento do "C" de *Client* / Cliente. Torna-se vital trabalhar de forma granular para poder criar soluções e atender de forma personalizada o seu cliente. A solução *one fits all* (uma única solução) já caiu por terra há muito tempo, e a empresa que ainda não acordou para isso precisa fazê-lo urgentemente.

Percebe-se, de uma forma geral, a ausência da tradução dos algoritmos em *insights* e, consequentemente, ações pertinentes: não somente em comunicação, produtos e promoções, mas como uma ferramenta que impacte toda a jornada do cliente. Para ratificar meu ponto, trago um dado de um estudo da Salesforce que cita que 63% dos potenciais clientes acreditam que os varejistas não os conhecem, ou seja: onde está o "M" e o "C" do CRM? Ter uma ferramenta de CRM comprada, instalada e alimentada com os dados dos clientes não é garantia de um relacionamento inteligente e eficaz. Pense e repense como está interpretando estes *insights* e trabalhando o relacionamento com os seus clientes.

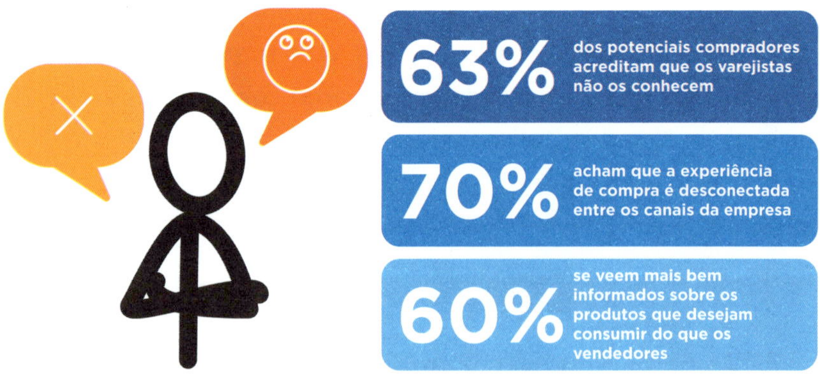

Fonte: Salesforce

Um *case* que acho incrível, pois é 100% baseado no conhecimento do cliente, construído através de *insights* de muitas pesquisas, refere-se ao *turnaround* da Mercedes, que foi de um *mindset* e foco em produto para encantamento na jornada. Pesquisas com clientes indicavam que a experiência nas concessionárias estava muito aquém de ser a melhor – oportunidade gigante de melhorar as experiências de vendas,

“TORNA-SE VITAL TRABALHAR DE FORMA GRANULAR PARA PODER CRIAR SOLUÇÕES E ATENDER DE FORMA PERSONALIZADA O SEU CLIENTE. A SOLUÇÃO *ONE FITS ALL* JÁ CAIU POR TERRA HÁ MUITO TEMPO, E A EMPRESA QUE AINDA NÃO ACORDOU PARA ISSO PRECISA FAZÊ-LO URGENTEMENTE.”

pós-vendas e seus serviços. Como o foco era em produto, novos concorrentes entraram no mercado e agregaram valor com uma melhor experiência nas concessionárias. Os clientes não queriam "apenas" os melhores carros do mundo, mas também a melhor experiência como consumidor. Para proporcionar experiências envolventes, fizeram o mapeamento de todos os pontos de contato na jornada do cliente, pediram *feedback*, e partiram para a resolução rápida dos problemas com o objetivo de proporcionar experiências emocionalmente envolventes.

Criaram o método "Guiados pelo Encantamento", que deixava muito claro aos colaboradores que não se tratava de uma iniciativa, mas sim de uma jornada estratégica de longo prazo; uma mentalidade a ser construída – uma virada de chave na companhia.

Segundo Steve Canon, CEO da Mercedes-Benz nos Estados Unidos à época da implementação desta nova forma de trabalhar e encantar o cliente, a empresa tinha uma ambição enorme: "Nossa prioridade era nos tornarmos líder mundial não somente na categoria de automóveis de luxo, mas dentre TODAS as marcas em Atendimento e Experiência ao cliente."

Algumas das ações que foram feitas para alcançar esta meta tão ousada e agressiva: identidade visual nas concessionárias (por serem franquias, não havia padrão algum, o que provocava experiências completamente distintas ao cliente, caso este fosse em lojas diferentes); programa de treinamento em atendimento ao cliente, passando por temas como ouvir, ter empatia, agregar valor e encantar; buscar inspirações com empresas *benchmark* em encantamento ao cliente como, por exemplo, a Disney; olhar os pontos problemáticos da jornada sempre pela ótica do cliente e, por fim, mas não menos relevante, simplificação de processos. Resumindo em quatro grandes blocos, o foco foi em pessoas | processos | cultura | paixão.

Há diversos outros *cases* incríveis de virada de chave, saindo do foco em produtos para foco em experiências, como este que eu trouxe, da Mercedes, que servem de inspiração para traduzirmos à realidade do nosso negócio.

No dia a dia, para começar a entender o seu cliente, além da construção das personas, que são os agrupamentos de pessoas fictícias, criados através de padrões de comportamento identificados a partir de um mapeamento e categorização de dados psicográficos, características e necessidades destes clientes, você também precisa conhecer o ser humano e suas necessidades. Muitos comportamentos que vêm se consolidando nos últimos anos podem perfeitamente ser adaptados ao seu negócio. Citarei apenas alguns exemplos:

Autocuidado & Saudabilidade – Segundo estudo da Nielsen, 83% dos brasileiros afirmam ter adquirido ao menos um hábito mais saudável em sua rotina em 2020, através de uma alimentação balanceada, consumo de vitaminas e suplementos nutricionais, prática de exercícios físicos ou consumo de orgânicos (segundo a Organis - Associação de

Promoção dos Orgânicos, o crescimento destes produtos foi de 15% em 2019, e de 30% em 2020, com crescimento projetado novamente em duplo dígito). Segundo o estudo da Opinion Box - *Consumer Trends 2022*, 72% dos brasileiros passaram a se preocupar mais com a própria saúde nos últimos dois anos: mais um dado que corrobora a necessidade de atender esta demanda crescente;

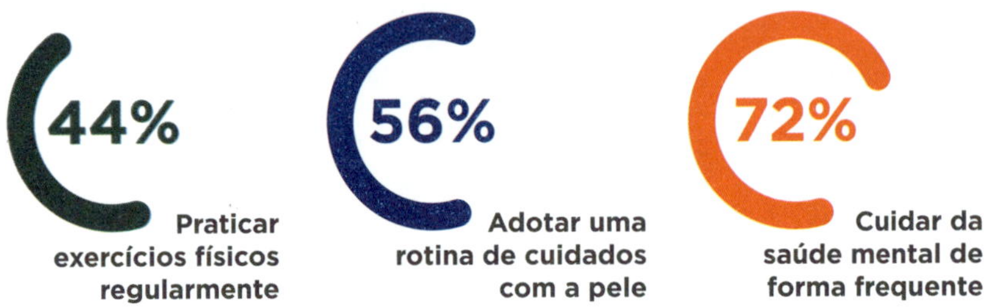

Fonte: Opinion Box. Consumer trends 2022

A nova relação com o trabalho – Ainda sobre o estudo da Opinion Box citado acima, a pandemia mudou a forma como 66% enxergam o trabalho em suas vidas: o trabalho remoto é bem aceito, mas não é a única opção, e o modelo híbrido provavelmente será majoritário, com a união do melhor dos dois formatos. Isso muda totalmente a dinâmica das pessoas em relação a alguns aspectos, tais como: deslocamentos, alimentação (dentro e fora de casa), viagens a trabalho, entre outros;

Práticas ESG & Vida com Propósito - Segundo o relatório da Mintel - *Global Consumer Trends 2022*, 68% dos consumidores brasileiros concordam que é importante pesquisar as práticas de negócio de uma empresa antes de comprar delas e, de acordo com o relatório do Euromonitor - 10 Principais Tendências Globais de Consumo 2022, 67% dos consumidores em nível global tentaram causar um impacto positivo no meio ambiente por meio de suas ações cotidianas em 2021.

CONSCIENTIZAÇÃO E AÇÕES CLIMÁTICAS

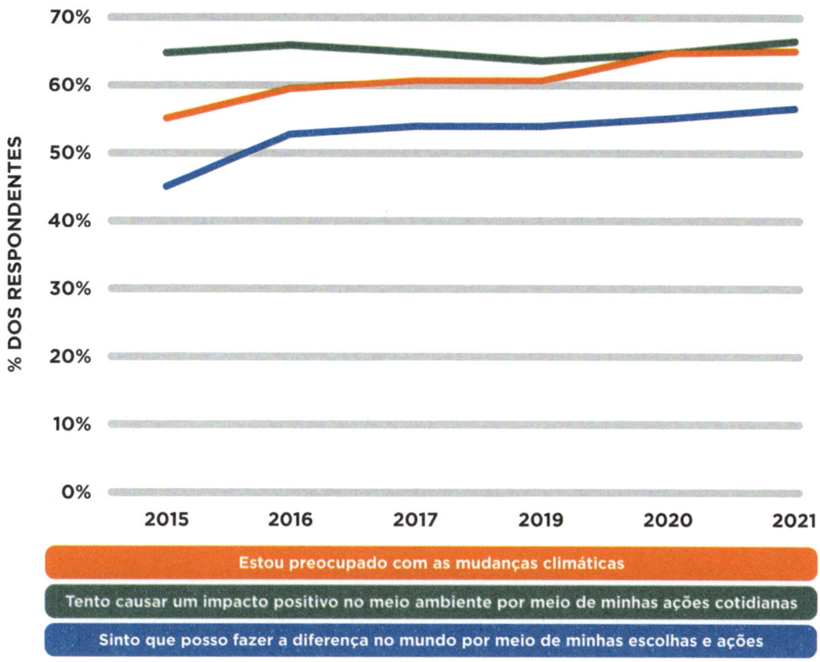

Fonte: Euromonitor International Voice of the Consumer: Pesquisa de Estilos de Vida

Como sua empresa tem trabalhado as questões ambientais, como menos emissão de CO2, economia de água, energia renovável, materiais sustentáveis, reciclagem, entre outras? Trabalha a diversidade de público em sua pluralidade, tanto nos produtos e serviços desenvolvidos, como também em relação aos seus funcionários? Além de se posicionar de forma adequada, tem comunicado ao mercado suas ações?;

Personalização – Voltamos ao início da nossa conversa. Sem o correto entendimento das necessidades e anseios do cliente, como podemos criar soluções de forma personalizada? Há um vídeo muito interessante, que você pode acessar via *QR Code* neste capítulo, que mostra a força da geração Z e a forma individualizada como espera ser tratada – caso contrário, o cancelamento é uma opção muito fácil de ser aplicada. O relatório *Think with Google* aponta que pesquisas com os termos "para mim" ou "personalizado" aumentaram 64% na América Latina durante o 1º semestre de 2021 em comparação ao mesmo período do ano anterior;

Gamificação e Metaverso – Tendências que estão em amplo crescimento e foco de entendimento, exploração e desenvolvimento por parte das empresas. Divertimento e integração através de realidade virtual e realidade aumentada e, no caso do metaverso, indo além, com um espaço coletivo e virtual compartilhado, constituído pela soma de realidade virtual, realidade aumentada e internet, juntando a vida real com a virtual, atuando como novos formatos de geração de experiência e engajamento dos clientes.

A pergunta que fica é: como seu produto, serviço, *e-commerce* ou aplicativo podem atender esses e outros comportamentos, de forma a gerar uma experiência personalizada e diferenciada?

Dando um mergulho na mente humana, você sabia que o cérebro humano representa de 2 a 3% do peso corporal e, mesmo assim, consome 20% de toda a energia do nosso organismo? Que bacana, mas o que eu faço com essa informação? Isto significa que o nosso cérebro busca o tempo todo a economia de energia! A nossa tomada de decisão está a todo tempo atrelada a gasto x ganho de energia, em busca de algo fácil, simples, e que não nos faça pensar muito. Todo esforço cognitivo que nos leva a pensar, calcular, escolher, lembrar, é custoso em uma tomada de decisão. O cérebro busca o tempo todo as heurísticas, ou seja, caminhos curtos que o ajudam a tomar decisões: são os atalhos mentais que reduzem o esforço cognitivo.

Sendo assim, sempre que planejar qualquer ação para o cliente, seja no mundo físico, seja no digital, a palavra de ordem é simplificar!

Como 95% de nossas escolhas são feitas em nível subconsciente, entender o que motiva o cliente a tomar a decisão de compra é um desafio para as empresas.

Para finalizar, alguns pontos que gostaria de deixar para reflexão:

PROPÓSITO: Sua empresa tem um propósito claro que gere uma real diferenciação com sua proposta de valor?;

FOCO NO CLIENTE: Seu produto ou serviço atinge os objetivos do seu cliente? São produtos ou serviços que as pessoas querem?;

MÉTRICAS: Você acompanha como o seu cliente avalia a sua empresa? Possui indicadores de performance da jornada com foco no cliente, nas suas necessidades?;

CX COMO FOCO: toda a empresa deve estar focada no tema experiência, não apenas uma área ou departamento; tem que ser uma mentalidade.

Entenda seu cliente, suas necessidades e valores; passe a olhar o seu negócio pelas lentes dele, e não mais por meio das suas. Só assim criará experiências relevantes, gerará conexões verdadeiras e construirá a fidelização.

Escaneie para
mais conteúdo

03

A GESTÃO DO RELACIONAMENTO COM O CLIENTE IMPACTANDO O *CUSTOMER EXPERIENCE*

por Rodrigo Tavares

Atualmente, o cenário de extrema competitividade no segmento de *Fintechs* (Serviços Financeiros Digitais) é uma realidade desafiadora. Nesse sentido, a entrega de uma Experiência consistente e aderente às necessidades e expectativas dos Clientes é imprescindível para a construção e gestão de um relacionamento sólido com eles.

Ou seja, *Customer Experience* é uma ferramenta estratégica que impacta diretamente e retroalimenta o Relacionamento com os Clientes. E o fortalecimento desse relacionamento se traduz em crescimento saudável do negócio.

Neste capítulo, será abordado como a entrega consistente de um CX sólido é fundamental para a Gestão Estratégica do Relacionamento com os Clientes, se concretizando em resultados relevantes para a companhia.

RELEMBRANDO CONCEITO DE CX

Segundo a Forrester, renomada instituição de pesquisa e consultoria, o conceito de *Customer Experience* é:

"A Soma das Percepções de Todas as Interações que o Cliente tem com a Marca."

Com isso, fica clara a correlação direta entre CX e todo o Ciclo de Vida do Cliente com uma empresa: desde sua Aquisição, passando por Ativação/Rentabilização e chegando ao *Churn* (encerramento do relacionamento).

O desafio, então, é fazer com que o cliente tenha Experiências únicas e memoráveis em todo o seu Ciclo de Vida. E essa entrega deve ser feita com execução impecável e muita consistência; sem rupturas e sem quebra de confiança e expectativas.

Para isso, precisa ficar claro quais são as Expectativas dos Clientes. Esse entendimento é crítico para que a construção do CX seja robusta e aderente. São elas:

- **Ganhar Tempo:** Não faça o cliente perder Tempo. Tempo é valioso e é preciso entregar Tempo para ele;

- **Solução:** Resolva um Problema Concreto da vida do cliente por meio de produtos e serviços;

- **Ter uma Experiência Prazerosa:** Faça algo memorável para a mente e o coração do cliente.

Essas 3 expectativas nunca mudaram, não mudam e não mudarão. O que muda é a intensidade com a qual os clientes esperam e cobram essas dimensões das empresas.

Tendo bem claro o que os clientes esperam, o caminho para a construção da Experiência do Cliente fica bem definido.

CONSTRUINDO A EXPERIÊNCIA DOS CLIENTES

Método! Essa palavra tem um significado importantíssimo para a Experiência do Cliente. CX é Método!

E, a partir das 3 expectativas dos clientes, a construção de CX deve ser feita por meio da Pirâmide da Experiência do Cliente:

Fonte: Rodrigo Tavares

Tudo começa pela base. Resolver o Problema do Cliente que atende a expectativa "Solução". Na sequência, atuar na Redução do Esforço do Cliente, indo ao encontro da expectativa de "Ganhar Tempo". E, por fim, gerar Conexão Emocional, tratando o cliente como Ser Humano, sendo aderente à expectativa "Ter Experiência Prazerosa".

Novamente, CX é Método! Portanto, é muito importante que a construção da Experiência do Cliente seja realizada seguindo a sequência proposta na estrutura da Pirâmide da Experiência do Cliente.

É preciso ter muito cuidado e atenção para não sofrer da "Síndrome da Pirâmide Invertida", começando a estruturação de CX pela dimensão Emoção, que tem sido uma falha muito comum no mercado atualmente.

Conectando os conceitos, a aplicação do *framework* da Pirâmide da Experiência do Cliente deve ser feita ao longo de todas as etapas do Ciclo de Vida. Somente assim a Gestão do Relacionamento do Cliente será realizada com consistência e movida, em sua essência, por CX.

MELHORIA CONTÍNUA: IMPACTO POR MEIO DA VOZ DO CLIENTE

Partindo do ponto que CX é método, a imagem ilustra qual é essa metodologia:

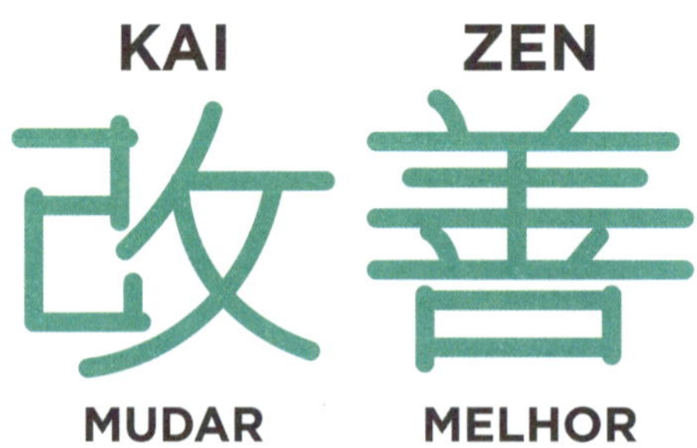

Fonte: Portal "Coisas do Japão" - www.coisasdojapao.com

Juntando os ideogramas japoneses "Kai", que significa "Mudar", e "Zen", que significa "Melhor", obtém-se "Melhoria Contínua". CX é sobre Melhoria Contínua, mas com uma característica bem particular, que é ser movida pela Voz do Cliente.

Outro aspecto inegociável em CX é que, por ser essencialmente Melhoria Contínua, não há como fazer Gestão da Experiência do Cliente sem métricas!

Esse ponto é reforçado pelo pensamento de Peter Drucker: "O que pode ser medido pode ser melhorado."

Mas, qual seria o conjunto de Métricas e Indicadores para mensurar o resultado de CX?

Uma estrutura interessante para abordar o tema de mensuração de CX é o "Templo de Indicadores da Experiência do Cliente":

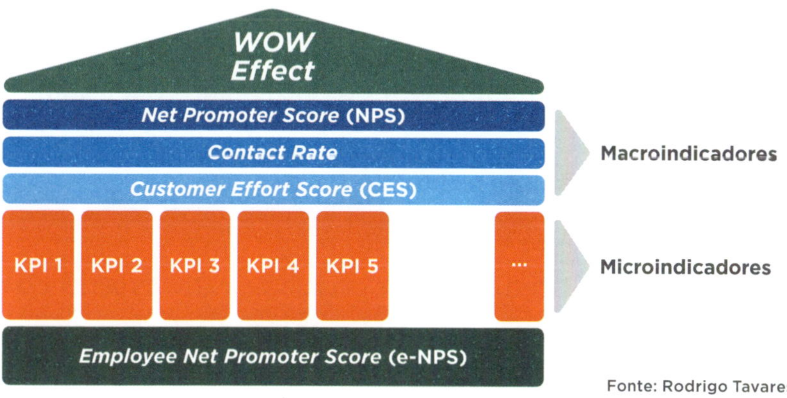

Fonte: Rodrigo Tavares

Detalhando cada camada do Templo:

- ***WOW Effect*:** O telhado representa a entrega final de CX, que é o Encantamento: o Efeito UAU;

- **Macroindicadores:**

  ***Net Promoter Score* (NPS):** Indicador de Voz do Cliente para mensurar a dimensão "Emoção", da Pirâmide da Experiência do Cliente;

  ***Contact Rate*:** Indicador para mensurar a dimensão "Resolver o Problema", da Pirâmide da Experiência do Cliente. É calculado como uma porcentagem (Quantidade de Contatos no Atendimento a Clientes / Quantidade de Transações);

  ***Customer Effort Score* (CES):** Indicador de Voz do Cliente para mensurar a dimensão "Baixo Esforço", da Pirâmide da Experiência do Cliente;

- **Microindicadores:** Grupo de KPIs (*Key Performance Indicators* ou Indicadores Chave de Performance) que sustentam a entrega de CX e que variam para cada companhia e modelo de negócio, assim como para cada momento ou ciclo de evolução e maturação da mesma companhia;

- ***Employee Net Promoter Score* (e-NPS):** A pedra fundamental é a Experiência do Colaborador (EX – *Employee Experience*). O indicador e-NPS traduz a Voz do Colaborador, reforçando que a construção e a entrega de CX que são percebidas pelo Cliente começam, necessariamente, dentro de casa.

Fica claro, nessa estrutura, a forte correlação entre Experiência do Cliente e os indicadores de resultados do negócio. Como conclusão importante, segue:

"A finalidade de CX é a Melhoria Contínua dos Produtos, Serviços e Negócio por meio da Voz do Cliente. Cliente, na estratégia de CX, é Meio, e não a Finalidade."

“O MELHOR ATENDIMENTO É AQUELE EM QUE O CLIENTE NÃO PRECISA LIGAR PARA VOCÊ, NÃO PRECISA FALAR COM VOCÊ. ELE APENAS FUNCIONA!”

Jeff Bezos

FOCO: COMEÇANDO PELA BASE, ELIMINANDO FRICÇÕES

Como toda construção, o foco inicial da implementação de uma estratégia exitosa de Experiência do Cliente deve ser na base, ou seja, resolvendo a necessidade/o problema dos clientes por meio de produtos e serviços *Frictionless* (Sem Fricção):

"O melhor atendimento é aquele em que o cliente não precisa ligar para você, não precisa falar com você. Ele apenas funciona!". A provocação do fundador da Amazon, Jeff Bezos, remete à Excelência, que é mais um atributo extremamente relevante para CX. O objetivo de sempre mirar "Erro Zero" ao se desenvolver produtos e serviços.

Além disso, vale reforçar outro ponto crucial que, muitas vezes, é mal interpretado em CX: mudança de foco em Produto para foco em Cliente. Esse pensamento é 100% equivocado! O foco no Produto jamais deve ser abandonado; ao contrário, CX demanda um foco obsessivo em Produto, sendo a Voz do Cliente o motor que fortalece o Produto. "Não existe CX Forte sem Produto Forte! "

Adicionando mais um ponto para reforçar a importância de ter uma base de CX sólida e a necessidade de ter um Produto que não gere fricções:

"Satisfação não gera Lealdade, mas todo e qualquer Esforço gera Deslealdade: inclusive ter que entrar em contato com o Atendimento."

Essas conclusões foram retiradas do livro *The Effortless Experience* (Matthew Dixon et al.).

Fica evidente, portanto, que:

- Satisfação é importante, mas não é o suficiente;
- Produtos e Serviços que geram Esforço destroem a Lealdade e podem, potencialmente, impactarem negativamente o resultado da companhia, além de colocar em risco o crescimento do negócio;
- Não se pode ter estratégia de CX focada 100% em "Atendimento Encantador ao Cliente". Precisar de Atendimento é, sim, um esforço que deve ser evitado ou eliminado, mesmo que o Atendimento seja impecável e eficaz.

A partir desse cenário, o melhor caminho para começar o trabalho de *Customer Experience* numa companhia é, claramente, pela base, construindo um Produto robusto e retroalimentado, continuamente pela Voz do Cliente.

E, nesse estágio inicial, o indicador-chave de CX é o *Contact Rate* (Taxa de Contato). Quanto mais baixo, melhor: representa a eliminação consistente de atritos e fricções. Mais ainda, impacta diretamente a Eficiência!

Se o CR (*Contact Rate*) cai, a estrutura operacional de atendimento não precisa crescer; ou cresce em ritmo menor que o negócio, gerando redução de custos CX com impacto direto nos resultados da companhia.

GERENCIANDO A EXPERIÊNCIA DOS CLIENTES

Definido o foco no fortalecimento da base da Pirâmide da Experiência do Cliente, com o *Contact Rate* sendo o indicador-chave, é preciso ter um processo de Governança estruturado entre os times de Melhoria Contínua e Produtos.

Governança entre Melhoria Contínua e Produto

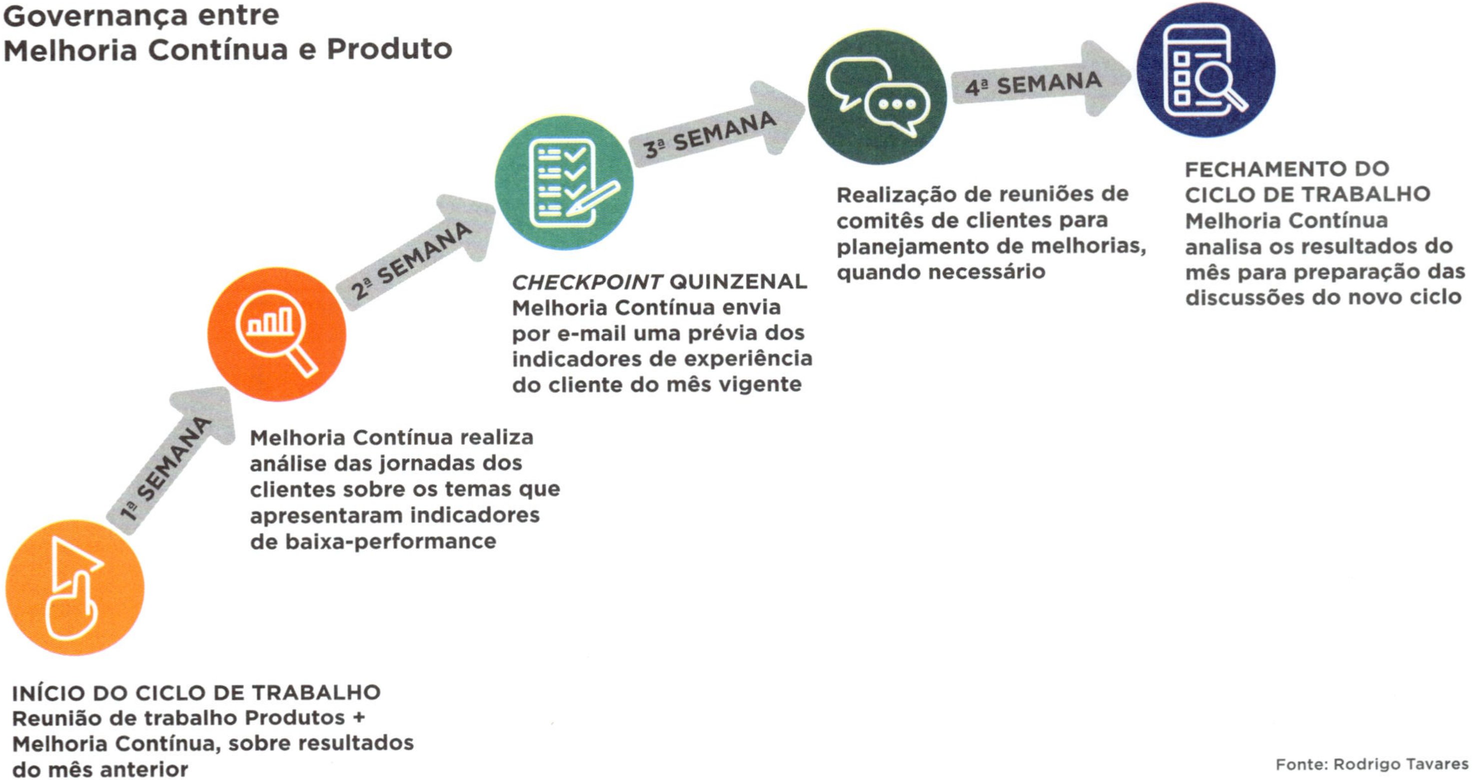

Fonte: Rodrigo Tavares

Somente dessa forma é possível criar uma agenda de ajustes e melhorias nos Produtos a partir do *feedback* dos clientes.

Na RecargaPay, foi alinhado um ciclo de trabalho mensal em 4 passos para contemplar os 2 *Sprints* Quinzenais, respeitando a metodologia e os fluxos da área de Produto (veja imagem ao lado).

Os pontos focais de cada Produto em Melhoria Contínua atuam diretamente e com os respectivos *Squads* de Produtos, para aprofundamento nas análises *Contact Rate*, principais Motivos de Contato e NPS de Atendimento.

Como resultado, os ajustes e melhorias que irão causar os maiores impactos positivos na Experiência do Cliente são priorizados.

PRINCIPAIS RESULTADOS ALCANÇADOS

Entre 2020 e 2021, o trabalho de Gestão da Experiência do Cliente gerou resultados muito positivos para os resultados e clientes da RecargaPay.

Para apresentar os resultados, serão considerados os seguintes indicadores da companhia:

- ***Contact Rate*:** Quantidade de Casos no Atendimento / Quantidade de Transações;
- **TPV – *Total Payments Volume*:** Volume Financeiro Total movimentado na plataforma, em R$;
- **NPS Atendimento:** *Net Promoter Score* avaliado junto aos Clientes que passaram pelo ponto de contato de Atendimento.

Os indicadores serão apresentados graficamente com valores mensais, sendo que apenas a tendência será visualizada, para que os valores verdadeiros sejam preservados.

O primeiro gráfico mostra as evoluções do TPV e do *Contact Rate* mensais, de Jan/20 a Dez/21:

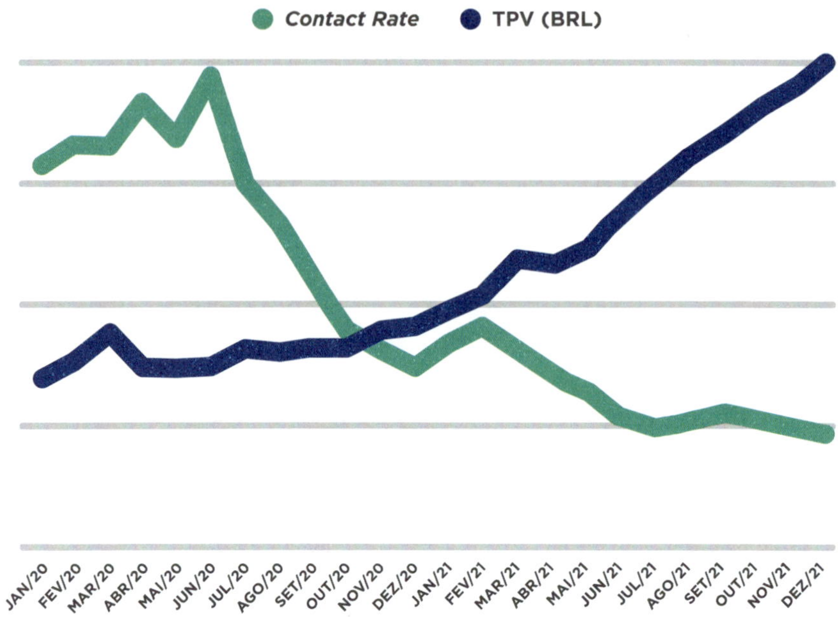

Fonte: RecargaPay

A conclusão é bastante evidente. A tendência forte de queda no *Contact Rate* é inversa à tendência de crescimento consistente de TPV. Ou seja, a melhoria contínua da Experiência do Cliente, com redução/eliminação de atritos e fricções, foi, e continua sendo, alavanca fundamental para o crescimento da companhia.

Como consequência, o time de Atendimento não precisou crescer entre Jun/20 e Dez/21. A economia de *saving*, nessa janela de tempo, está estimada em R$ 1,5 milhão, que equivale ao crescimento que seria necessário caso o *Contact Rate* não houvesse reduzido.

O próximo gráfico apresenta a tendência de mais um indicador estratégico, que é a tendência mensal do NPS de Atendimento entre Mai/20 e Dez/21:

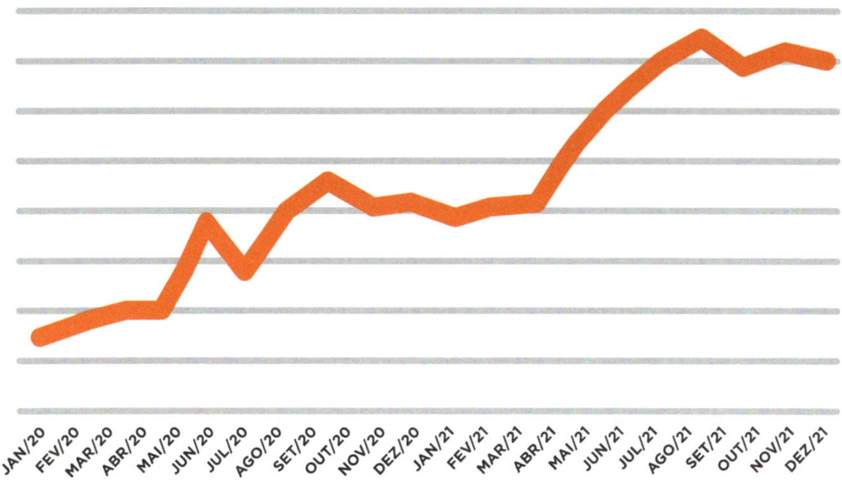

Fonte: RecargaPay

Mais um resultado de alto impacto! Notadamente, a percepção do cliente RecargaPay sobre a Experiência do Atendimento evoluiu muito no período avaliado.

Mais um impacto concreto da eliminação de problemas e da necessidade, cada vez menor, de o cliente precisar entrar em contato com a RecargaPay: quanto menor a fricção, melhor a Experiência; cenário excelente para viabilizar o crescimento da companhia de forma acelerada.

Com esse *case*, é possível notar a correlação forte entre *Customer Experience* e Gestão do Relacionamento com os Clientes.

CX é método! Melhoria Contínua que visa impactar os resultados do negócio por meio da Voz do Cliente, permeando todo o Ciclo de Vida do Cliente.

Escaneie para
mais conteúdo

PARTE II

GESTÃO DO RELACIONAMENTO COM O CLIENTE (CRM)

04

O SURGIMENTO DO CRM E OS BENEFÍCIOS PARA AS ORGANIZAÇÕES

por Fábio Dias Monteiro

COMO NASCEU O CRM

A história do CRM se confunde um pouco com a história de duas empresas: Oracle e Siebel. Na década de 80, as grandes empresas americanas já tinham grandes volumes de clientes e, principalmente, o varejo clamava por melhorar seus processos de atendimento e rentabilidade das vendas. Neste cenário, Thomas Siebel, que era executivo da Oracle, um desenvolvedor de *software* visionário, concebeu um produto que integrava vendas, marketing e atendimento.

Ilustração: Caio Oishi

A solução não agradava muito a Oracle, que no início rechaçou a ideia – decisão essa que forçou Thomas Siebel a deixar a companhia e fundar a Siebel Software para se dedicar a esse novo produto. Anos depois (com crescimento vertiginoso e a Siebel já com 8.000 funcionários, além de 70% do mercado americano de CRM), houve a bolha do mercado imobiliário americano, e a empresa foi pressionada a apresentar uma solução mais integrada, exigida pelos clientes, para um melhor controle de suas operações. Nesse momento a Siebel sofreu uma queda de quase 40% em sua carteira de clientes e teve uma grande desvalorização. Foi o momento oportuno para que a própria Oracle adquirisse a Siebel e a integrasse ao portfólio, afirmando, pelas palavras de seu CEO, Larry Ellison, que a Siebel viria a ser o motor principal das soluções de CRM da companhia, inclusive mantendo o nome Siebel Oracle.

O QUE É CRM HOJE?

Inicialmente concebido para ser uma plataforma que integrasse vendas, marketing e atendimento ao cliente, o CRM (*Customer Relationship Management*), de forma resumida, tinha a função de armazenar o histórico dos clientes, relacionar os produtos e serviços adquiridos por eles, e ofertar novos produtos e serviços com perfil de aquisição ou propensão à compra.

Entre os benefícios percebidos estavam principalmente o de organizar a carteira de clientes, de forma que os atendentes pudessem ter um registro histórico de tudo o que aqueles solicitavam, sendo segmentados em informações, solicitações, reclamações, sugestões ou elogios, dentro de uma mesma base de dados.

Esse sistema permitia que o operador que assumisse o atendimento pudesse ver a solicitação a qualquer momento, acompanhando a resolução do problema, concluindo a ligação, permitindo, ainda, que ao final da chamada pudesse oferecer algum produto ou serviço complementar ao portfólio de produtos daquele cliente.

Um banco, por exemplo, poderia, ao final de um atendimento, oferecer seguro a um correntista, um investimento ou qualquer outro produto que a base de dados do CRM mostraria para esse operador.

A oferta de produtos e serviços, denominada *cross-selling* e *upselling*, fez com que a rentabilidade das empresas fosse rapidamente elevada, "financiando" assim o investimento na aquisição e implantação da solução de CRM.

Fonte: blog.escoladomarketingdigital.com.br

Foi uma solução tão bem-sucedida que rapidamente foi adquirida e implementada em grandes empresas. Com um sucesso estrondoso, os desenvolvedores puderam aprimorar a tecnologia para plataformas mais robustas e integradas, e acoplar aos *softwares* funções e aplicações inovadoras, expandindo ainda mais suas adesão e aplicabilidade.

Em 1999, um desenvolvedor chamado Marc Benioff começou a oferecer seu produto de gestão de CRM em um modelo de acesso de forma escalável, sem que as empresas necessitassem de grandes investimentos em infraestrutura, ou seja: Marc Benioff, da empresa Salesforce, lançava umas das primeiras soluções de gestão de CRM nas nuvens, criando a onda das soluções SAAS (*Software as a Service*).

Esse conceito de SAAS mudou o mundo, e é tão importante que é considerado uma disruptura corporativa, prevista no livro "A Era do Acesso", de Jeremy Rifkin, lançado no ano 2000.

A Salesforce, com milhares de clientes, hoje é a líder mundial em CRM, sendo que sua solução nas nuvens é seguida por empresas como ADOBE, Microsoft, entre outras.

Hoje em dia, as soluções de CRM trazem uma jornada de clientes quase completa, desde o tratamento das informações da base de dados (seja de clientes, seja de *prospects*), ferramentas de segmentação, análises e estatística (*Business Intelligence*), formas de atendimento e comunicação integradas com inúmeras plataformas, mídias e redes sociais (*Omnichannel*) e medições de resultados sobre a experiência do cliente com a empresa (NPS, pesquisas e análises diversas).

A linha de desenvolvimento e inovação no CRM continua sendo frequentemente atualizada, sendo que várias empresas estão adquirindo ou desenvolvendo, dentro das plataformas de CRM, soluções com inteligência artificial (AI) e aumentando as probabilidades e análises com o aprendizado de máquinas (*machine learning*).

E O CRM DO FUTURO?

Fazer previsões sobre tecnologia ou mercados é um desafio, e pode ser muito diferente do que pensamos. Mas se juntarmos algumas ações recentes, como a introdução do *Omnichannel*, a aplicação do NPS, ou mesmo a aquisição de empresas de BI (*Business Intelligence*) em portfólios de empresas desenvolvedoras de tecnologias de CRM, podemos dizer que há uma convergência do CRM com as soluções de automação de marketing, sistemas de análises, modelagem de dados e multicanais de atendimento, além, é claro, de haver uma necessidade do mercado em melhorar a experiência do cliente (*Customer Experience*) como um todo.

Mas pelo que temos observado, os clientes (e a sociedade como um todo) estão cada vez mais esclarecidos, exigentes e com convicções mais voltadas ao consumo sustentável, se preocupando com questões ambientais, éticas, sociais e inclusivas. E isso me leva a crer que há uma possibilidade do CRM, que cuida das relações entre as empresas e os clientes, incorporar indicadores éticos, morais, iniciativas ESG, *compliance* e até mesmo dispositivos que busquem entender e melhorar a forma como as empresas se relacionam com as pessoas de forma mais justa, respeitosa e equilibrada.

Então, acredito que as atividades social e ética serão amplamente incorporadas aos sistemas de CRM existentes, amparadas pela AI (Inteligência Artificial) e pelo *Machine Learning*, que será cada vez mais testado em bases de conhecimento e aprimorado para as realidades e segmentos do mercado.

QUAIS OS BENEFÍCIOS DO CRM PARA A SUA EMPRESA?

Já amplamente divulgados, os principais benefícios para a sua empresa, independente do tamanho, porte ou segmento, são inúmeros.

Tentamos, de forma resumida, agrupá-los aqui :

1. A empresa que adota as boas práticas de CRM ganha fundamentalmente com a melhora da imagem, da marca da empresa junto aos consumidores;
2. A empresa melhora seu atendimento, permitindo atender, entender e responder de forma organizada aos vários canais de contato existentes em um mercado cada vez mais multicanal;
3. A adoção de um CRM melhora os processos internos de uma organização, das informações e solicitações dos clientes, organizando as respostas em um repositório de dados, integrando e amadurecendo ainda mais as áreas internas da sua empresa, principalmente: marketing, produtos, vendas, recursos humanos, jurídico e atendimento;
4. A observação do comportamento e da experiência do consumidor permite à empresa melhorar seu produto ou serviço, aprendendo com as reclamações, trocas, defeitos, opiniões, questionamentos e sugestões dos clientes, dos canais de venda ou revenda, ampliando e organizando informações relevantes e importantes para o aprimoramento da empresa;
5. Inovação constante é uma das características do mercado de CRM, e essa cultura de inovação e tecnologia pode ser incorporada à sua empresa.

Lembrando que o maior benefício é melhorar a experiência do cliente. A consequência bem-sucedida é melhorar o ecossistema cliente-empresa-empresário-colaborador-fornecedor.

A seguir, alguns exemplos básicos (mas esquecidos por milhares de empresas) de como o CRM colabora nos diversos setores do mercado:

Setor Industrial

O Setor industrial frequentemente se preocupa com a obtenção de informações sobre os usuários finais de seus produtos, investe grandes quantias em pesquisas para obter informações sobre o mercado, os clientes, os competidores e como resolver eventuais problemas ou ajustar os processos de suas linhas de produto.

O uso do CRM, nesse caso, tem se demonstrado um bom processo para a obtenção desses dados tão valiosos do consumidor. Muitas indústrias desenvolvem suas pesquisas dentro de sistemas de CRM, em que podem facilmente cruzar dados e informações obtidos para mensurar os resultados de consumo e, assim, obter informações valiosas para uma melhoria contínua.

Além disso, investir em uma base de consumidores pode dar à indústria o poder de fidelizar seus clientes finais sem prejudicar a relação com seus distribuidores e seus canais de varejo.

Setor de Comércio

Talvez um dos maiores beneficiários desta solução, o varejo tende a se reinventar com o uso das ferramentas e técnicas do CRM. Não somente pela facilidade de organizar as informações cadastrais e comportamentais dos clientes em uma só base de dados, mas também com a possibilidade de agrupar esses dados em plataformas de BI (*Business Intelligence*) e segmentar os clientes sob um olhar estratégico. O resultado pode ser muito rentável a curto prazo, pois pode-se identificar os melhores clientes por recência, frequência e valor de compra, fidelizar os melhores, adquirir novos produtos para atender demandas específicas, entender as razões de consumo desses clientes e melhorar toda a comunicação entre o varejista e o consumidor, entre tantas outras opções.

"LEMBRANDO QUE O MAIOR BENEFÍCIO É MELHORAR A EXPERIÊNCIA DO CLIENTE. A CONSEQUÊNCIA BEM-SUCEDIDA É MELHORAR O ECOSSISTEMA CLIENTE-EMPRESA-EMPRESÁRIO-COLABORADOR-FORNECEDOR."

Com o uso do CRM, o varejo pode melhorar sensivelmente sua presença de marca na casa do consumidor e, fazendo bom uso dessa solução, pode se transformar em um parceiro do dia a dia deste.

O resultado pode ser o lançamento de novos serviços sob medida, aumentando a satisfação dos clientes e a rentabilidade do varejista.

É também um importante passo no sentido de adaptar ou introduzir de forma mais sólida o varejista na transformação digital.

Setor de Serviços

O CRM é um grande aliado do setor de serviços, principalmente porque não existe uma "vitrine" mais visível para o segmento do que a comunicação digital apoiada em dados de qualidade.

Nitidamente, profissionais liberais, consultores e prestadores de serviços em geral se deparam com dificuldades em anunciar, manter e captar clientes para suas atividades profissionais. O CRM vem como forte aliado nesse processo, se destacando pela facilidade em estreitar o relacionamento do profissional com seus clientes - já que, muitas vezes, a empresa se confunde com o prestador de serviço, deixando pouco tempo para que este se relacione no pós-venda com seus clientes ou ex-clientes enquanto atende.

Atividades intensas do profissional de serviços deixam para o segundo plano frases como: "Obrigado pela sua visita!", "Como foi meu serviço?", "Em que posso melhorar?" ou mesmo um "Volte sempre!", e podem ser uma dificuldade para quem não tem a agenda de CRM programada.

A automação do relacionamento pode ser um grande benefício no relacionamento, possibilitando a lembrança, as boas práticas e a comunicação das novidades do setor.

Setor Público

Mesmo as organizações governamentais têm utilizado o CRM de forma tímida no Brasil, se comparado aos outros países mais desenvolvidos. Felizmente o Governo Federal, entre outros, percebeu a importância dos dados e do relacionamento próximo com seus cidadãos. Cito o caso recente de cadastramento da população pela Caixa Econômica Federal, para poder pagar o benefício de ajuda social à época da pandemia de Coronavírus. Percebemos, da pior forma, como é importante manter os dados da população (dados cadastrais, sobre saúde, moradia, bem-estar em geral) em bases integradas e atualizadas. Não existiu maior ação de CRM na história do que essa ação governamental. O resultado, a grosso modo, foi a bancarização de milhões de pessoas, a quebra de paradigma do uso de sistemas digitais de comunicação, a aceleração de processos que estavam burocraticamente parados, como avaliações de prova de vida, emissão digital de documentos, transações financeiras sem barreiras, entre outros serviços.

Claro que há milhões de processos que precisam melhorar rapidamente, mas já é um começo, um grande salto tecnológico. O brasileiro gosta de inovação. Demora para se modernizar e se atualizar mas, uma vez que decide fazer isso, seu processo de aprendizado ocorre rápido.

CONCLUSÃO

A meu ver, a transformação digital iniciada pelo CRM em meados dos anos 80 se desenvolve a passos largos, dando a nítida sensação de um caminho mais harmonioso.

Milhões de processos analógicos serão adaptados para o processo digital, deixando mais tempo para as relações pessoais, familiares e de lazer.

Posso ser um otimista mas, no médio prazo, passaremos por um amadurecimento digital em que as relações serão mais amenas, mais respeitosas e mais amáveis.

E é gratificante ver como o CRM contribui para que esse processo seja implementado da melhor maneira. Boa parte da experiência vivenciada pelo CRM passa pela revisão dos bons costumes, das boas práticas e pelo desejo de um bom entendimento entre as pessoas.

Resta dizer: sucesso em seus projetos de relacionamento!

05

O QUE DEVEMOS CONSIDERAR NO PROCESSO GERAL DO CRM

por Fábio Monteiro

Imagine que você está no início de um relacionamento com uma pessoa especial; alguém com quem você deseja muito conversar, compartilhar seus desejos, suas conquistas e seu tempo. O coração bate forte, as mãos ficam suadas, você não sabe direito o que dizer: mesmo assim, tem uma vontade muito grande de encontrar aquela pessoa querida. As ideias ficam acumuladas em sua cabeça. Você não consegue decidir aonde ir com aquela pessoa, mas ao mesmo tempo consegue ir para qualquer lugar, de qualquer modo, se encontrar e se comunicar a qualquer custo. O caminho percorrido até aqui foi movido pela paixão, pelo desejo e pela necessidade de estar com a pessoa, certo?

Agora, você imagina fazer esse mesmo percurso com dezenas, centenas ou até milhares de pessoas ao mesmo tempo. Missão impossível? Pode ser, mas, para ter sucesso nessa empreitada, o melhor a fazer, em um primeiro momento, é entender suas emoções, suas necessidades e seus desejos.

Se você conseguiu entender que é preciso definir seus objetivos nesse relacionamento, então você já deu o primeiro passo em direção ao CRM. Seguindo nossa analogia, é namoro ou casamento?

Claro que estamos falando aqui de CRM empresarial, ou seja, da necessidade das empresas comunicarem suas ações, produtos, serviços, ofertas, declarações, inovações, novidades, ajustes no processo, regras, benefícios, e todas as demais formas e formatos de informação existentes.

Quando você pensa, e organiza, as várias formas de comunicação existentes em sua empresa, você começa a agrupar esses dados em departamentos que possuem contato com os clientes. Então você começa a mapear a jornada do seu cliente na sua empresa, passando por atendimento, marketing, vendas, assistência técnica, jurídico, recursos humanos, financeiro, tecnologia e demais departamentos que envolvem algum tipo de relacionamento externo.

Esse mapeamento da jornada dos clientes (sejam clientes, *prospects*, colaboradores, fornecedores, sejam acionistas) ajuda no entendimento da forma, da oferta e do canal de comunicação que você deve utilizar para melhor atingir esses objetivos.

Retornando ao nosso raciocínio inicial, é aquele momento em que você decide o que fazer: levar flores ou chocolates, preparar um jantar romântico, ir a um show de rock... Lembrando que a regra de custos (o que cabe no seu bolso) vale em qualquer situação.

A partir desse momento você tem acesso a um universo de ferramentas, *softwares* e processos de diferentes fornecedores, custos e finalidades, dos quais, sobre muitos deles, você lerá aqui neste livro, em outros capítulos, com mais detalhes.

Tendo o objetivo e o mapeamento em mãos, a sua empresa, independente do porte, precisa organizar e armazenar as informações de contato. Pode ser em uma planilha simples ou em um sistema de CRM: o que importa, nesse momento, é saber quem é o seu cliente, como se comunicar com ele, o que ele consumiu, como ele pagou, do que ele gosta, e qual a lista de desejos dele.

O cliente tem que permitir o uso desses dados coletados, pois, como bem sabem, temos uma lei de proteção de dados - a LGPD -, que garante sigilo de informações capturadas e vários dispositivos de proteção ao consumidor.

E como memória tem perna curta, é bom anotar o que seu parceiro (a) gosta. Que número mesmo você calça? Qual o seu perfume favorito? Prefere café puro, com leite ou chá? Assim como lembrar de datas importantes no relacionamento, de gestos simples, sinceros, espontâneos , de fazer mimos (quem não gosta?), de demonstrar seu carinho, respeito, amor (com uma ajudinha do CRM)...

Saber esperar o momento certo, com a oferta certa, no lugar certo pode aumentar suas chances de sucesso. De verdade!

Nada melhor do que, após uma semana intensa de trabalho, poder descansar em um lugar calmo, agradável, equilibrado, com harmonia na natureza, rodeado por amigos e familiares queridos, não é mesmo?

Nada pior do que ser abordado por empresas com mensagens intermináveis e desinteressantes, na privacidade do seu celular, no pior horário (muitas vezes, à noite), com insistência e total impertinência.

São mensagens, *push notifications*, e-mails, *posts*, vídeos, *influencers*, telefonemas (sim, eles ainda existem) fora de hora, fora de foco, fora de contexto. Além disso, enquanto você dá uma voltinha no shopping para relaxar, um vendedor o aborda na porta de uma loja e não desgruda; um garçom não deixa você apreciar o jantar e lhe empurra bebidas a noite inteira. Até entendo que todos querem vender, mas precisa ser de forma agressiva ou invasiva?

Pior ainda é incomodar o consumidor e não abrir os devidos espaços para um atendimento cordial, rápido e *omnichannel*. Em outras palavras, você manda, por exemplo, uma mensagem sem saber o que seu cliente quer, quando quer e onde quer, e o coitado do cliente desejado é metralhado todos os dias. Até que um dia o bloqueia e fala mal de você pelas costas.

MULTICHANNEL

Todos os canais disponíveis para o consumidor, mas não integrados

OMINICHANNEL

Todos os canais disponíveis para o consumidor e conectados

Fonte: @fitsmallbusiness.com

PLANEJAMENTO, PROGRAMAÇÃO, EXECUÇÃO, MEDIÇÃO E GESTÃO INTEGRADA

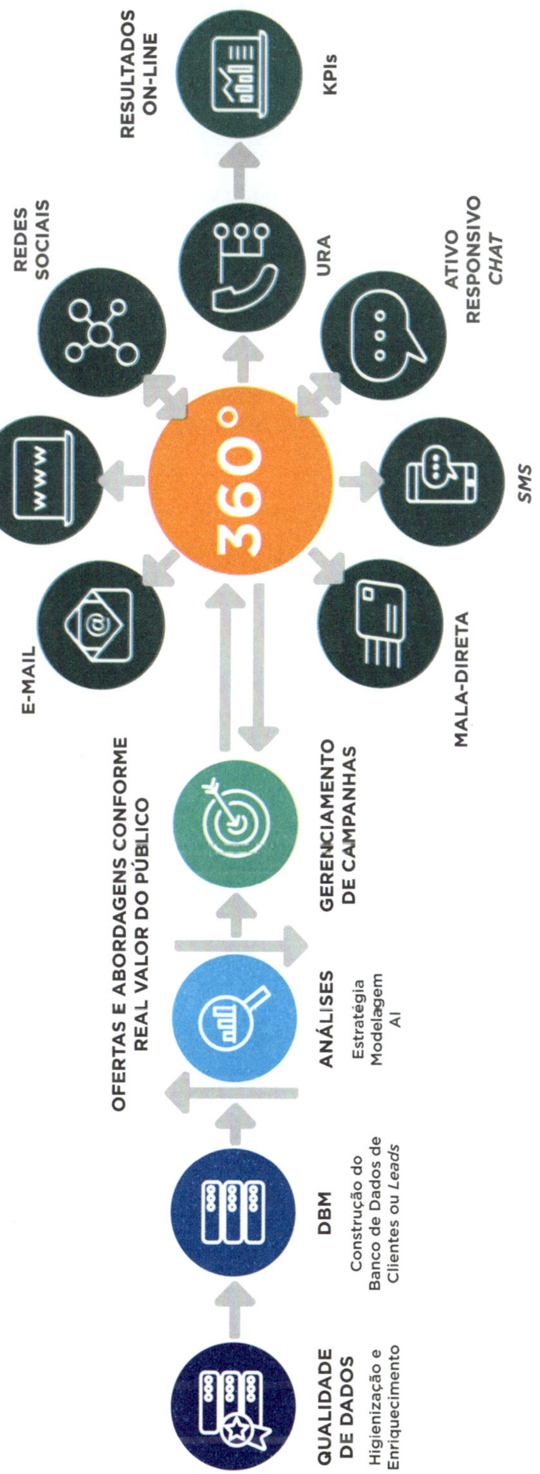

Fonte: Fábio Dias Monteiro e Sérgio Szpoganicz de Oliveira em Experiências que deixam marcas volume 1

Seja sincero com você mesmo, a sua empresa faz isso? Acho que nem precisamos falar sobre o ódio que isso pode gerar no relacionamento, ou o quão prejudicial essas ações podem se tornar para a sociedade que consome seus produtos e serviços.

Alguma analogia com um relacionamento de longo prazo?

Estragou a noite? Ainda tem conserto. Mas tem que ter sinceridade no relacionamento.

Claro, todo mundo erra, mas errar sempre já é desrespeito.

Talvez uma das funções mais subutilizadas do CRM seja o uso da sinceridade. Pense bem, você sabe quem é seu cliente, anotou suas preferências, observou como ele reage melhor nos canais de comunicação, sabe como ele compra seus serviços e produtos, sabe o que ele faz, como ele gosta de ser tratado, mas o que você pode fazer por ele?

Reflita. Muitas vezes um pedido de desculpas por um erro, uma falha, um defeito, pode salvar relacionamentos de longo prazo.

E daí? Vale a pena? Vamos pensar em números: imaginemos que você seja dono de um cafezinho onde, todo dia, seus clientes entram para tomar um espresso depois do almoço. Eu disse todo dia. O cliente gasta, em média, R$ 6,50 em 22 dias, ou o equivalente a R$ 143,00. Em 12 meses, o valor soma R$ 1.716,00.

Parece pouco, mas é o LTV (*Life Time Value*) do cliente do cafezinho. É o valor real do cliente para o estabelecimento.

O cliente foi ao local em um dia em que o atendente favorito dele ficou doente. Outra pessoa lhe serviu um café horrível, frio, sem creme... Você é meio tímido, faz aquela cara amarga, o atendente nem percebe e assim vai...

No outro dia, o gerente acha que deve trocar a marca do café por causa do custo, para agradar ao patrão e dar "lucro". Bem, imagine as dezenas de clientes que tomam o cafezinho todos os dias e são "viciados" no sabor do café. Eles pagam R$ 5,50 pelo novo cafezinho, mas, agora, um rio corre por baixo, de forma invisível, e vários clientes "somem" de lá...

Imaginou o prejuízo? Para reverter tudo isso, tem que ter sinceridade no relacionamento, mas também o cadastro dos clientes (pois muitos deles não estão mais frequentando o espaço). Quem tem um CRM tem uma forma mais segura de manter e de se relacionar com seus clientes, pois o investimento feito no processo de CRM já foi amplamente pago para evitar a evasão desses clientes em uma situação como essas.

Agora que já sabemos o custo do cafezinho, pode levar o seu amor para um café com chocolates, pois chega de amargura. Que tal agora? Mas não esqueça de cumprimentar o atendente, que também faz parte do relacionamento.

UM CRM, POR FAVOR!

Agora que temos algumas noções básicas revisadas, podemos escolher nossas ferramentas de trabalho nessa jornada incrível. Para isso, o mercado oferece muitas opções para você se relacionar mais e melhor.

Temos ferramentas gratuitas de CRM, ferramentas pagas com aplicações diversas, ferramentas com novas funcionalidades como BI (*Business Intelligence*) e muitas outras.

Veja na imagem a seguir alguns *softwares* e aplicativos para facilitar e guiar empresas que querem começar essa jornada.

O projeto feito com amor sempre vence.

É assim na vida, é assim nos negócios. Posso ser um romântico irreparável, mas a verdade é que poucos projetos de CRM vingaram sem o envolvimento apaixonado, constante e contínuo dos profissionais envolvidos e dos donos (ou da alta direção).

Fonte: https://allthatsaas.com/roundup/best-crm-software/

Atualmente, o projeto de CRM não é mais uma ferramenta departamental, que no passado poderia ser classificada em CRM Colaborativo (que relacionava áreas internas de uma empresa, como atendimento, marketing e vendas, por exemplo), CRM Operacional (que era utilizado como uma ferramenta de atendimento, vendas ou operações práticas na comunicação de uma empresa), CRM Analítico (que era usado para fazer segmentações, análises e cruzamentos de dados de clientes e seus consumos).

O CRM, agora, é uma solução de relacionamento estratégico para qualquer área de uma empresa, pois ele agrega informações centradas no sucesso do cliente e na experiência deste. E isso leva ao sucesso da empresa.

O CRM evoluiu rapidamente para uma plataforma mais abrangente de relacionamento, estando constantemente em transformação, agregando módulos analíticos mais densos, como o BI e a modelagem estatística, o atendimento *omnichannel* com boa dose de automação via inteligência artificial, *Bots* e *Machine Learning*, bibliotecas de informações, com perguntas e respostas coletadas em vários lugares do planeta, e fertilizando os terrenos para uma nova safra nos relacionamentos entre as empresas e os consumidores.

E como disse anteriormente, podemos ter, em breve, novos indicadores e novas aplicações mais ligadas à ética, à sustentabilidade, às boas práticas e aos bons costumes vindo por aí...

06

O PASSO A PASSO PARA IMPLANTAÇÃO DO CRM, DESAFIOS E "ERROS"

por Sérgio Szpoganicz de Oliveira

Podemos afirmar, sem medo de errar, que os projetos de implantação de CRM são um grande desafio para as organizações que decidem incorporar a estratégia e implementar os processos e ferramentas de *software* necessárias. Ao longo do tempo, desde as primeiras implantações de sistemas complexos e caros, ainda nos anos 90 do século passado, apareceram diversas estatísticas sobre percentuais de insucesso desse tipo de projeto. Segundo artigo publicado no blog da Salesforce, uma das principais empresas fornecedoras de *software* de CRM, a variação desse número vai de 20 a 70%, conforme a fonte de pesquisa. A verdade é que, mesmo que muitas dessas estatísticas sejam dos mercados americano e europeu, é sabido que no Brasil também são comuns as dificuldades e mesmo os fracassos nas implantações.

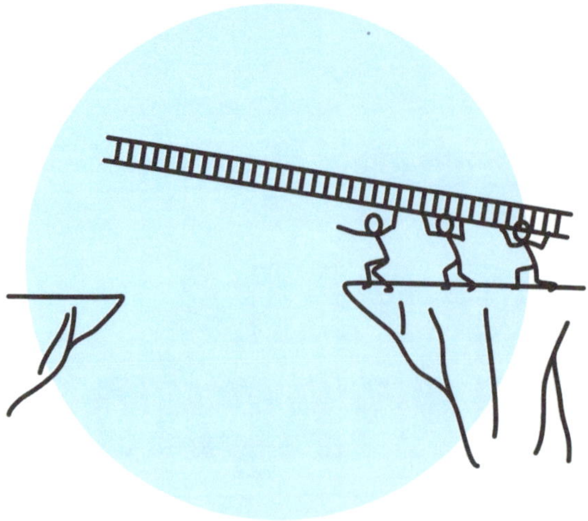

Fonte: https://www.salesforce.com/ap/hub/crm/why-do-crm-projects-fail acessado em 14/04/2022

As ideias neste capítulo são justamente discutir alguns desses obstáculos que aparecem com frequência, e expor um caminho possível para a implantação do CRM. Antes de qualquer coisa, é importante refletir sobre um ponto importante, tão bem ressaltado por Camila Casarotto no blog da Rock Content: "Não pense que basta adquirir um *software* para implementar um CRM na sua empresa. É preciso adotar uma estratégia de implementação desde o planejamento, até a avaliação dos resultados." Bem, se o desafio é grande, melhor então começarmos logo pelas barreiras, as pedras no caminho, por assim dizer, que as organizações precisam superar ao longo de um projeto desse tipo.

DESAFIOS DE UM PROJETO DE CRM

• Apoio da Diretoria

Projetos complexos, que envolvem toda a empresa e precisam não apenas de dinheiro, mas também de mudanças importantes, particularmente culturais, não podem ter sucesso sem o apoio da diretoria. É imprescindível que a alta administração dê todo o suporte necessário para que o projeto entregue o que dele se espera. As *startups*, em sua maioria, já nascem com a centralidade do cliente em seu DNA; logo, este aspecto será bem menos trabalhoso nesses casos. Mas, nas demais empresas, a obtenção desse apoio é absolutamente crucial;

• Custo

Não é possível que um projeto bem estruturado de CRM seja feito sem investimento. Existem ferramentas gratuitas, é bem verdade. Mas elas são provavelmente mais adequadas para uma pequena empresa, ou para um projeto piloto em outras maiores. E é preciso ficar claro desde já que, como veremos mais adiante, as ferramentas são aspectos de um projeto, são meios e não fins em si mesmas. São necessárias mudanças importantes de cultura, de adequação de processos, de treinamento e motivação de pessoas, entre várias outras. E isso tem um custo, obviamente. Em PMEs este investimento será menor, com toda certeza, mas ele existirá: não podemos nos enganar e tentar tapar o sol com a peneira;

Ilustração: Caio Oishi

• Compreensão de CRM como estratégia/filosofia, além do *software*

A Gestão de Relacionamento com o Cliente não se restringe apenas às questões tecnológicas. Elas são importantes, não há dúvida, mas não irão funcionar sem os outros principais pilares de um projeto de CRM: cultura, pessoas, processos. É preciso que a empresa compreenda o valor estratégico dessa gestão para o sucesso do negócio em um mundo extremamente competitivo e em permanente mudança. E mais do que isso: é preciso que esta estratégia seja planejada e implementada com adequações ao longo do tempo, e com os investimentos necessários;

- **Criar uma cultura centrada no cliente**

A decisão de executar um projeto de CRM indica que a empresa quer melhorar a experiência de seus clientes e, com isso, obter melhores resultados financeiros através da fidelização e rentabilização de sua base atual, da conquista de novos clientes e da redução de custos. Se esta lógica é verdadeira, não há como fugir de uma mudança de cultura para aquelas empresas que ainda estão focadas em seus produtos e serviços, com uma visão "de dentro para fora". No mundo atual, com o empoderamento do cliente, não se pode ignorar que esta mudança no equilíbrio das forças praticamente obriga as organizações a passar a entender e, principalmente, atender as necessidades dos clientes e não mais apenas as suas próprias. A visão agora é "de fora para dentro";

- **Resistência à Mudança**

A resistência à mudança é natural e esperada. Somos humanos e não gostamos de deixar nossa zona de conforto. Um projeto de CRM traz um grande número de modificações nos processos de trabalho: o uso de novas ferramentas tecnológicas, novas responsabilidades para alguns, novos objetivos e resultados esperados, o famoso foco no cliente etc. Não seria razoável esperar que não houvesse resistência. Porém, inteligentes que somos, vamos tratar de antecipar ao máximo quais seriam e onde estariam os maiores focos. Desde o início do projeto precisamos dessa abordagem proativa e, claro, durante a implementação vamos atacar as resistências que não estavam "mapeadas". Se vamos sair com sucesso de nosso estágio atual para aquele em que o CRM está não apenas implementado, mas trazendo os resultados esperados, teremos com toda certeza superado as mais diversas resistências. Gestão da mudança é um aspecto importante de qualquer projeto desse tipo;

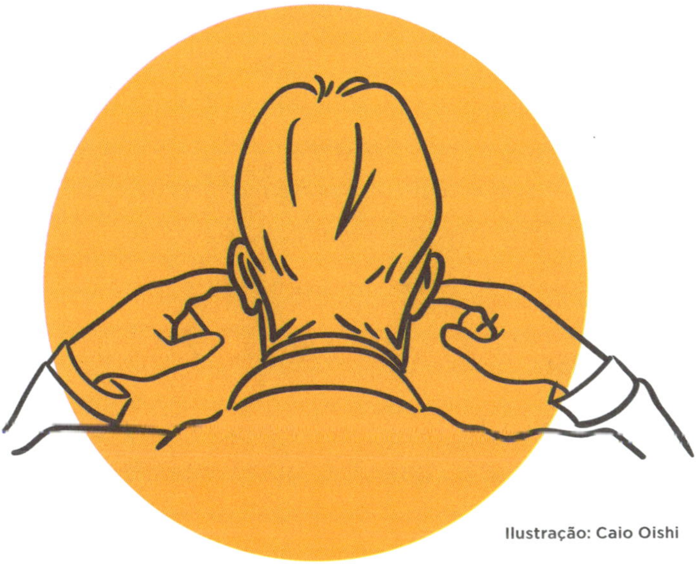

Ilustração: Caio Oishi

• **Dados sem qualidade e espalhados pela empresa**

Esse é um problema muito comum e que precisa ser encarado durante o projeto. Há necessidade de um trabalho bem pensado e executado com qualidade sobre os dados. Sem isso, não é possível estabelecer um relacionamento de sucesso com os clientes . Há empresas especializadas nesse assunto e, caso necessário, é importante contar com seus serviços. Se for possível resolver internamente, ótimo, mas é fato que os dados precisam ter qualidade (higienização, padronização, atualização, confiabilidade etc.);

- **Falta de Integração entre as áreas**

Um problema clássico de muitas empresas. Rusgas, ressentimentos por supostos "privilégios" e até a real falta de colaboração entre as áreas criam os famosos "silos organizacionais". Um exemplo típico são as informações que não são compartilhadas. Brigas entre Marketing e Vendas são possivelmente as mais comuns, mas não são as únicas. Para que um projeto de CRM tenha sucesso é imprescindível que haja colaboração entre as áreas e que os fluxos em que ocorrem passagens de bastão não apresentem falhas, ou o cliente final terminará não sendo bem atendido. O envolvimento de todas as áreas na equipe de projeto é uma forma de criar um ambiente de colaboração onde todos têm voz e podem contribuir para o sucesso da organização. Objetivos bem pensados, compartilhados e globais também ajudam nesse sentido.

PASSO A PASSO

Não existe um modelo único, "*one size fits all*", como dizem os americanos, ou alguma espécie de "10 Mandamentos do CRM", escritos em uma pedra. Cada organização tem características únicas e, consequentemente, necessidades específicas. Uma fornecedora de energia elétrica tem um mercado praticamente cativo, por exemplo. Teria ela as mesmas necessidades na construção de seu projeto ou de sua estratégia de CRM que uma empresa de varejo, em um mercado altamente competitivo? Claramente, não. Uma empresa pequena ou média, com um número restrito de funcionários e até de estruturação das áreas, precisa de uma solução da mesma complexidade de uma multinacional? Não, ou, pelo menos, não necessariamente.

E é por isso, entre outros motivos, como orçamento disponível, por exemplo, que diferentes projetos terão diferentes detalhes.

As boas ideias, porém, podem ser aproveitadas, se não em todos, na maioria dos casos, independentemente do porte ou do mercado em que a empresa atua. A sugestão que trazemos é a divisão em três grandes grupos de atividades: Análise do Negócio e Planejamento, Comunicação e Implementação, e Monitoramento e Ajustes.

Fonte: Sérgio Szpoganicz de Oliveira

1 - ANÁLISE DO NEGÓCIO E PLANEJAMENTO

1.1 Análise do negócio

Aqui deve haver uma reflexão sobre os ambientes interno e externo, com o foco do cliente e pensando em como o projeto pode beneficiar o negócio. Quais são as principais necessidades e como o CRM irá endereçá-las? Que pontos da jornada do cliente podem ser melhorados? Também é fundamental nesse momento inicial entender o espaço orçamentário existente. Os custos estimados irão aparecer de forma mais clara em uma etapa seguinte, mas é importante que se tenha noção da disponibilidade para investimento. Outros pontos importantes são identificar se a cultura organizacional contempla a centralidade do cliente, analisar as características do mercado em que a empresa atua e como os concorrentes estão posicionados no tema relacionamento com o cliente. Quais são os principais processos da empresa com envolvimento direto ou indireto dos clientes? A etapa cobre grandes temas que ou serão utilizados e detalhados posteriormente, como no caso dos processos, ou já definem o destino do projeto, como no caso do orçamento. Haverá um entendimento inicial do escopo e da viabilidade da implementação do CRM.

1.2 Definição de objetivos

Será difícil obter sucesso sem que objetivos claros e bem construídos sejam definidos e muito bem comunicados a toda a empresa. A pergunta-chave aqui é "o que queremos alcançar com a implantação do CRM?" Ao longo de todo o livro tratamos das vantagens que o CRM traz para as organizações, mas precisamos detalhar os objetivos de negócio para que, depois, estes possam ser desdobrados em metas para cada área e, inclusive, para os colaboradores. São muitas possibilidades, conforme as prioridades de cada empresa, mas, por exemplo: vamos aumentar o tíquete médio para X reais e o ciclo de vida do cliente para Y anos? Nosso NPS deve subir 10 pontos? O ciclo de vendas será reduzido em pelo menos 3 dias? Uma redução de custos na central de atendimento da ordem de 20% com automação, redução do tempo de atendimento e aumento da solução na primeira chamada? Será muito complicado engajar as pessoas se elas não entenderem os objetivos que estão sendo buscados e quais serão as suas contribuições, nesse sentido.

1.3 Montagem da equipe

A definição da equipe responsável pela implantação do projeto é obviamente fundamental, mas cabem algumas observações sobre essa atividade. Em primeiro lugar, deve estar claro para todos que a responsabilidade geral pelo projeto é da direção da empresa. Ao

“UMA IMPLANTAÇÃO DE CRM NÃO É SOBRE UMA FERRAMENTA DE *SOFTWARE*, MAS SOBRE UMA ESTRATÉGIA DE NEGÓCIO EM QUE O RELACIONAMENTO COM O CLIENTE E SUA EXPERIÊNCIA COM A MARCA GANHAM PROTAGONISMO; O CENTRO DO PALCO, POR ASSIM DIZER.”

nomear um gerente de projeto e os membros da equipe, a direção delega parte dessa responsabilidade. Outro ponto importante é que a composição da equipe é uma excelente oportunidade para o envolvimento de toda a empresa. Na medida em que as diversas áreas estejam representadas, elas passam a ter voz e um conhecimento "de dentro" do que está sendo planejado e executado. Mais do que isso, o compromisso das áreas com o sucesso do projeto será maior, não há dúvida, uma vez que elas estão participando de todo o processo. Definições importantes nesse momento: quem será o gerente do projeto, quem serão os representantes de cada área e como serão a organização e a interação/comunicação dentro da equipe. Claramente, não é necessária a participação de todos ao longo de todo o projeto. A própria sequência da implantação pode guiar essa necessidade. Etapas mais técnicas, por exemplo, provavelmente não requerem a presença dos representantes de RH ou do Financeiro. Esta dinâmica será estabelecida pela própria equipe, sob a liderança do gerente de projeto. Outro ponto a ser pensado é se é benéfico, ou mesmo possível, a presença de terceiros na composição da equipe. Em muitos casos isso pode ser importante.

Ilustração: Caio Oishi

1.4 Análise de fornecedores e ferramentas

Aqui a ideia é identificar os principais fornecedores e ferramentas de CRM disponíveis. Devem ser buscados aqueles com preços compatíveis com o orçamento da empresa, com presença no mercado de atuação, ou até especializados nele, com funcionalidades e usabilidade que atendam as necessidades da empresa, compatíveis com a estrutura tecnológica existente (ou seja, com integração viável), com bom suporte técnico local, e com uma base de clientes considerável no Brasil. A visão de futuro, a capacidade de investimento e o *roadmap* tecnológico (uso de Inteligência Artificial, facilidades *omnichannel* e capacidade de análise de dados, por exemplo) são considerações importantes. Elas sinalizam a viabilidade de crescimento da solução junto à empresa ao longo do tempo. A boa integração com redes sociais e mensageiros são pontos importantes e básicos hoje, assim como a possibilidade de personalização e customização do sistema, que também devem ser analisadas, pois certamente serão necessárias. E, claro, não podemos esquecer da complexidade e, consequentemente, do tempo estimado para a implantação. Há necessidade da contratação de serviços especializados para implantar/personalizar/integrar a ferramenta de CRM?

Em se tratando de relacionamento, precisamos pensar na integração com a solução de *e-commerce*, o *website* da empresa, o ERP, URA(s), *chatbots*, e-mail, entre outras soluções, que precisam trabalhar de forma afinada com o CRM. Caso isso não ocorra, muitos ganhos de eficiência, redução de tempos, automações etc., podem ser prejudicados, o que diminui o impacto da implantação.

Uma forma muito utilizada para conduzir esta etapa é a criação de uma RFP (*Request for Proposal*, ou Solicitação de Proposta, em português) na qual a empresa especifica suas necessidades e os fornecedores enviam suas respectivas respostas. O produto desta etapa é uma lista bem restrita: a famosa *shortlist* daquelas soluções que são compatíveis com o que está sendo buscado pela empresa. Em um momento posterior será tomada a decisão de qual delas será contratada. Obviamente, esta filtragem inicial eliminará vários *players* e a intenção é exatamente essa.

2 – COMUNICAÇÃO E IMPLEMENTAÇÃO

2.1 Divulgação Interna do projeto

Nesta etapa o objetivo é alinhar toda a empresa com a importância da adoção da estratégia de CRM, de forma que os colaboradores fiquem motivados para a busca dos objetivos definidos. A equipe do projeto e, principalmente, o grupo responsável pela comunicação, devem garantir que todos os pontos importantes da implantação sejam devidamente discutidos, deixando claro o que cada indivíduo ou área terá como benefício a partir da implantação do CRM. A equipe deverá envolver e destacar a diretoria nesse processo, pois isso demonstra o compromisso da empresa com o projeto.

Não há uma receita de bolo para como a comunicação deve ser feita, mas certamente reuniões, *workshops*, eventos, comunicados, e-mails, vídeos e estratégias de endomarketing que explorem todos os canais de comunicação internos da empresa são muito utilizados. Devem estar claros os objetivos, as necessidades, as mudanças que serão feitas, os impactos do CRM e, principalmente, os próximos passos. Os colaboradores de todas as áreas devem compreender que o sucesso da estratégia de CRM só será possível com o comprometimento de cada indivíduo. A divulgação pode ser feita em ondas, com envolvimento geral em algumas atividades, e de áreas ou grupos específicos em outras. Assim como no caso do treinamento, que veremos mais adiante, a comunicação deve começar pelas áreas prioritárias, ou mais impactadas, como Marketing, Vendas e Atendimento, seguindo depois pelas demais áreas conforme a necessidade identificada pela equipe de projeto. Os produtos desta etapa serão o cronograma de eventos, os conteúdos a serem divulgados para cada grupo/área, os canais que devem ser utilizados e os responsáveis por cada atividade. O cronograma do projeto deve ser divulgado, assim como os próximos passos após a implantação. Uma dica de ouro: conquiste os gestores das áreas e eles serão aliados importantes no engajamento de suas equipes.

2.2 Mapeamento dos processos

Uma das etapas mais importantes do projeto é mapear os processos internos que envolvem o cliente, direta ou indiretamente. É feita uma análise de cada processo, identificando entradas, atividades executadas pelos participantes e os resultados esperados. Também são apontadas as áreas envolvidas, a relação de dependência e hierarquia com outros processos, os tempos de execução, possíveis falhas e definidas as responsabilidades. Todo processo precisa ter um responsável.

O mapeamento de processos deve não apenas analisar, mas evoluir para um redesenho, propondo melhorias/correções naqueles com impacto no relacionamento com o cliente: no *Front Office*, com participação direta do mesmo, e no *Back Office*, sem sua participação direta, mas com impacto. As melhorias e correções podem e devem ser iniciadas nesta etapa, mas sua continuidade deve acontecer sem prejuízo do projeto, ou seja, as adequações serão realizadas em paralelo. Caso haja necessidade de um processo que ainda não exista, o mesmo deverá ser proposto e criado nesta etapa. A entrega aqui será um documento com os fluxos e detalhamento de cada processo, além de indicadores de desempenho. As áreas com grande participação normalmente são atendimento ao cliente, marketing, vendas, financeiro, logística, entre outras.

2.3 Definição da ferramenta

Quando analisamos os principais *players* e suas ofertas, ainda no início do projeto, foi feito um grande filtro, já com embasamento nas necessidades e condições da empresa. Nesta fase o detalhamento é maior, pois daqui sairá o fornecedor a ser contratado. Um ponto inicial, como não poderia deixar de ser, é a questão do custo da ferramenta em relação ao orçamento disponível e às demais propostas. Além disso, como já temos os processos devidamente estudados, devemos verificar a ferramenta que melhor atende aos requisitos de negócio. Visitas técnicas de *benchmark* (ou reuniões por vídeo, em tempos de pandemia) a outras empresas que utilizam a(s) ferramenta(s) são importantes no sentido de entender não apenas como a solução tem ajudado essas organizações e os obstáculos enfrentados, mas principalmente questões ligadas ao suporte durante a implantação e depois, ao longo da utilização do sistema.

Com a análise final realizada com critérios justos e racionais, depois de discussões com os fornecedores melhor qualificados, será definido o "vencedor" e poderá ser procedida a contratação e os acertos para a implementação.

2.4 Configuração da ferramenta e migração de dados

Antes de qualquer coisa, é necessária a migração dos dados de outros sistemas para a base do CRM. Esses dados precisam ter qualidade, como já foi discutido. E é chegada a hora de se pensar na configuração do sistema, nas personalizações necessárias e nas integrações com as demais ferramentas tecnológicas da empresa.

Níveis de acesso e hierarquias, definição na ferramenta dos fluxos mapeados anteriormente e das responsabilidades, de regras de negócio, criação ou customização de relatórios e *dashboards* (gerenciais e detalhados), entre dezenas de tarefas que precisam ser executadas. Esta etapa muitas vezes pode ser longa, em função da migração de dados e do *setup* do sistema. Obviamente a realidade de cada empresa é diferente e, em uma pequena empresa, com um projeto menos complexo, ela pode ser bem mais rápida.

2.5 Treinamento dos colaboradores

O treinamento dos colaboradores é crucial, pois o investimento da empresa é grande e os resultados esperados só poderão ser alcançados por funcionários capacitados e motivados. O treinamento deve ser "vendido" como uma oportunidade de crescimento pessoal e profissional, que ajudará cada indivíduo a otimizar sua rotina de trabalho e entregar melhores resultados. Isso já irá ajudar no engajamento, mas ao longo das sessões estes ganhos devem ser demonstrados e enfatizados. O comprometimento dos treinandos, a absorção da cultura centrada no cliente e o posterior bom uso da(s) ferramenta(s) são essenciais para o sucesso do projeto.

Deve ser definida a equipe de treinamento, com papéis e responsabilidades claras: quem prepara o material, quem ministra as aulas, quem faz a gestão (montagem das turmas, alocação de salas e materiais, emissão de certificados etc.). O Cronograma e a sequência de áreas a serem treinadas também são muito importantes. É sempre difícil tirar grandes grupos de suas rotinas diárias e isso precisa ser negociado com os gestores de cada área. É bastante comum o envolvimento do fornecedor na etapa de treinamento. Uma boa forma de tratar isso é um treinamento dos treinadores (*train the trainer*, em inglês) pelos consultores do fornecedor. Dessa forma, a dependência externa diminui e a capacidade de treinamentos simultâneos, ou em diferentes locais, aumenta muito. É claro que, com a pandemia, os treinamentos on-line se popularizaram e melhoraram muito, mas certamente ainda há espaço para turmas presenciais. O fornecedor também deve auxiliar com a liberação de um ambiente de treinamento, onde os exercícios podem ser feitos sem interferência nos dados reais da empresa e mesmo antes (ou durante) a implantação da ferramenta.

O papel de RH é muito importante nesse momento, pois irá auxiliar a equipe de projeto (na qual, inclusive, deve haver um representante da área) na montagem de toda a logística necessária, além de normalmente prover o orçamento para cobrir os custos dessa etapa.

2.6 Testes e *Go-live*

Realizar testes da ferramenta de CRM e dos processos por ela impactados é uma necessidade constante nesse período, para que haja a validação global da solução antes de partirmos para a entrada definitiva em operação. O processo de testar e corrigir os problemas que surgem se torna uma rotina até que tudo esteja afinado. Além da equipe de projeto, é importante que o pessoal das áreas usuárias participe dos testes, validando o seu pedaço do quebra-cabeça. Isso novamente cria uma oportunidade de engajamento e senso de importância para aqueles que ainda não compraram a ideia. E, de certa forma, é uma continuidade do treinamento, pois agora os usuários estão botando a mão na massa e ganhando experiência e confiança na ferramenta.

Quando tudo estiver devidamente testado e validado, é chegada a hora do famoso *Go-live*, ou seja, da entrada em produção da ferramenta. A solução toda, incluindo o sistema e os processos revistos/otimizados, passa a ser utilizada por colaboradores preparados e motivados para fazer a roda girar, entrando oficialmente em uso. No mundo ideal, o CRM entra em produção com todas as questões de personalização, configuração e testes equacionadas, mas nada impede que se decida por uma implementação por fases, por áreas, ou algo do gênero, com base nas prioridades da empresa. O importante é que isso tenha sido pensado e negociado pela equipe de projeto com a direção da empresa e os gestores das áreas, para que não ocorram surpresas e desvios de rota.

3 - MONITORAMENTO E AJUSTES

3.1 Análise dos resultados

Com a solução implementada, é necessário verificar a evolução dos resultados e se os objetivos definidos inicialmente estão sendo atingidos. Nesta etapa temos que analisar as métricas associadas aos vários objetivos e entender como a empresa está se portando depois da implantação. Estão aparecendo melhorias? Quais indicadores apontam uma tendência de evolução ou de queda de desempenho? Estamos caminhando na direção das metas estabelecidas? Se há indicadores que não foram definidos, agora é a hora de fazer isso, pois eles certamente serão necessários para o acompanhamento dos resultados. De acordo com essa análise, certamente serão identificadas oportunidades de melhoria, o que nos levará para a próxima etapa.

Ilustração: Caio Oishi

3.2 Ajustes

Devemos pensar nas etapas de análise de resultados e ajustes como a parte final de um ciclo PDCA. E isso faz total sentido, porque o que buscamos de fato é a melhoria contínua. O projeto segue essa lógica de Planejamento (*Plan*, em inglês), Execução (*Do*, em inglês), Análise de Resultados (*Check*, em inglês) e Ajustes (*Act*, em inglês). Ainda que a estrutura formal do projeto se encerre após a implantação, o ciclo segue, teoricamente, eternamente.

No caso específico da etapa de ajustes, são feitas as correções necessárias, conforme a etapa anterior havia identificado, e o ciclo volta a se repetir: com as atividades novamente sendo executadas pelas equipes de cada área, os resultados sendo monitorados e os ajustes sendo realizados. Os ajustes podem ser de diversas naturezas, como a correção de processos ou de configurações, reforço de treinamento dos usuários, eliminação de falhas nos sistemas ou integrações, implementação de uma nova funcionalidade ou módulo etc.

OS PRINCIPAIS ERROS NA IMPLEMENTAÇÃO DO CRM

Remetendo às ideias de Sudhir H. Kale[1], todos conhecemos os 7 pecados capitais: gula, avareza, luxúria, ira, inveja, preguiça e orgulho. Mas parece ponto pacífico que muitas empresas desconhecem os principais pecados cometidos na implantação do CRM, ainda que eles venham se repetindo há anos, décadas até, e que podem, no limite, causar o fracasso dos projetos. Amanda Gusmão, no artigo "Conheça os 10 principais erros na implementação de um sistema CRM", publicado no blog da Rock Content, menciona um estudo da empresa Sales Screen que indica que 66% dos benefícios de um CRM não são usufruídos pelas empresas que o utilizam incorretamente, e, também, que os times de alta performance acessam o sistema pelo menos 3 vezes mais.

A ideia aqui não é dissecar cada um desses erros, mas enumerar alguns dos principais, de forma que chamem a atenção dos envolvidos nos projetos e possam ser evitados. Alguns problemas bastante comuns já apareceram no início deste capítulo, sob a forma de desafios que precisam ser enfrentados, mas vale a pena ver alguns outros.

Ilustração: Caio Oishi

1. H. Kale, "CRM Failure and the Seven Deadly Sins," Marketing Management, Vol. 13, No. 5, 2004, pp. 42-46.

1. Decisão baseada na tecnologia

Para começar, um projeto desse tipo nunca pode ser uma decisão tomada meramente em função da tecnologia. Como já vimos, a tecnologia é uma viabilizadora, um meio para que a estratégia de CRM possa trazer o maior benefício possível. O projeto deve buscar soluções para que o negócio prospere e seja sustentável, e não uma tecnologia moderna, da moda ou que a empresa XYZ utiliza. E essas soluções envolvem muito mais do que sistemas. Ao longo do livro foram discutidos os grandes benefícios para toda a empresa e, por isso mesmo, a decisão e a condução do processo de adoção do CRM devem ser compartilhadas entre as diversas áreas. TI é importante, não há dúvida, mas áreas como Marketing, Vendas e Atendimento ao Cliente são ainda mais relevantes em um projeto desse tipo. E não custa lembrar: uma implantação de CRM não é sobre uma ferramenta de *software*, mas sobre uma estratégia de negócio na qual o relacionamento com o cliente e sua experiência com a marca ganham protagonismo; o centro do palco, por assim dizer.

2. Não entender a importância do longo prazo, ou, melhor ainda, do CLV

É muito comum a busca incessante por resultados de curto prazo, em todos os tipos e portes de empresa. Por isso, um segundo erro a ser evitado é não reconhecer a importância do *Customer Lifetime Value*. CRM é justamente sobre criar relacionamentos duradouros (e lucrativos) com os clientes ao longo do tempo, então não há como fugir de uma métrica como o CLV. Ela deve ser não apenas utilizada, mas compreendida por todos e considerada um balizador do sucesso da adoção do CRM. O próprio conceito de Centralidade do Cliente traz essa questão da fidelidade nele embutida. Ao contrário de métricas que indicam resultados de curto prazo, como aquelas usadas em campanhas, o *lifetime value* mostra o progresso ao longo do tempo, resultante da maior permanência dos clientes na base, da recompra, do *cross* e do *upselling* etc. Pequenas empresas, em particular, têm uma certa dificuldade com esse conceito, uma vez que a luta pelo crescimento e pela sobrevivência no dia a dia terminam sendo protagonistas e uma estratégia com foco no longo prazo parece um tanto utópica. Mas isso precisa ser corrigido, ou o CRM não trará os benefícios prometidos, ainda que ele ajude também na conquista de novos clientes, no aumento de faturamento etc.

3. Negligenciar o mapeamento/redesenho de processos

Pular (ou não conduzir com o devido cuidado) a etapa de mapeamento e redesenho de processos também é um erro comum e que não pode acontecer. Se a ideia é tornar o relacionamento o mais fluido e proveitoso possível, não há espaço para processos intocáveis ou negligência com as melhorias. As modernas ferramentas permitem a automação e otimização de processos em praticamente todas as áreas e essa deve ser uma prioridade. A validação pelos usuários também deve ser exigente com estes aspectos, já que haverá objetivos a serem atingidos e que serão cobrados.

4. Objetivos mal construídos

Quando objetivos e metas são mal construídos, super ou subdimensionados, temos a receita perfeita para problemas futuros. Objetivos inalcançáveis ou muito fáceis terminam por desmotivar as equipes, criando uma falsa sensação de sucesso/insucesso. É necessário que seja investido tempo e haja discussões sérias sobre esta questão. As metas desdobradas a partir dos objetivos de negócio precisam igualmente ser bem pensadas, assim como os indicadores que serão utilizados.

5. Não entender a criticidade dos dados

Um grave pecado, que aparece com grande frequência em depoimentos de alunos em nossos cursos de CRM, é menosprezar a criticidade dos dados para o CRM. Sabemos que as informações de clientes normalmente estão espalhadas por vários sistemas, bancos de dados departamentais, celulares, e-mails, planilhas etc. A integração destes dados na base do CRM é crucial para que seja atingida a famosa "visão 360°" do cliente, e que usuários de qualquer área da empresa possam ter acesso a todas as informações de que necessitam para tornar a experiência do cliente a melhor possível. Para além da integração, não podemos esquecer a qualidade dos dados. A experiência mostra que muitas empresas ainda sofrem com dados incompletos, desatualizados, sem confiabilidade, sem padronização e, imagine isso, duplicados. Temos notícia de que uma grande multinacional do ramo de eletrônicos descobriu, ao executar uma campanha de marketing, que sua base de "milhões" de clientes, na verdade, se resumia a alguns poucos milhares com dados de contato confiáveis. Parece incrível, mas isso é mais comum do que se imagina.

A entrada em vigor da LGPD no Brasil vai fazer com que a gestão de dados seja vista de outra forma, como uma prioridade da empresa, e isso é uma ótima notícia. Particularmente para o CRM, um maior cuidado com os dados vai possibilitar a condução de relacionamentos cada vez melhores, mais personalizados e, principalmente, mais lucrativos.

6. Falta de acompanhamento, correções de curso e investimentos na manutenção

Um último, mas não menos importante, erro, é a organização não entender que, uma vez finalizada a implantação, as etapas de monitoramento e correções são permanentes. É fundamental que haja essa consciência e a consequente delegação de responsabilidades. Todos sabem que qualquer planejamento e execução de estratégia precisa de acompanhamento, de ajustes e, inclusive, de novos investimentos, sempre que assim for necessário para garantir melhores resultados. Com o CRM não é diferente. O atingimento, ou não, dos objetivos definidos é que vai balizar a necessidade de correções. O crescimento da empresa ou outras alterações de cenário também podem pedir mudanças, novos módulos, funcionalidades mais sofisticadas etc. E a empresa precisa estar atenta para estes sinais e reagir da melhor forma possível.

CONCLUSÃO

Ninguém disse que é fácil realizar a implantação do CRM. São muitos fatores envolvidos: a cultura organizacional, as pessoas, a tecnologia e os processos de negócio. Conhecer os desafios que precisam ser superados, ter um norte ou uma inspiração, para além de saber quais são os erros mais cometidos em projetos similares, certamente serão de grande valia para quem mergulhar nessa aventura. E que fique bem entendido que aventura aqui é usada no melhor dos sentidos: de busca da quebra de paradigmas, de mudanças importantes na forma de conduzir os negócios, de uma nova mentalidade, na qual o cliente passa a estar no centro do negócio e não mais os produtos e serviços da empresa.

Não será mais possível competir no mercado atual, que traz um ritmo frenético de mudanças e uma digitalização crescente, sem que a organização se utilize da vantagem competitiva trazida pela centralidade do cliente. Os clientes empoderados de hoje exigem respeito e esperam que suas necessidades sejam atendidas. As organizações que conseguirem extrair o valor que a estratégia de CRM pode entregar certamente conduzirão relacionamentos mais longos e lucrativos com seus clientes, e estarão muito mais perto de garantirem a sustentabilidade do negócio.

07

SEGMENTAÇÃO DE CLIENTES COMO FERRAMENTA PARA ESTRATÉGIA DE RELACIONAMENTO

por Eric Bacconi Gonçalves

SEGMENTAÇÃO

Este capítulo falará sobre segmentação de clientes. Por segmentar entende-se separar clientes em grupos onde cada elemento do grupo possui características semelhantes aos demais.

A primeira pergunta é: por que segmentar? Provavelmente, se você leu os capítulos anteriores e chegou até este, deve ter uma ideia da resposta. Kotler (2021) lista os 10 mandamentos do Marketing. O primeiro mandamento citado é: "A empresa segmenta o mercado, escolhe os melhores segmentos e fortalece posição nestes melhores segmentos". E prossegue, sobre os benefícios da segmentação: entender melhor as necessidades e anseios de cada grupo de clientes, desenvolver ofertas assertivas para cada segmento, alocar esforço de Marketing nos segmentos mais rentáveis.

A segmentação é a base do modelo STP – *Segmentation, Targeting, Positioning* (ou, em português, Segmentação, Orientação, Posicionamento).

Fonte: Eric Bacconi Gonçalves

Segmentation – Os públicos são identificados;

Targeting – Os segmentos são priorizados;

Positioning – A vantagem competitiva é criada.

Essa abordagem, se bem realizada, traz o círculo virtuoso, conforme a figura:

CÍRCULO VIRTUOSO PROPORCIONADO PELO MODELO STP

Fonte: Adaptado de Lilien, G. L., Rangaswamy, A., & De Bruyn, A. (2017).

Passemos agora para a segunda pergunta: como segmentar? Antes de responder essa pergunta, proponho a você outra questão: imagine um baralho normal, de 52 cartas. Como você separaria estas cartas em grupos? Se o(a) prezado(a) leitor(a) raciocinar como a maioria das pessoas, deve ter respondido (ou pensado): "Em naipes!". Contudo, existem diversas formas de fazer essa separação em grupos: por cores, números x figuras, de acordo com sua pontuação num jogo de buraco, dama de ouros x não dama de ouros. Nenhuma dessas segmentações está errada ou mais certa que as demais; todas se baseiam num critério claro em que cada carta é alocada num grupo de acordo com a regra estabelecida. A diferença está no critério adotado.

Da mesma forma que a separação das cartas do baralho, a separação (ou segmentação) de clientes deve seguir um critério, e este critério deve fazer sentido para o negócio. Por exemplo, imagine uma empresa que presta serviços de *delivery* de refeições. Faria pouco sentido segmentar os clientes por signo ou time do coração. Por outro lado, informações sobre a preferência gastronômica do cliente e a frequência de utilização do serviço seriam de grande valia para a empresa.

"SEGMENTAR CLIENTES É MAIS DIFÍCIL DO QUE SEGMENTAR CARTAS DE UM BARALHO. ENTRETANTO, O PRINCÍPIO POR TRÁS É O MESMO E OS RESULTADOS SÃO MUITO MAIS GRATIFICANTES."

DADOS

Para fazer uma boa segmentação a qualidade dos dados é essencial. Precisamos ter informações sobre os clientes para conhecê-los bem e tratá-los da forma adequada.

Lamb, Hair, & McDaniel (2011) sugerem alguns dados que podem ser incorporados para a segmentação de clientes, sob a ótica do Marketing, agrupando por tipo:

- Dados Geográficos: Avaliam o mercado em que o cliente se encontra, variáveis do tipo Região, Tamanho do Mercado, Densidade do Mercado e Clima, entre outros;
- Dados Demográficos: Traçam um perfil detalhado do cliente, como Sexo, Idade, Estado Civil, Renda, Etnia, Número de membros da família, entre outros;
- Dados Psicográficos: Segundo os autores, "os dados demográficos são o esqueleto, enquanto os dados psicográficos acrescentam a carne aos ossos". Dados psicográficos são o complemento dos dados demográficos: informações tais quais Personalidade, Motivações, Estilo de Vida, entre outras;
- Dados sobre Benefícios Percebidos: Nesta seção, os dados ajudam a entender como nossos clientes percebem nossos produtos. Por exemplo, uma montadora tem entre seus clientes aqueles que enxergam carro como meio de transporte, outros como status, outros como ferramenta de trabalho etc;
- Dados sobre Uso: Aqui, os autores se referem ao histórico de comportamento que o cliente tem em relação à empresa. Compras Anteriores Feitas, Valor Gasto, Frequência, Tempo de Relacionamento, entre outros.

DESENVOLVIMENTO DE MODELOS

Uma vez que já possuímos uma grande gama de dados, precisamos saber o que fazer com eles. Nesse momento entram em ação técnicas estatísticas e/ou *Machine learning* para auxiliar-nos a minerar os dados e nos trazer resultados úteis do ponto de vista de negócio.

Uma representação útil do ciclo de vida da mineração de dados foi feita pelo CRISP-DM (*CRoss Industry Standard Process for Data Mining*), e é composta por seis passos, conforme a figura.

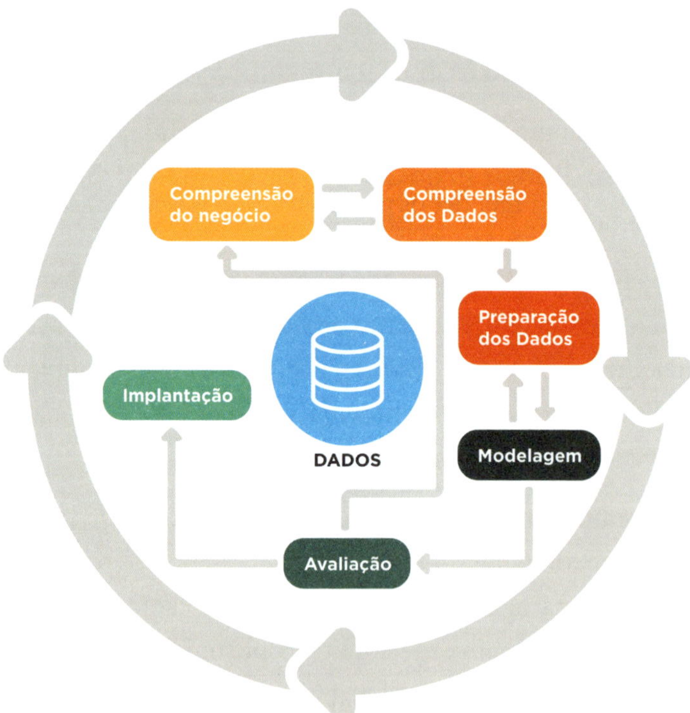

Fonte: Eric Bacconi Gonçalves

1. Compreensão do Negócio

Inicialmente, é fundamental entender o problema a ser resolvido. Muitas vezes, descobrimos fatos novos que nos sugerem reformular o problema e projetar uma solução. O estágio de Compreensão do Negócio representa a parte do processo em que a criatividade desempenha um grande papel. Isso pode significar estruturar o problema em um ou mais subproblemas que envolvem a construção de diferentes modelos. Por exemplo, podemos ter uma série de regras que defina um cliente *premium* na Região Sul do Brasil e outra série de regras para definição de *premium* na Região Nordeste.

No início, começamos com uma visão simplificada do cenário, mas à medida que avançamos, percebemos que muitas vezes o cenário pode ser ajustado para refletir melhor a necessidade real do negócio.

2. Compreensão dos Dados

Se resolver o problema do negócio é o objetivo, os dados constituem a matéria-prima disponível a partir da qual a solução será construída. É importante compreender os pontos fortes e as limitações dos dados porque, muitas vezes, os dados não se encaixam perfeitamente ao seu problema. Muito importante, também, é guardar o histórico de dados, mesmo que os dados coletados não estejam sendo utilizados para o problema de negócios atual, pois podem ser utilizados em análises futuras e/ou complementares.

Também é comum que os custos dos dados variem. Alguns dados estarão disponíveis gratuitamente, enquanto outros exigirão esforço para obter. Ainda há o caso de dados que simplesmente não existem e exigirão projetos para organizar sua coleta. Uma parte crítica da fase de compreensão dos dados é estimar os custos e benefícios de cada fonte de dados e decidir se mais investimentos são necessários.

3. Preparação dos Dados

A fase de preparação de dados consiste na limpeza, transformação, integração e formatação dos dados da etapa anterior. É a atividade pela qual dados estranhos ou inconsistentes são tratados. Esta fase abrange todas as atividades para construir o conjunto de dados final (dados que serão alimentados nas ferramentas de mineração), a partir do conjunto de dados inicial.

A utilização de *Data Warehouses* facilita muito esta etapa. Por esta razão, é muito importante para uma organização que ela possua em seus processos habituais boas práticas da administração de dados.

4. Modelagem

O estágio de modelagem é o papel principal deste processo. É importante ter alguma compreensão das ideias fundamentais de mineração, incluindo os tipos de técnicas e algoritmos que existem, porque esta é a etapa na qual a maior parte da ciência e da tecnologia podem ser aplicadas.

5. Avaliação

Os objetivos da fase de avaliação são entender os resultados da mineração de dados de forma rigorosa e garantir que sejam válidos e confiáveis, antes de prosseguir. Se olharmos bem o suficiente para qualquer conjunto de dados, encontraremos padrões, mas eles podem não estar de acordo com as necessidades do negócio.

É crucial termos confiança de que os modelos e padrões extraídos dos dados são reproduzíveis e não apenas casuísmos ou anomalias de amostra. Os resultados devem ser replicáveis. Antes da implantação, deve-se testar um modelo, primeiro, em um ambiente de laboratório controlado. Outro ponto importante nesta fase é garantir que o modelo satisfaça os objetivos de negócios originais.

Lembre-se de que o principal objetivo é apoiar a tomada de decisão, e que iniciamos o processo com foco no problema que gostaríamos de resolver. Normalmente, uma solução de mineração de dados é apenas uma parte da solução maior e precisa ser avaliada como tal.

Note que resultados, aqui, podem afetar a fase de compreensão do negócio e reiniciar o processo.

6. Implantação

Na implantação, os resultados da mineração de dados são colocados em uso real para obter o retorno sobre o investimento. Os casos mais comuns de implantação envolvem a implementação de um modelo preditivo em sistemas de informação ou processo de negócios. Por exemplo, um modelo para prever a probabilidade de gerenciamento de *churn* (que envie ofertas especiais para clientes com alta probabilidade de deixarem de ser clientes), ou um modelo de propensão à compra podem ser construídos, para envio de ofertas diferenciadas.

TIPOS DE MODELO PARA SEGMENTAÇÃO

Imagine que você trabalhe em uma empresa de telefonia móvel. Considere duas perguntas que podemos fazer sobre nossos clientes, no intuito de segmentá-los:

1. Existem perfis de clientes diferentes em nossa base? Em caso positivo, quantos perfis?
2. Na nossa carteira de clientes, quem são aqueles que têm mais propensão a cancelar (virar *churn*) a linha nos próximos meses?

Nas duas perguntas queremos agrupar os clientes. Qual a diferença principal entre elas?

Na primeira pergunta não foi apresentado nenhum direcionamento para fazer a segmentação, cabendo ao analista fazer a análise de dados para identificar os grupos. Ao passo que, na segunda pergunta, já nos foi dada a orientação de como deve ser feito o agrupamento de clientes: separar aqueles que têm mais propensão ao cancelamento.

O primeiro exemplo é um problema do tipo Aprendizado Não-Supervisionado: não foi dada nenhuma orientação sobre a forma de fazer a segmentação ou, como é muito comumente referenciado na literatura, não existe um "professor". O segundo exemplo trata de um problema do tipo "Aprendizado Supervisionado", com um "professor" que orienta a resposta. Estes termos foram herdados das técnicas de Aprendizagem de Máquina, por isso a referência a um professor que orienta o que deve ser feito.

Cada tipo de aprendizado requer suas próprias técnicas estatísticas computacionais para ser desenvolvido. Na minha experiência profissional já desenvolvi vários modelos para segmentação de público do tipo Supervisionado e Não-Supervisionado; às vezes os dois ao mesmo tempo, para o mesmo cliente. Certa feita, ao atuar em uma área de Cartões de um banco comercial, a instituição apresentou dois desafios: direcionar corretamente as ofertas aos usuários de cartão para aumentar seu gasto médio e aumentar a venda de cartões adicionais.

Para aumentar o *ticket* médio dos usuários de cartão foi feita a seguinte proposta: levantamos junto às áreas de informação do banco os dados de utilização do cartão, separando-os por tipo de estabelecimento. Ou seja, tínhamos o total mensal gasto em supermercados, o total mensal gasto em farmácias, o total mensal gasto em postos de gasolina, em hotéis etc . O próximo passo foi fazer uma segmentação do tipo Não-Supervisionada, em que foram identificados 17 grupos com perfis de consumo similares – o que permitiu ao banco criar ofertas mais assertivas de acordo com os perfis identificados.

Nosso segundo desafio era vender mais cartões adicionais. Para esse modelo foram levantadas informações históricas de clientes que, em anos anteriores, compraram cartão adicional. Orientados por essa informação histórica (o "professor"), construímos um modelo do tipo de Aprendizagem Supervisionada, no qual buscávamos o perfil propenso a comprar o cartão adicional, e, de acordo com as características do cliente, atribuir uma probabilidade deste em adquirir o cartão adicional. Foram priorizadas ações de venda ativa para os clientes com maior probabilidade de compra, e a venda de cartão adicional aumentou em 400% após a implantação.

Da mesma forma que estes exemplos da minha carreira profissional, existem diversas aplicações em que a segmentação ajuda a experiência do cliente, permitindo às empresas serem mais assertivas no relacionamento com o consumidor. Modelos de retenção, propensão à compra, venda cruzada e direcionamento de ofertas são largamente utilizados, permitindo uma relação ganha-ganha da empresa com o cliente: a empresa reduz seus custos e aumenta resultados, e a satisfação do cliente aumenta ao perceber que a empresa o conhece. Segmentar clientes é mais difícil do que segmentar cartas de um baralho. Entretanto, o princípio por trás é o mesmo e os resultados são muito mais gratificantes.

08

A PERSONALIZAÇÃO DA COMUNICAÇÃO

por Andréa Naccarati de Mello

A gestão do CRM é poderosa porque olha desde os dados dos clientes, até as métricas após a execução das campanhas. E a narrativa para as campanhas de CRM é fruto de um conteúdo construído estrategicamente, e não criado sem nenhuma base.

Quando recebemos um e-mail de uma empresa e ficamos surpreendidos positivamente pelo seu nível de personalização e customização, você sabe o que está por trás disso? Está a construção e execução de uma régua de relacionamento (planejamento e execução de um conjunto de ações de aproximação, captação e fidelização de clientes) muito bem-feita, fruto da criação da Persona, da construção da Jornada do Cliente e da análise de toda essa informação para o entendimento das "dores" dos clientes e das oportunidades de se comunicar com eles, com conteúdo relevante.

Na contramão disso, quando recebemos um e-mail genérico sem o nosso nome, com ofertas desconectadas do nosso momento de vida e dos nossos interesses, até nos perguntamos o porquê de sermos destinatários daquela mensagem. O potencial de a empresa obter resultados é muito baixo, não é mesmo? Onde está a falha? Bem, você já tem a resposta.

A criação das personas (pessoas fictícias com características e informações de pessoas reais) é importante para representar segmentos de clientes estratégicos, para que as empresas possam se conectar com eles de forma personalizada e relevante. São importantes para a gestão da experiência do cliente (CX), para a gestão do relacionamento com o cliente (CRM) e para a comunicação.

Reter clientes é dez vezes mais barato que prospectar um novo[1]. Daí a importância de as empresas desenvolverem estratégias de retenção e fidelização, mas sem conhecer o cliente a fundo, sem desenvolver sua persona, esse objetivo fica mais difícil.

As personas são criadas com dados reais de clientes vindos de diferentes fontes: atendimento ao cliente, área de vendas, pesquisas qualitativas, pesquisas quantitativas, entrevistas com clientes, da área de BI etc.

Algumas empresas usam arquétipos para representar as personas. Se houver pessoas no time com esse grau de entendimento, perfeito; se não, não é necessário.

1. https://www.esic.edu/documentos/editorial/resenas/9788473567183_Esic%20Alumni_01-04-08.pdf. Acesso em 9 de julho de 2022

ARQUÉTIPOS

Fonte: https://rhjr.com.br/conheca-12-tipos-de-arquetipos-empresariais/

A persona não é público-alvo e tampouco audiência. A persona contempla dados sociodemográficos e psicográficos, diferente dos demais. É como pensar num funil no qual a persona está no fundo, muito específica e detalhada, e a audiência no topo, super abrangente.

Há várias ferramentas gratuitas, até o momento, para a construção da persona como as da PeopleXperience, do Hubspot, da Xtensio, o gerador de personas da RD/Rockcontent etc.

Tendo o entendimento da persona, agora é possível construir a jornada do cliente e entender suas "dores" e as oportunidades para se conectar com ele em todos os pontos de contato com a marca, com o produto ou com o serviço da empresa.

Há mapas de jornada simples e complexos, e várias metodologias para a sua construção. A empresa precisa decidir por um modelo compatível com a sua situação – inclusive, decidir se irá construir a jornada completa ou apenas a fase mais crítica para implantar ações e, depois, construir as demais fases a depender da sua necessidade.

Da mesma forma que a persona, também existem ferramentas on-line gratuitas para apoiar a construção da jornada.

O capítulo 07 do volume 1 desta Coleção explica o mapeamento da jornada do cliente; os capítulos de 06 a 10 do volume 2 desta Coleção também tratam de jornada. Vale a pena consultar.

Uma vez feito o mapeamento da jornada e analisadas as "dores do cliente" e oportunidades, fica fácil definir o conteúdo de comunicação, o que vai ser oferecido de benefício para o cliente, a frequência das mensagens e os canais.

Cada persona tem uma jornada para cada produto ou serviço, e diferentes réguas de relacionamento, uma para cada fase da sua jornada.

EXEMPLO DE RÉGUA DE RELACIONAMENTO PARA REATIVAÇÃO DO CLIENTE

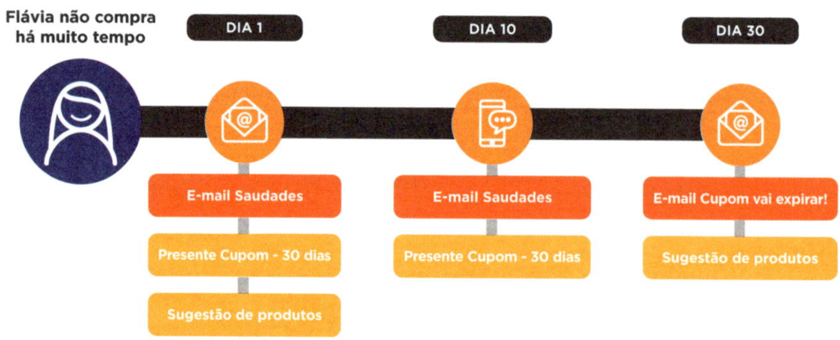

Fonte: https://blog.dito.com.br/quais-sao-as-melhores-campanhas-de-e-mail-marketing-para-automacao/
Acesso em 09/07/2022

Os resultados obtidos pela implantação da régua de relacionamento bem-feita são vários, dentre eles a redução do *Churn*, o aumento do *CLV (Customer Lifetime Value)*, o aumento do *ROI (Return on Investment)*. Isso devido à consistência, continuidade e relevância do conteúdo da comunicação com os clientes.

Para exemplificar, vou citar o que é muito comum acontecer em compras on-line – abandono de carrinho. Segundo o Baymard Institute[2], a taxa média de abandono de carrinho de compras on-line é de 69,82%. Clientes abandonam o carrinho por vários motivos: custos extras muito altos (frete etc.), demora na entrega, falta de confiança no site, entre outros. Através de um e-mail de abandono da régua de relacionamento, a potencial venda pode ser recuperada desde que o conteúdo desse e-mail seja relevante e fruto de todo o processo de elaboração da régua de relacionamento, conforme detalhado anteriormente.

No capítulo 16, você verá como *UX Writing* ajuda na execução da régua de relacionamento.

Toda essa inteligência será automatizada na ferramenta de CRM, inclusive o fluxograma de decisão que programará ações, a depender do que o cliente fizer ao ser impactado pela comunicação.

EXEMPLO DE RÉGUA DE RELACIONAMENTO PARA ANIVERSÁRIO

Fonte: https://blog.dito.com.br/quais-sao-as-melhores-campanhas-de-e-mail-marketing-para-automacao/ Acesso em 09/07/2022

2. https://baymard.com/lists/cart-abandonment-rate. Acesso em 09/07/2022

EXEMPLO DE FLUXOGRAMA DE DECISÃO PARA ANIVERSÁRIO

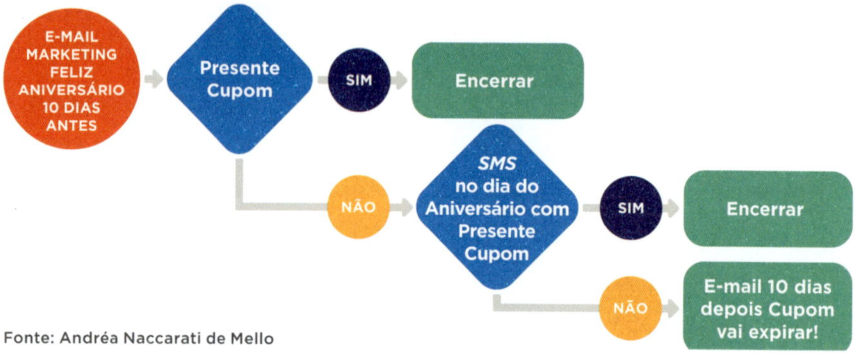

Fonte: Andréa Naccarati de Mello

Para simplificar, dei esse exemplo de aniversário, mas o planejamento da comunicação na régua de relacionamento é muito mais do que isso.

A beleza do CRM e o resultado satisfatório das suas ações dependem desse processo e de toda inteligência por trás dele.

Dados > Segmentação > Priorização dos segmentos > Persona > Jornada > Régua de relacionamento > Fluxograma de decisão > Comunicação personalizada (customizada, sempre que possível).

A mudança no comportamento de compra das pessoas ao longo do tempo tem feito com que as empresas se adaptem (se reinventem?) às novas expectativas e exigências que envolvem dimensões racionais e emocionais – estas últimas, associadas a relacionamento e experiência. Quando um cliente é impactado pelo e-mail de uma marca, por exemplo, essas expectativas estão presentes. Cabe à empresa provocar o momento UAU e gerar resultado positivo, ou não.

"OS RESULTADOS OBTIDOS PELA IMPLANTAÇÃO DA RÉGUA DE RELACIONAMENTO BEM-FEITA SÃO VÁRIOS, DENTRE ELES A REDUÇÃO DO *CHURN*, O AUMENTO DO CLV, E O AUMENTO DO ROI."

09

SOFTWARES, SISTEMAS E FERRAMENTAS PARA A IMPLANTAÇÃO DO CRM

por Alex Mariano

Comecei minha carreira na área de vendas e, na primeira vez que troquei a minha agenda de contatos em papel por um sistema equivalente a um CRM, houve uma revolução na minha rotina diária.

Nessa época ainda não existiam os sistemas acessíveis em nuvem como temos hoje e apenas grandes empresas podiam investir em projetos e ferramentas de CRM.

Alguns anos se passaram e, felizmente, as ferramentas de CRM nunca estiveram tão acessíveis como hoje. Independente de porte ou segmento, hoje empresas podem ter acesso a inúmeras ferramentas e sistemas para sustentar suas estratégias de CRM.

Com quem viveu a década de 80, eu costumo brincar que as ferramentas para CRM têm se proliferado quase como os *Gremlins*, do filme de 1984.

Se por um lado a oferta de ferramentas aumenta em uma velocidade assustadora, por que então tantas empresas têm dificuldade para escolher e adotar ferramentas de CRM?

Ao longo de mais de 19 anos trabalhando com CRM, tive a oportunidade de acompanhar várias empresas – muitas delas com bastante êxito a partir da adoção de ferramentas de CRM, mas algumas com certa dificuldade e com resultados abaixo do esperado, seja em vendas, marketing, seja em atendimento.

Isso sempre me intrigou, ou seja, por que algumas empresas tinham tanta dificuldade em fazer com que suas estratégias de CRM pudessem decolar?

PARA QUE SUA EMPRESA PRECISA DE UM CRM?

Certa vez fui chamado por uma empresa para fazer um diagnóstico em relação a uma implantação malsucedida de CRM.

Naquele momento, o diretor de TI já estava desesperado, pois haviam se passado mais de 12 meses desde o prazo de implantação inicial. Entre licenciamento de *software* e serviço de implantação, o investimento no projeto já estava por volta de oitocentos mil reais, e mesmo assim não estavam satisfeitos nem com implantação, nem tampouco com os resultados alcançados até aquele momento.

Pouco tempo atrás, também, uma outra grande empresa multinacional me procurou. Disse que aquela já era a oitava ferramenta que eles estavam utilizando, e ainda não haviam conseguido ter o engajamento necessário dos usuários para fazer decolar sua estratégia de CRM.

Além da frustração com CRM, o que essas duas empresas tinham em comum era o fato de não terem alinhado previamente suas expectativas em relação ao que e a como uma ferramenta de CRM poderia sustentar os processos ligados à estratégia de CRM, bem como também até onde tais ferramentas poderiam ir.

Portanto, se por um lado é bom ter atualmente tanta oferta de sistemas e ferramentas de CRM, por outro, aumenta-se a necessidade de planejamento e visão clara sobre o que e como tais ferramentas podem de fato contribuir e sustentar uma estratégia de CRM que funcione.

Uma tríade clássica e fundamental a ser trabalhada durante o processo de escolha de qualquer ferramenta e solução de CRM é aquela que busca o alinhamento entre PESSOAS, PROCESSOS e TECNOLOGIA.

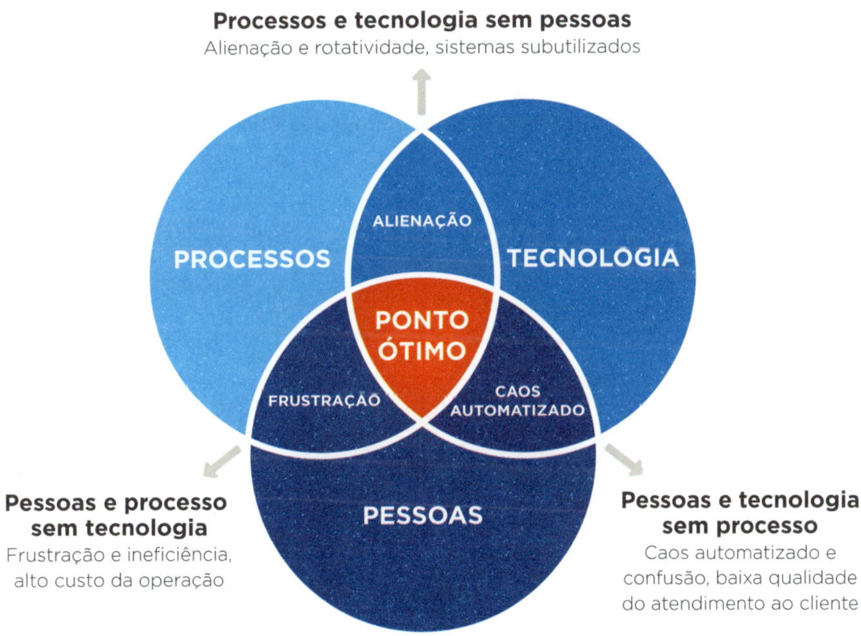

Fonte: BELL, Steve. Lean Enterprise Systems: using IT for continuous improvement

Privilegiar a escolha da tecnologia, sem levar em consideração os processos e as pessoas, é um dos principais erros cometidos pelas empresas na hora de escolher e implantar CRM.

CRM ALÉM DO FUNIL DE VENDAS

Outra coisa importante é entender que uma ferramenta de CRM não é apenas um sistema para força de vendas, ou só um *software* para fazer gestão do processo de vendas.

Ferramentas de CRM, essencialmente, devem estar preparadas para, de maneira integrada, cuidar dos processos de marketing, vendas e atendimento aos clientes.

Além disso, existem outras ferramentas importantes para que uma estratégia de CRM funcione e gere resultados.

As ferramentas que apoiam uma estratégia de CRM podem ser organizadas nas seguintes categorias:

1. Dados, BI e *Analytics*;
2. Automação de força de vendas;
3. Automação de marketing;
4. Atendimento aos clientes.

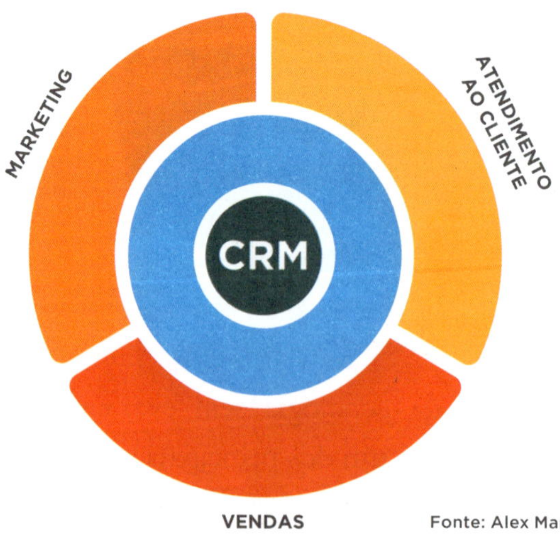

Fonte: Alex Mariano

"FERRAMENTAS DE CRM, ESSENCIALMENTE, DEVEM ESTAR PREPARADAS PARA, DE MANEIRA INTEGRADA, CUIDAR DOS PROCESSOS DE MARKETING, VENDAS E ATENDIMENTO AOS CLIENTES."

Uma empresa que quer implantar CRM não precisa, necessariamente, começar a partir de todas as frentes ao mesmo tempo: ou seja, com Marketing, Vendas e Atendimento.

Desta maneira, de acordo com o objetivo do projeto, é possível compor um conjunto apropriado de ferramentas. E entender o papel de cada ferramenta é fundamental para escolher e definir a composição ideal.

1. DADOS, BI E *ANALYTICS*

Ainda neste capítulo você vai aprender que existem ferramentas de CRM para vendas, marketing e atendimento. No entanto, independente do viés empregado na estratégia de CRM, a base e a premissa para que os processos funcionem é garantir que os dados e informações relevantes estejam tratados e disponíveis para utilização.

As ferramentas de dados e *Analytics* permitem o tratamento, organização e análise de dados e informações, gerando *insights* contextualizados para o CRM.

Podemos agrupar as ferramentas aqui em:

ETL e qualidade dos dados

Em muitos casos, precisamos integrar, tratar e consolidar dados de sistemas diferentes, para que com isso seja possível consolidar uma visão completa dos clientes.

Para apoiar este processo, existem ferramentas de ETL (*extract, transform* e *load*) que fazem a extração, o tratamento e a carga de dados.

Vou te dar um exemplo: imagine que você queira analisar o comportamento de consumo dos clientes que compram através do seu *e-commerce* e, também, em lojas físicas.

Neste caso, é muito provável que os dados das transações de compra estejam armazenados em sistemas diferentes.

Com isso, as ferramentas de ETL podem executar rotinas e processos automatizados para consolidar dados e informações de diferentes sistemas, para que desta forma seja possível carregar dados já tratados para os sistemas de CRM.

Business Intelligence e *Analytics*

O uso de *business intelligence* (BI) para obter uma visão de como sua empresa está se saindo permite melhorar a tomada de decisões para aumentar a produtividade e a lucratividade.

As informações e *insights* obtidos com as ferramentas de BI podem, então, ser usados para tomar decisões que aumentam a receita, melhoram a produtividade e aceleram o crescimento.

Muitos dos fabricantes atuais de CRM fizeram aquisições de ferramentas de BI, seja para incorporar ao seu portfólio e complementar a oferta de CRM, seja para incorporar os recursos de BI de forma nativa às suas soluções de CRM.

2. AUTOMAÇÃO DE FORÇA DE VENDAS

As ferramentas de CRM mais demandadas atualmente estão voltadas essencialmente para a organização e gestão do processo de vendas, fazendo com que tenham maior controle e previsibilidade sobre os resultados de vendas.

Mas como isso é possível?

Empoderamento do time de vendas

Eu me lembro que, quando comecei a minha carreira na área de vendas, em uma pequena empresa, não tinha à disposição ferramentas tão comuns hoje para qualquer vendedor, nem tampouco um CRM.

Lembro, por exemplo, que registrava dados de clientes, bem como as informações importantes do relacionamento com cada cliente, em uma agenda de papel.

Google Maps? *Waze*? *GPS*? Não! Para dirigir por São Paulo, eu usava o velho e bom guia de ruas da cidade, em papel.

Ou seja, a tecnologia existente neste contexto de CRM ainda era muito escassa e disponível apenas para grandes empresas.

Mas hoje é diferente, a popularização das ferramentas ajuda vendedores internos e externos a desenvolverem sua rotina diária de trabalho de uma maneira muito mais fácil, aumentando a produtividade e o resultado.

Vejamos a seguir os principais benefícios da automação da força de vendas com CRM:

Follow-up em dia

Muitas oportunidades de negócio são perdidas por falta de contato com *leads* e clientes, e isso muitas vezes acontece por falta de organização e planejamento, quando um retorno para um *lead* ou cliente não é registrado.

Seja na fase da venda, seja no pós-venda, o cliente espera ser assistido com rapidez e eficiência.

Um CRM para vendas tem um papel fundamental no acompanhamento de *leads* e clientes, pois permite aos vendedores:

- Priorizar atividades;
- Focar nas oportunidades certas;
- Organizar e fazer a gestão do tempo.

Controle e gestão

Na minha experiência, 8 em cada 10 empresas que buscam por um CRM para vendas têm como motivação principal ter mais controle e gestão do processo.

Isso significa que gestores de vendas querem ter informações do que está acontecendo na operação de vendas como, por exemplo, volume de atividades, velocidade e eficiência do processo de vendas.

Portanto, o CRM para vendas apresenta indicadores de desempenho (KPIs) para que seja possível monitorar a operação comercial. No capítulo 13, falarei mais sobre métricas e KPIs utilizadas no contexto de CRM.

3. AUTOMAÇÃO DE MARKETING

Um dos recursos mais poderosos que o Marketing tem para ter escala e sucesso na geração de demanda é a automação de marketing.

A automação de marketing é a aplicação de tecnologia para que tarefas rotineiras de marketing sejam executadas sem a necessidade de ação humana.

Empresas que usam automação de marketing conseguem aumentar em até 451% o volume de *leads* qualificados[1].

Isso quer dizer que, com a automação de marketing, empresas podem aumentar de forma significativa o volume de demanda para que as equipes de venda possam trabalhar, inclusive, com *leads* mais preparados para comprar.

Uma outra pesquisa, da DemandGen[2], mostra que a nutrição de *leads* orquestrada pela automação de marketing é capaz de aumentar em até 20% o volume de oportunidades de vendas.

Vejamos, a seguir, alguns dos recursos que ferramentas de automação de marketing oferecem:

- Disparo de e-mail marketing;
- Disparo de *SMS*;

1. Top 25 estatísticas sobre software de automação de marketing - https://softwarepath.com/guides/marketing-automation-statistics
2. Calculating The Real ROI From Lead Nurturing - https://www.demandgenreport.com/industry--resources/white-papers/204-calculating-the-real-roi-from-lead-nurturing-.html

- Segmentação e classificação de clientes;
- *Landing Pages* e formulários de conversão;
- Monitoramento do comportamento no site;
- Criação e automação de réguas de comunicação e relacionamento;
- Integração com CRM de vendas;
- Análises e relatórios das campanhas.

A automação de marketing, portanto, organiza, sistematiza e escala a geração de demanda, fazendo com que apenas *leads* qualificados, ou seja, prontos para comprar, sejam encaminhados para o time de vendas trabalhar.

4. ATENDIMENTO AOS CLIENTES

O terceiro pilar, mas não menos importante, é o pilar voltado ao atendimento aos clientes.

A relação com os clientes não acaba depois da primeira compra, muito pelo contrário. A relação com clientes pode ser longeva e duradoura, na medida em que os clientes se sentem atendidos e cuidados.

Neste sentido, o CRM para atendimento é responsável por organizar todo o processo de atendimento aos clientes.

Veja a seguir algumas das principais características do CRM para atendimento:

- Comunicação unificada e interação *omnichannel* (e-mail, *chat*, redes sociais, telefone, WhatsApp etc);
- Registro e histórico de atendimento;
- Autoatendimento;
- *Workflows* e automação do atendimento.

Talvez você imagine que um CRM para atendimento seja algo apenas para empresas de *call center* ou empresas muito grandes. Porém, o que podemos observar hoje são empresas de todo porte aumentando a satisfação e, como consequência, a fidelização de clientes a partir da adoção de ferramentas de atendimento e suporte para suas áreas de atendimento.

Por exemplo, imagine a seguinte situação:

Um cliente possui uma dúvida em relação ao produto que acabou de comprar. Imediatamente, este cliente procura pelos canais de contato disponíveis que a empresa fornece, mas se dá conta de que o único canal de contato oferecido pela empresa é o e-mail. Então, envia uma mensagem com a sua dúvida e, passadas mais de 48 horas, não recebe qualquer retorno da empresa, nem mesmo um e-mail automático com um número de protocolo.

Do lado da empresa, este e-mail não é registrado automaticamente em nenhum sistema, ficando apenas na caixa de e-mail compartilhada com alguns funcionários responsáveis pelo atendimento.

Devido ao fluxo de mensagens recebidas, o e-mail deste cliente fica sem atenção e, com isso, o cliente não recebe a resposta de sua demanda inicial.

O cliente, então, vai procurar na internet alguma informação a respeito e acaba encontrando a informação de que precisava na base de conhecimento de uma empresa concorrente.

Onde você acha que o cliente fará sua próxima compra?

CONCLUSÃO

Como você pode perceber, a aplicação da tecnologia é fundamental para sustentar uma estratégia de CRM não só focada em uma área específica, mas podendo ser abrangente suficientemente para promover o acesso às informações de clientes, de forma organizada, garantindo a operacionalização de maneira integrada e automatizada, especialmente dos processos de vendas, marketing e atendimento.

Além disso, a variedade atual de fabricantes, nacionais e globais, permite que empresas de todos os portes e indústrias possam ter acesso como nunca antes a ferramentas adequadas para seu conjunto de necessidades.

Em geral, as empresas com processos mais simples, com baixa demanda de personalização ou integração, encontram nos fabricantes locais boas alternativas de ferramentas.

Empresas como NectarCRM, RD Station, Piperun, Agendor, são algumas das fabricantes nacionais com boas ferramentas, especialmente para Vendas e Marketing.

Já as empresas que possuem processos mais complexos, com necessidade maior de customização, integração e automação de processos, encontram nos fabricantes globais as melhores alternativas.

Empresas como Salesforce, Zoho, SugarCRM, Oracle, Microsoft, Pipedrive, são algumas das principais fabricantes de classe mundial que também provêm soluções largamente utilizadas por empresas brasileiras.

O importante para ter êxito na escolha e implementação do CRM que mais se adeque para a sua realidade é considerar um planejamento prévio, buscando o alinhamento de processos, pessoas e tecnologia.

10

AUTOMAÇÃO DOS PROCESSOS DO CRM E BENEFÍCIOS PARA AS EMPRESAS

por Alex Mariano

Pode parecer contraditório, mas boa parte dos vendedores não tem uma boa impressão sobre CRM.

Já perdi as contas de quantas conversas de corredor já presenciei, onde vendedores se queixavam do volume de atividades e demanda gerados pelo CRM diariamente.

Coisas do tipo: "Isso é algo só para me controlar", "É mais uma ferramenta que não vai dar certo", "A empresa quer roubar meus clientes", e por aí vai.

CRM: VILÃO OU ALIADO?

Eu tenho empatia e entendo a reação, especialmente dos profissionais de vendas, quando pela primeira vez são apresentados para um CRM.

Certa vez, estava participando de um projeto em uma indústria e, na primeira reunião do comitê formado para o projeto do CRM, uma cena me chamou a atenção.

Um dos vendedores com mais tempo na empresa começou a demonstrar uma certa irritação durante a apresentação. Era perceptível seu incômodo e, logo, todos na sala começaram a notar. Até que, em certo ponto da apresentação, o diretor comercial pediu para que este vendedor compartilhasse suas impressões sobre o projeto e como o CRM poderia ser útil para a rotina diária dele.

O vendedor olhou fixamente para o diretor e, com certa hesitação, disparou: "Eu sinceramente não sei como um CRM pode facilitar a minha rotina. Vocês disseram que a partir de agora eu precisarei registrar tudo que acontece nos contatos com os meus clientes; que eu terei que planejar minha agenda no sistema; que será necessário manter o sistema atualizado com todas as minhas negociações existentes, indicando a probabilidade de fechamento de cada negócio. Ou seja, eu terei muito mais trabalho e sinceramente não tenho tempo para fazer tudo isso. Como vocês acham ser possível planejar com antecedência minha agenda para os próximos 15 dias?".

Naquele momento todos ficaram em silêncio e o diretor comercial olhou para mim, como que pedindo para que eu desse uma explicação de como, de fato, o CRM iria facilitar a rotina diária da equipe.

Antes de começar a explicar, me dirigi ao vendedor e fiz a seguinte pergunta: "Qual é a sua principal missão aqui na empresa?".

O vendedor, ainda nervoso, respondeu: "É óbvio que é vender! Mas este tanto de coisa que eu vou precisar fazer vai me tomar tanto tempo, que isso vai atrapalhar meu desempenho em vendas".

Respondi então, para ele, que um dos papéis principais do CRM era exatamente o de facilitar a rotina diária dele, para que ele pudesse vender mais.

Passei, então, a dar alguns exemplos de como isso iria acontecer na prática:

- Você receberá uma sugestão de com quais clientes deverá priorizar algum tipo de contato ou *follow-up*;
- O sistema agendará de forma automática sua agenda de visitas para os próximos 15 dias;
- Após você enviar uma proposta para um cliente, e-mails de acompanhamento serão enviados de forma automática, facilitando o *follow-up* de propostas;
- O sistema irá lhe sugerir automaticamente fazer contato com os clientes que tenham probabilidade de estarem com estoque baixo;
- Uma sequência de e-mails será enviada de forma automática para novos *prospects* importados para o sistema, facilitando desta forma a atividade de prospecção.

O semblante do vendedor começou a mudar. A raiva deu lugar à desconfiança e, apesar de não verbalizar, o que passava na cabeça dele era algo do tipo, "Será mesmo que tudo isso seria possível?".

O engajamento de usuários e vendedores costuma ser um grande desafio na hora de implantar um CRM, e um dos principais recursos para facilitar o engajamento é fazer o CRM trabalhar pela equipe, e não o contrário. Mas, como fazer isso?

Automatizar tarefas e atividades antes executadas pelas pessoas, fazendo com que o próprio sistema as execute, é o segredo para garantir que usuários se sintam motivados, extraindo o máximo do que um CRM pode oferecer. Por este motivo, é fundamental automatizar os processos em uma estratégia de CRM.

"É PRECISO FAZER O CRM TRABALHAR PARA AS PESSOAS, E NÃO O CONTRÁRIO."

A automatização de processos, também no contexto de CRM, é fundamental para facilitar a rotina dos usuários e melhorar a experiência dos clientes.

POR QUE UMA ESTRATÉGIA DE CRM DEVE PREVER A AUTOMATIZAÇÃO DE PROCESSOS

Além de garantir um maior engajamento por parte da equipe, na medida em que a automatização de processos facilita a rotina diária, é possível também notar mais produtividade e mais eficiência dos processos automatizados.

A automatização de processos permite que as empresas diminuam custos e aumentem suas receitas através da execução automática de rotinas e atividades, livrando tempo dos usuários de CRM.

GERENCIAMENTO DOS PROCESSOS NO CONTEXTO DE CRM

Falar em automatização e gestão de processos pode deixar muitos gestores apreensivos pois, em geral, eles têm a impressão de que implementar uma automação pode ser algo complicado, difícil e caro.

No entanto, hoje não é mais assim, especialmente porque cada vez mais ferramentas, no contexto de CRM, também permitem que profissionais sem conhecimentos avançados de programação tenham independência para automatizar tarefas e criem seus próprios *workflows* em seus departamentos.

Workflows (fluxos de trabalho) é o termo mais comum encontrado em ferramentas de CRM na hora de automatizar processos.

Pode parecer óbvio, mas a premissa para que tenhamos a automatização de processos é justamente o mapeamento prévio dos processos que precisam ser automatizados. Digo isso, pois sair automatizando todo tipo de tarefas e rotinas, sem necessariamente considerar quais são os processos mais adequados para a operação, é um erro comum cometido por muitas empresas.

Existem vários métodos para que seja feito o mapeamento de processos. No entanto, um dos métodos mais utilizados é o BPM (*Business Process Management*).

A notação BPMN (*Business Process Management Notation*) é a forma mais conhecida e utilizada no contexto de CRM e no mundo dos *softwares*. Esta notação contém uma série de elementos e ícones padronizados, que criam uma linguagem universal e fácil de ser entendida.

Fonte: Alex Mariano

Com a definição e os processos mapeados, é hora de escolher tarefas, rotinas e atividades que podem ser automatizadas pelos *softwares*.

O QUE PODE SER AUTOMATIZADO

No âmbito do CRM existem várias oportunidades de automação que podem gerar resultados expressivos.

É possível empregar a automação no marketing, em vendas e também nos processos de atendimento aos clientes.

Vejamos, a seguir, algumas destas oportunidades de automação:

VENDAS

- **Atribuição de *leads*** – *Leads* atribuídos automaticamente para os vendedores adequados, de acordo com critérios previamente definidos;

  Exemplo: Clientes da região nordeste, que fazem algum tipo de solicitação ou demanda através do site ou demais canais, são atribuídos automaticamente para o vendedor disponível que atende esta região.

- **Atribuição de atividades** - Atividades, como ligações, tarefas ou até mesmo reuniões são atribuídas automaticamente para usuários, de acordo com regras definidas;

  Exemplo: Agendamento automático de *follow-up* para os vendedores, priorizando ligações para clientes que não compram há mais de 30 dias.

- **Controle de SLA (*Service Level Agreement*)** - Alertas sendo enviados através do sistema ou e-mail, para situações com atividades ou eventos em atraso;

  Exemplo: Vendedor recebe alerta por e-mail, sinalizando que passou mais de 2 horas sem que um novo *lead* recebesse o primeiro contato por telefone.

- ***Insights* de *cross-selling* e *upselling*** - Alertas ou informações disponíveis de forma contextualizada no sistema, com sugestões de ofertas de acordo com o perfil do cliente;

  Exemplo: Clientes que contratam seguro de automóvel em uma corretora, e que reúnem determinados atributos e características, recebem uma oferta especial por e-mail para contratarem seguro de vida.

- **Fluxo de aprovações** - Sequência de atividades geradas de forma automática a partir de solicitações internas ou de clientes;

  Exemplo: Um alerta é enviado para o gerente comercial quando um cliente solicita um desconto que vai além da alçada do vendedor. Até que o gerente aprove ou recuse o desconto especial, o sistema envia lembretes para o gerente a cada 24 horas.

- **Reatribuição de *leads*** - *Leads* reatribuídos de forma automática para outros usuários, de acordo com regras e critérios preestabelecidos.

  Exemplo: O sistema reatribui para outros vendedores os *leads* que não tiveram um contato do primeiro vendedor dentro do prazo de 30 minutos.

Clientes que não recebem ao menos uma ligação do representante de vendas dentro do prazo de 45 dias são reatribuídos automaticamente para o departamento de vendas internas.

MARKETING

- **Nutrição de *leads*** – Sequência de mensagens orquestradas para manter *leads* e clientes informados e atualizados;

  Exemplo: Todo *lead* novo que baixou algum material no *website* da empresa recebe uma sequência de e-mails, programada para ser enviada automaticamente ao longo de 30 dias.

- ***Lead scoring*** – Pontuação automática com base no perfil e comportamento de *leads* e clientes;

  Exemplo: Leads e clientes recebem pontuação de acordo com o número de vezes que abrem ou clicam nos e-mails recebidos. Todo lead novo que atinge 70 pontos é encaminhado para o departamento de vendas, pois indica que está "quente" o suficiente para receber uma abordagem comercial.

- **Classificação de clientes** – Classificação e segmentação de clientes de forma automática, com base em características e comportamento do cliente;

  Exemplo: O sistema de CRM, com base nos dados de consumo, classifica automaticamente cada cliente, atribuindo a *clusters* ou grupos específicos, usando, por exemplo, o método de segmentação RFV (Recência, Frequência e Valor).

- **Réguas de comunicação** – Sequência de interações orquestradas automaticamente com base na jornada do cliente;

  Exemplo: Clientes de um *e-commerce* que iniciam a compra de algum produto, mas que por qualquer motivo não concluem a transação, após 24 horas recebem através de e-mail um cupom de desconto para concluírem a compra.

- **Reengajamento de clientes** – Sequência de e-mails automáticos para clientes que estão com frequência de compra aquém do ideal.

  Exemplo: Com base no padrão de compra do cliente, o sistema identifica os clientes que estão há mais de 30 dias sem comprar e dispara e-mails com informações e promoções exclusivas para o perfil de cada cliente.

ATENDIMENTO

- **Priorização de atendimento** – Prioriza o atendimento de acordo com o perfil de cliente e características da solicitação;

  Exemplo: As solicitações de clientes do segmento ouro são encaminhadas para um grupo especial de atendimento premium, de forma automática.

- **Classificação automática de solicitações** – Classifica as demandas conforme assunto ou conteúdo;

  Exemplo: Todos os e-mails de solicitações de clientes que tiverem no corpo do e-mail as palavras ReclameAqui ou PROCON são encaminhados automaticamente para uma fila especial de atendimento.

- **Pesquisa e *feedback*** - Envio automático de pesquisa de satisfação baseada em regras previamente definidas;

  Exemplo: Sistema enviando automaticamente pesquisa de satisfação para os clientes que diminuem a frequência de compra.

- **Autoatendimento** - Respostas e processamento automático de solicitações sem que haja interação com agente de atendimento;

  Exemplo: O cliente que deseja a 2ª via de um boleto bancário pode fazer sua solicitação através do atendimento automático por WhatsApp, recebendo instantaneamente o boleto após confirmar seus dados com o agente virtual.

- **Roteamento de demandas baseadas em *Skill*** - Atribuição automática de solicitações a agentes de atendimento, com base nas características da solicitação e conhecimento dos agentes de atendimento.

  Exemplo: Clientes que entram em contato por chat com uma instituição financeira, ao indicar que querem tratar de assuntos relacionados a câmbio, são automaticamente transferidos para o grupo de agentes especialistas neste assunto.

MAIS PRODUTIVIDADE COM AUTOMAÇÃO DO CRM

A Mills Solaris é a maior empresa da América Latina no setor de locação de plataformas elevatórias.

A empresa conta com uma força de vendas interna e externa e a automação de processos os ajudaram a aumentar a produtividade em vendas.

Há alguns anos, eles tinham como objetivo aumentar a capacidade de cobertura da carteira de clientes pelo seu time de vendas externo.

Fonte: https://investidorsardinha.r7.com/empresas-da-bolsa/mills/. Acesso em 16 de maio de 2022

Antes de empregar a automação para este objetivo, vendedores externos eram capazes de fazer duas ou três visitas a clientes por dia.

Para aumentar o número de visitas que cada vendedor era capaz de fazer no dia, foi implementada uma automação na qual o próprio CRM montava a agenda dos vendedores, sugerindo o roteiro de visitas que cada vendedor deveria fazer no dia.

Esta automação levava em conta vários parâmetros de negócio, com o objetivo de não apenas agendar visitas a clientes com base no melhor roteiro, mas também privilegiando visitas aos clientes com maior probabilidade de compra/locação de equipamentos.

Com a automação em produção, vendedores conseguiram um aumento de mais de 80% em suas atividades de cobertura de carteira, contribuindo também com o aumento de receita a partir do maior volume de atividades que cada vendedor era capaz de fazer.

CONCLUSÃO

Como você pôde notar ao longo deste capítulo, a automação de processos, também no contexto de CRM, é uma das maneiras para aumentar eficiência e permitir que as empresas escalem suas operações com mais facilidade, controle e segurança. Afinal de contas, uma vez automatizados os processos, é o CRM que passa a trabalhar para as pessoas, e não o contrário.

Especialmente os sistemas e ferramentas de fabricantes globais de CRM possuem, de forma nativa, módulos de *Workflow* para que seja possível automatizar processos de forma totalmente visual, sem que haja necessariamente a necessidade de conhecimento de programação ou desenvolvimento de sistemas.

Isso significa que, a partir de processos previamente validados, é possível alcançar resultados ainda mais consistentes com a automação de processos de marketing, vendas e atendimento.

11

UM CRM *OMNICHANNEL* E CONVERSACIONAL

por Francisco Odorino Pinheiro Neto

O 'R' do CRM não está na sigla por acaso. O CRM e, principalmente, a sua correta utilização por organizações de todos os portes deve ter como um dos principais objetivos a construção do relacionamento com seus consumidores, além de proporcionar a entrega de valor para eles.

Se o CRM é uma ferramenta capaz de orientar e direcionar esse relacionamento, ela precisa caminhar em direção ao que o consumidor demanda, ao que ele quer das empresas com as quais se relaciona e das quais compra. É nesse ponto que uma renovação conceitual precisa acontecer no CRM, para o atendimento das demandas em linha com as expectativas do consumidor 4.0, consumidor digital ou do superconsumidor.

É certo dizer que o consumidor, nos momentos atuais, é o mais conectado e exigente de todos os tempos, está em canais on-line e off-line (consumidor *omnichannel*) e busca experiências positivas com as empresas com que se relaciona em qualquer ponto de contato da sua jornada de compra. Seu relacionamento cada vez mais próximo com as marcas faz com que suas demandas de comunicação com a empresa sejam cada vez maiores. Essa é a questão que apresenta uma das principais necessidades de renovação do uso do

CRM: a conexão direta da ferramenta de CRM com as conversas realizadas entre as marcas e os clientes. Se antes o CRM era uma ferramenta estritamente de gestão de vendas e vendedores, ela passou a ser um agente ativo dentro do relacionamento ao longo da jornada do cliente.

Tratar o CRM somente como uma ferramenta de gestão e cobrança de atividades para vendedores e gestores é diminuir a sua possibilidade de atuação e, principalmente, tirar sua capacidade estratégica de construir relacionamentos fortes com os consumidores.

AS CONVERSAS ON-LINE COMO PLATAFORMAS DE RELACIONAMENTO

O consumidor 4.0 não tem a mesma paciência para aguardar contatos como vimos em consumidores de eras passadas. Ele não quer mais ficar esperando horas para receber um retorno de um agente de vendas ou informações sobre seus produtos, serviços e soluções. Ele aprendeu que essas informações precisam estar a distância 'de um clique', ou melhor, de um 'Olá digital'.

Mas, o que fazer em um momento em que as conversas on-line assumiram uma posição extremamente importante nesse relacionamento entre marcas e consumidores? Ora, é simples: empresas precisam atender os clientes onde eles estão e da forma como eles querem ser atendidos. É nesse momento que os *instant messengers* se tornam grandes aliados das empresas, pois são, cada vez mais, os novos canais de comunicação adotados pelas pessoas. WhatsApp, *Webchats* (*chat* de sites e páginas), Instagram, Facebook, Telegram, Signal etc.

Os dados a seguir ilustram bem isso.

A POPULARIDADE DOS PRINCIPAIS MENSAGEIROS
(% da base de *smartphones* que têm cada app instalado)
Pergunta: Você tem WhatsApp/Instagram/Messenger/Telegram/Signal instalado em seu *smartphone*?

Base: 2.107 internautas que possuem *smartphone*

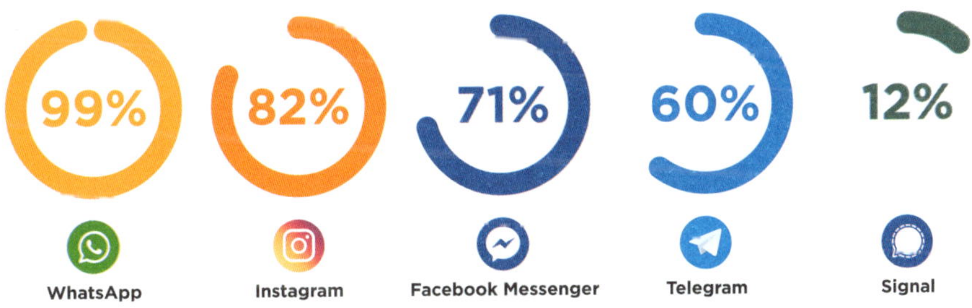

Fonte: Panorama Mobile Time e Opinion Box. Mensageria no Brasil. Fevereiro 2022

E não só esses mensageiros estão instalados nos *smartphones* das pessoas, como elas também se comunicam com as marcas através deles.

A adoção desses canais de atendimento e comunicação é estratégica. Nesse cenário, a necessidade de estar onde o cliente está é gigantesca, e as empresas que adotam esses canais observam o crescimento dos seus resultados de vendas, bem como a satisfação dos seus clientes. Mas, por que um grupo considerável de empresas ainda não oferece aos seus clientes esses importantes canais de comunicação? Não existe somente uma resposta para essa questão, mas, dentre elas, podemos destacar a falta de conhecimento do uso empresarial dos canais de comunicação on-line e a falta de conhecimento sobre plataformas de centralização e automação em diferentes canais ou a percepção de que uma implantação mais profunda de comunicação e relacionamento *omnichannel* com clientes exigirá um grande time especializado junto de "rios de dinheiro" em investimento.

PROPORÇÃO DE USUÁRIOS QUE SE COMUNICAM COM MARCAS PELO APP

Pergunta: Você se comunica com marcas e empresas através do WhatsApp/Facebook Messenger/Telegram?
Bases: 2.057 MAUs do WhatsApp; 1.101 MAUs do Facebook Messenger; 1.734 internautas que têm o Instagram instalado; 1.007 MAUs do Telegram

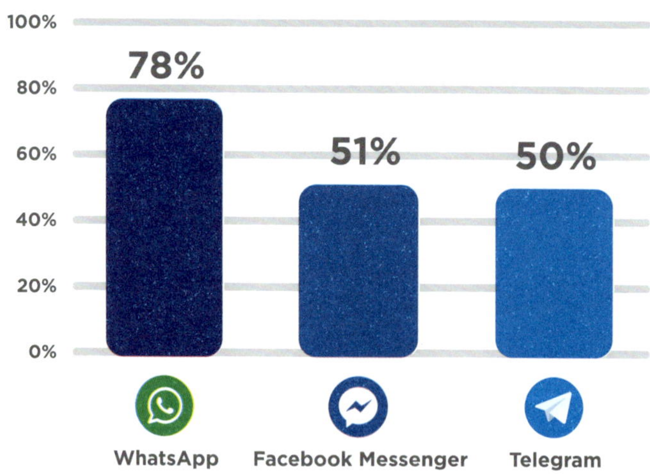

Fonte: Panorama Mobile Time e Opinion Box. Mensageria no Brasil. Fevereiro 2022

Somado a isso estão também as empresas que adotam somente o WhatsApp como canal de comunicação e espalham entre seus colaboradores diversos números, ficando com diferentes pontos de contato. Essa ação, além de ocasionar a perda de controle sobre a comunicação realizada com o cliente, também faz com que a utilização única do WhatsApp seja somente sua presença em 'terra alugada' - ou seja, em canal digital no qual não tem controle sobre regras e políticas. Por isso, pode sofrer com mudanças repentinas desses canais.

Para resolver problema como esse e outros problemas de integração de canais de comunicação com clientes, é necessário a implantação de uma plataforma de comunicação *omnichannel* capaz de ajudar as empresas em:

- **Centralização do atendimento** - Irá permitir que todos os atendentes humanos possam realizar seus trabalhos em uma única plataforma de atendimento, não somente para organizar suas atividades, mas também para registrar e dar gestão a toda comunicação on-line realizada com seus clientes;
- **Centralização dos canais de atendimento** - Irá viabilizar o atendimento de diferentes mídias sociais em uma única plataforma, com a devida atenção e o menor esforço;
- **Construção de fluxos de atendimento e *chatbots* (ou robôs de atendimento)** - Irá oferecer um atendimento on-line 24/7 para seus clientes. Eles terão acesso *self-service* a serviços e informações oferecidos pela sua empresa e, assim, aumentarão a sensação de conveniência oferecida;
- **Integração com CRMs de mercado (aqueles CRMs que possuem API ou portas de comunicação com outras plataformas)** - Fará com que os fluxos de atendimento e *chatbots* troquem informações e conversem com os clientes em diversos processos a partir de regras de negócios do CRM;

- **Utilização de inteligência artificial e tecnologias de ponta** – Permitirá que o relacionamento oferecido em seus canais de comunicação on-line sejam cada vez mais assertivos e que as informações provenientes dessas conversas sejam utilizadas como base da sua estratégia para melhorar, a cada dia, seus produtos, serviços e soluções.

  A inteligência artificial e seus recursos são uma realidade acessível para empresas, tanto do ponto de vista técnico quanto do ponto de vista financeiro, e podem ser considerados como opção;

- **A humanização do atendimento on-line** – Usar uma boa plataforma de atendimento *omnichannel* integrada ao CRM e aos recursos de inteligência artificial para automatizar tarefas menos nobres e repetitivas beneficiará a gestão de tempo dos recursos humanos. No entanto, a humanização das relações entre sua empresa e seus consumidores deve ser um dos grandes objetivos na implantação de plataformas de atendimento. Essa humanização transformará o relacionamento entre a empresa e seus consumidores, e permitirá que o resultado desse relacionamento seja cada vez mais duradouro e consistente.

Outra frente de atuação importante para melhorar a relação on-line entre sua empresa e seus consumidores está na valorização das pessoas da sua organização. Desenvolver colaboradores e gestores para que consigam atuar de forma consistente na construção de um novo atendimento on-line e em relações consistentes utilizando o CRM é parte fundamental do processo. Para isso, sua empresa deverá investir em treinamentos, conscientizações, implantação de métricas para medir resultados e em pesquisas constantes para identificar se, 'ao final do dia', o cliente está mais satisfeito e feliz na sua jornada de compra e consumo de produtos, serviços e soluções.

A tecnologia servirá para amparar esse processo e para dar escala a todas as ações desenvolvidas.

PLATAFORMAS DE TECNOLOGIA E SUAS INTEGRAÇÕES NECESSÁRIAS

A integração entre as plataformas de comunicação *omnichannel* e os CRMs proporcionam uma infinidade de benefícios para as empresas e para os seus consumidores. Em vários anos de atividade, a Fortics[1] acumulou uma infinidade de exemplos de empresas que transformaram sua relação com seus consumidores e passaram a entregar um novo nível de valor para eles a partir da automação, integração e humanização das comunicações on-line. Vamos a alguns desses exemplos:

- **Atualizações cadastrais** – Através das conversas de um canal de comunicação on-line é possível realizar inúmeras perguntas e permitir que as respostas sejam utilizadas para

1. A Fortics é uma empresa de *software* que oferece plataformas e soluções de atendimento e relacionamento *omnichannel*.

acompanhamento e atualização de dados cadastrais, bem como atualização de regras de negócios entre seus consumidores e sua empresa;

- **Consulta de disponibilidade de serviços** – A disponibilidade dos serviços oferecidos pela sua empresa pode ser facilmente confirmada em uma conversa de *chatbot*. A partir da identificação segura do consumidor ou usuário, informações podem ser fornecidas para ele a partir da integração de dados com CRM;
- **Boletos e negociações** – Segunda via de boletos é, em alguns mercados, o principal motivo que leva consumidores aos canais de atendimento. Assim, automatizar o processo de obtenção de boletos, bem como processos de negociações e parcelamentos pode, além de reduzir o tempo do time de atendimento com questões simples, entregar grande conveniência para os consumidores;
- **Avisos sobre eventos, conteúdos, promoções etc.** – A oferta de informações em atendimento receptivo ou em campanhas ativas entregará novas oportunidades de relacionamento e negócios entre sua empresa e seus clientes. Seja pelas consultas realizadas por eles, seja por ações ativas e autorizadas realizadas pela sua empresa, essas atividades farão com que as conversas sejam ponto de aproximação entre vocês;
- **Confirmação de agendamentos e autorizações** – No setor de saúde, por exemplo, se faz cada vez mais necessária a confirmação de presença, agendamentos, resultados, autorizações etc., pois o consumidor de saúde está, antes de qualquer outra coisa, fragilizado pelo momento que está passando, fazendo com que a conveniência e a atenção por mais informações sejam muito valorizadas por ele.

WHATSAPP E CRM, DO INÍCIO AO FIM!

*Apenas para produtos dentro da política comercial.
**Permitido apenas durante a conversação de 24h e após pedido do cliente.

Fonte: Rafael Daolio

Para alcançar essa integração, é importante que os *stakeholders* envolvidos em um projeto de implantação ou integração de CRMs e plataformas de atendimento *omnichannel* respondam às seguintes perguntas:

- **Existe disponibilidade técnica de integração no CRM?** CRMs precisam oferecer APIs de comunicação para integração dos seus principais processos com outros sistemas. As APIs são as primeiras portas de comunicação entre os sistemas. Além de existentes, elas precisam ter disponíveis as regras de integração para os processos que se deseja sincronizar entre os sistemas;
- **A plataforma de comunicação escolhida possui API de comunicação com o CRM?** A mesma questão para a plataforma de comunicação *omnichannel*. Além da disponibilidade técnica, se faz necessário compreender a facilidade de comunicação via API, o suporte que a empresa oferecerá para a programação da integração e as facilidades que a plataforma oferece;

- **Existem outras tecnologias ou protocolos de comunicação que podem ser utilizados?** Outras tecnologias e protocolos como o REST (*Representational State Transfer*) ou técnicas como a de RPA (*Robotic Process Automation*) podem ser utilizadas para trocar informações entre as plataformas. Conhecimentos em JavaScript e arquitetura de dados, por exemplo, podem ajudar muito nesse momento. Elas também permitem que os processos sejam sincronizados com segurança e performance;
- **As consultorias envolvidas ou seus profissionais têm experiência na integração entre os sistemas?** Ter disponibilidade é uma coisa, saber fazer é outra. Para que você e seu time consigam realizar a integração de forma efetiva com esforço justificável, é necessário que a consultoria que lhe acompanha, ou que seu time interno, possuam alguma experiência na realização de tais integrações. Essa experiência irá 'encurtar' o tempo e as distâncias para o projeto;
- **A sua empresa possui profissional que será o 'padrinho' do projeto de integração?** Como todo projeto, é importante que a integração entre sistemas possua um 'padrinho' responsável por conectar possibilidades, necessidades e interesses;
- **Os processos que serão integrados são testados do ponto de vista de CX (*Customer Experience*)?** Importante que os processos a serem integrados estejam 'maduros' do ponto de vista de usabilidade do cliente, pois, caso não estejam, é possível que a integração deles não faça sentido para o consumidor, que acabará buscando outras formas de comunicação e resolução dos seus problemas;
- **A comunicação entre sua empresa e seu cliente já é humanizada?** A humanização sempre deve ser a primeira preocupação na integração entre sistemas, pois, se o resultado não for um relacionamento mais humanizado com seu consumidor, mesmo que para isso sejam utilizadas tecnologias avançadas, nenhum resultado efetivo será entregue pelo projeto.

O conceito e a aplicação do *Customer Experience* irão amparar toda a implantação do CRM *Omnichannel* e, sem ele, nada é possível, pois o desejo é sempre impactar o consumidor com uma grande experiência.

CRM *Omnichannel* e o Marketing Conversacional

As conversas realizadas por *instant messengers* também estão influenciando profundamente o composto de marketing e marketing digital oferecido pelas marcas. A introdução das conversas instantâneas no arcabouço de marketing digital tem feito com que as interfaces oferecidas aos consumidores mudem de forma consistente.

“O CONCEITO E A APLICAÇÃO DO *CUSTOMER EXPERIENCE* IRÃO AMPARAR TODA A IMPLANTAÇÃO DO CRM *OMNICHANNEL* E, SEM ELE, NADA É POSSÍVEL, POIS O DESEJO É SEMPRE IMPACTAR O CONSUMIDOR COM UMA GRANDE EXPERIÊNCIA.”

Até esse momento, uma página de *website* era criada como um elemento passivo da comunicação entre a marca e seus consumidores. Apesar dessa interface ser desenvolvida de acordo com uma jornada pensada para o consumo de informações pelo usuário, ela ainda dependia exclusivamente de uma mecânica de interação iniciada por este usuário para reagir ao seu estímulo. Até então, os profissionais de marketing e as marcas se contentavam com esse cenário ou buscavam elementos de comunicação para tentar provocar reações dos consumidores nas interfaces. Mas, novos elementos, agora baseados em conversas on-line, mudaram esse cenário e proporcionaram para as marcas novas possibilidades de interação com seus consumidores.

É nesse momento que o *webchat*, ou, como é popularmente conhecido, *chat online,* nas páginas *web*, passa a ter um papel fundamental no marketing digital. Ele fora, até o momento, elemento passivo no canto de uma página *web* ou qualquer interface de relacionamento com usuários, mas, por causa de renovações tecnológicas pela qual passou, e também de novas possibilidades das próprias interfaces, passou a ter novos e importantes recursos que possibilitaram o que se chama hoje de marketing de conversa.

Outros canais digitais também podem ser incluídos nessa comunicação ativa com o consumidor, a começar pelo WhatsApp e outros, conforme citado anteriormente.

OS NOVOS RECURSOS *WEB* PARA O MARKETING CONVERSACIONAL

Sobre os novos *webchats*

A primeira grande mudança de possibilidade e comportamento dos *webchats* é que, antes, eles eram elementos somente receptivos na comunicação com clientes e passaram a oferecer uma comunicação bidirecional entre as marcas e seus consumidores. Isso se dá pelo fato de que agora podem atuar além das interfaces *web*, podendo também serem instalados pelo usuário em seus dispositivos, se transformando assim em um canal de comunicação on-line superpersonalizado e dedicado. Isso permite que as marcas passem a utilizar o *webchat* de novas formas, oferecendo uma comunicação dirigida às necessidades do consumidor e segmentada de acordo com seus interesses.

A utilização de *Cookies* de reconhecimento, todos de acordo com as permissões exigidas pela LGPD (Lei Geral de Proteção de Dados) de forma integrada às páginas *web* onde estão inseridos, permitem realizar o reconhecimento do usuário, transformando o *webchat* em um elemento ativo da comunicação e, mais que isso, permitindo que o consumidor seja 'recebido pelo nome' em uma interface *web*, da mesma forma que seria recebido por um vendedor da empresa que o chamasse pelo nome!

Novos elementos de mídia possíveis nas mensagens, como imagens, áudios, vídeos, links de acesso e botões de ações permitem que o *webchat* ofereça uma comunicação muito mais interativa, proporcionando engajamento dos consumidores e usuários.

Fluxos de mensagens inteligentes para personalizar o atendimento são também recursos poderosos para transformar a comunicação em uma conversa quente e humanizada. A utilização de recursos de inteligência artificial como o NLP (Processamento de Linguagem Natural) faz com que um *chatbot* no *webchat* literalmente converse com o consumidor, interagindo com o que ele escreve. E, se o recurso STT (*Speech to Text*) for utilizado, mesmo o que ele falar em uma mensagem de áudio será reconhecido pelo *webchat* e respondido de forma automatizada e humanizada.

Esses são alguns dos recursos disponíveis nos novos *webchats*. À medida que forem apresentados os recursos de outras ferramentas utilizadas na comunicação com o cliente, ficarão claras as novas possibilidades de interação com eles.

Elementos vivos em uma interface *web*

Como os elementos em páginas e interfaces *web* têm se comportado nessa mudança? Numa resposta simples: eles começam a ser cada vez mais ativos na comunicação. Mas, para que isso aconteça, uma série de ações e decisões precisam ser tomadas. A identificação de comportamento do usuário e o disparo de eventos (também chamados de ações) em uma página são cada vez mais utilizados para várias questões, entre elas:

- Registrar ou gravar no dispositivo do usuário *Cookies* que consigam obter a leitura de comportamento ou integrar essa leitura com ferramentas como o *Google Tag Manager*;
- Identificar que um determinado usuário (nomeado anteriormente por uma conversão) esteja voltando para uma determinada página *web*;
- Identificar comportamentos de leitura, como trecho da página onde o usuário estacionou; identificar o posicionamento do *mouse* em um determinado elemento, mesmo sem a existência de clique; ou mesmo a identificação de um clique em um botão ou elemento da página;
- Disparo de ações, eventos, ilustrações ou abertura de um *webchat* bidirecional a partir da identificação dos comportamentos apresentados no item anterior (ou diversos outros comportamentos de navegação identificáveis);
- Realização de uma interação com o usuário, apresentando uma informação específica e personalizada a partir do comportamento que ele demonstrou na interface *web*.

Veja que esses são somente alguns exemplos para elucidar o quanto as interfaces *web* estão preparadas para realizar interação com o usuário / consumidor e, principalmente, para desenvolver com ele um relacionamento automatizado, personalizado e humanizado.

CASO DE USO PARA O MARKETING CONVERSACIONAL

Gostaria agora de apresentar um caso de uso utilizando as tecnologias e as técnicas sobre as quais falamos até este ponto. Será uma boa forma de elucidar como o Marketing Conversacional se torna, a cada dia, um elemento importante do composto de marketing.

Um consumidor que pretende comprar soluções que sua empresa vende faz buscas no Google. Uma das buscas apresenta o link de uma página do site da sua empresa, e o consumidor abre uma nova aba para verificá-la. Ele navega na página *web* onde você fala das suas soluções, mas não clica em nenhum botão. Porém, quando chega na área de casos de sucesso, ele fica mais de 20 segundos lendo depoimentos e entendendo para quais empresas sua empresa já entregou a solução. Esse 'comportamento' de leitura dispara um 'evento' para o *webchat* que, prontamente, é acionado com a mensagem "Gostou dos nossos casos de sucesso? O que acha de conversar com nosso time para saber mais sobre eles?". O consumidor é impactado pela mensagem, pois, estando justamente analisando as empresas referências, é 'seduzido' pela mensagem que o chama para saber mais sobre o assunto. O *chatbot* pede para o consumidor seu nome, e-mail e celular com WhatsApp para iniciar a conversa. Prontamente, o *chatbot* direciona o atendimento para um atendente especialista, que poderá conversar com o consumidor.

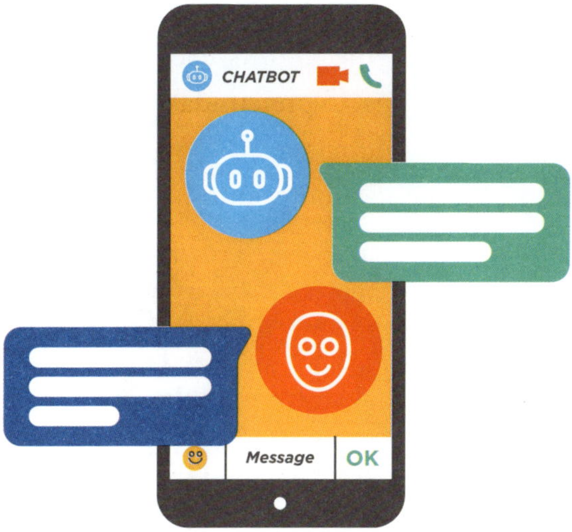

Fonte: Fortics

Nesse mesmo momento os dados do cliente são registrados no CRM de Marketing utilizado pela sua empresa. Essa conversa é categorizada como 'consumidor interessado pela solução X', tendo como origem a busca orgânica no Google. A conversa com o atendente humano discorre tranquilamente, mas o consumidor para de responder logo depois de avisar que entraria em uma reunião. Nesse momento, o atendente dispara um processo de nutrição desse contato. O CRM de Marketing envia, então, um e-mail personalizado a partir da conversa que tiveram e, melhor que isso, envia também uma mensagem de WhatsApp, colocando seu time à disposição e apresentando link para a continuidade da conversa. O consumidor responde à mensagem pelo WhatsApp e mantém o relacionamento, bem como o interesse em conversar com sua empresa. Dois dias depois, ele volta ao seu site para mostrar a solução a um colega. O *webchat* identifica que se trata do consumidor de dias atrás e é acionado com um chamado para agendamento de reunião entre o consumidor e o atendente com o qual havia conversado. O consumidor prontamente confirma seus dados (questão de privacidade) e confirma também a reunião para a data sugerida.

MARKETING CONVERSACIONAL

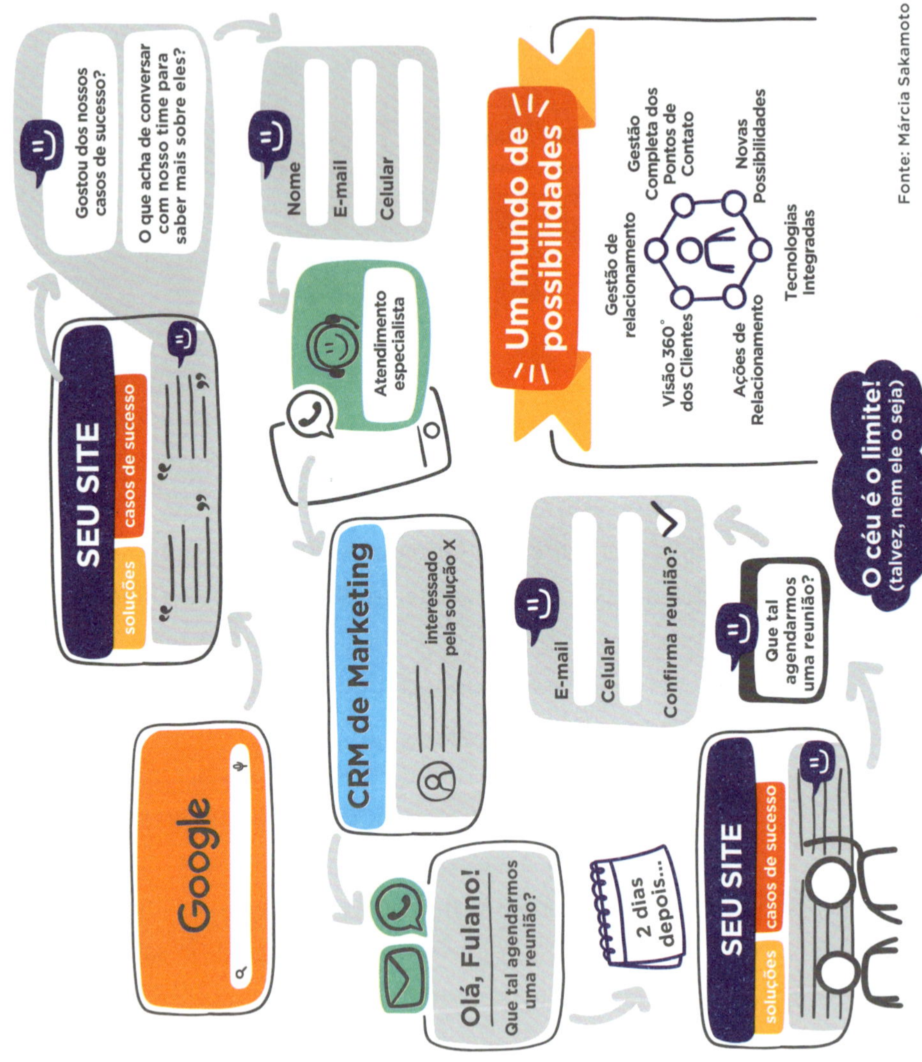

Fonte: Márcia Sakamoto

Nenhum dos recursos utilizados nesse exemplo são tecnologias do futuro, mas recursos possíveis, disponíveis, acessíveis tecnicamente e oferecidos pela Fortics.

UM MUNDO DE POSSIBILIDADES QUE BATEM À SUA PORTA

O mundo dos CRMs, e das tecnologias integradas a ele, oferece uma infinidade de novas possibilidades para que empresas e profissionais transformem por completo o relacionamento entre eles e seus consumidores. Não é exagero dizer que 'o céu é o limite'. Na verdade, talvez nem ele o seja.

Alcançar uma visão 360º do seu cliente permitirá que você tenha gestão e ação completas em todos os pontos de contato que ele tiver com a sua empresa. Essa cultura de centralização no cliente deve ser difundida a todos os colaboradores da empresa, fazendo com que as ações de construção de relacionamento com o cliente sejam multidepartamentais e multidisciplinares na organização.

Escaneie para
mais conteúdo

12

IMPLANTANDO O CRM COMO VANTAGEM COMPETITIVA PARA AS EMPRESAS

por Jonathan Melo

Não importa se uma empresa é pequena, média ou grande: existe um CRM ideal para cada negócio.

Como o próprio nome sugere, o objetivo de um bom CRM (*Customer Relationship Management*) é gerir o relacionamento com os clientes, ampliando seus níveis de satisfação e de retenção.

Por isso, apesar de muitos gestores ainda não confiarem plenamente nessa ferramenta para melhorar a experiência dos clientes, implementá-la na empresa realmente gera uma vantagem competitiva: de acordo com a Cloudswave, o uso de um CRM aumenta o fechamento de vendas em cerca de 300%. Além disso, segundo a Capterra, a retenção dos clientes aumenta em 47% após a implementação do CRM.

Tudo isso está relacionado com a estruturação da operação de vendas, que ocorre segundo o famoso funil de vendas (*pipeline*) - uma das melhores práticas do segmento comercial.

O *pipeline* representa todas as etapas que o cliente percorre durante o processo de vendas - e, com o CRM, podemos identificar em qual etapa da negociação se encontram as oportunidades e que práticas podem ser adotadas para convertê-las em negócios.

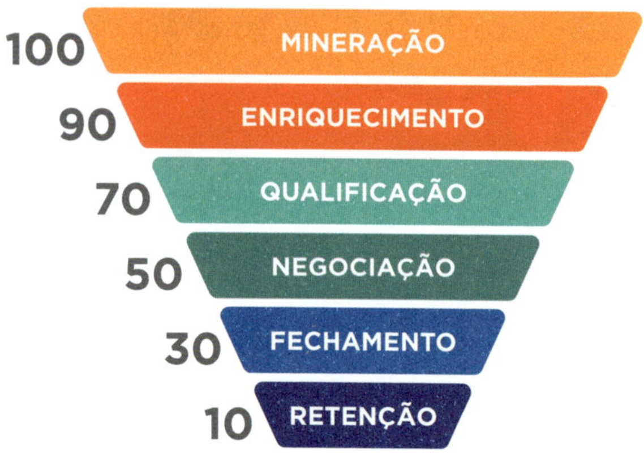

Representação das etapas principais do funil de vendas *(pipeline)* com número percentual de clientes em potencial *(leads)*, usado como referência para estruturar os processos do Zoho CRM.

Assim, essa tecnologia inovadora ajuda a gerir os processos de vendas, marketing e atendimento dentro da empresa, tornando-os escaláveis, melhores e mais rápidos.

Essa padronização permite que todos os departamentos trabalhem menos..., mas de forma inteligente e com maior produtividade!

Afinal, a partir dela é possível monitorar pontos de melhoria em toda a operação, aumentar a previsibilidade da receita e ampliar a transparência nas atividades, facilitando ações mais assertivas por parte do(a) gestor(a) da equipe de vendas.

Além disso, como o CRM concentra todas as informações dos clientes em um só lugar e conecta diversas ferramentas, os dados são encontrados de forma rápida e prática, o que favorece a autonomia dos colaboradores (que não precisam constantemente mobilizar terceiros para levantar informações), mantendo todos atualizados sobre o histórico das atividades e evitando ruídos na comunicação.

VANTAGENS DE UTILIZAR *SOFTWARES* DE GESTÃO DE RELACIONAMENTO COM OS CLIENTES (CRM) EM UMA EMPRESA

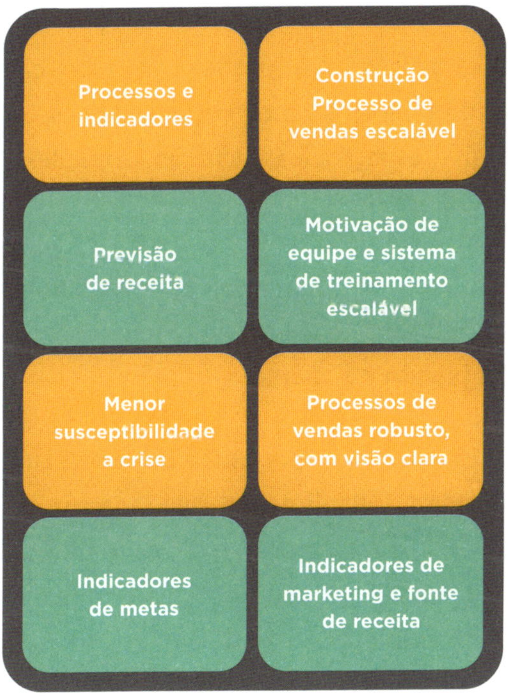

Fonte: Zoho

Portanto, o CRM é ainda mais importante para empresas com uma grande quantidade de clientes, sobre os quais seria impossível tentar lembrar todos os detalhes sem um sistema de registro eficiente. Em resumo, a plataforma serve como um precioso banco de dados, que pode ser usado para nutrir um relacionamento mais próximo e proveitoso com o cliente.

Assim, podemos dizer que as empresas que contam com um CRM agilizam seus processos internos e externos, otimizam a produtividade da equipe, simplificam a rotina e, por consequência, economizam tempo e dinheiro. Essa foi a solução oferecida para a equipe da MA Hospitalar.

CONHEÇA O CASO DA MA HOSPITALAR

A MA Hospitalar é uma empresa que, literalmente, salva vidas todos os dias, pois fornece soluções voltadas para sistemas hospitalares, clínicas e laboratórios.

Seus produtos e serviços são utilizados em centros cirúrgicos, prontos-socorros, ambulatórios, emergências médicas, unidades de tratamento intensivo, espaços de internação, unidades coronarianas e centros de cardiologia.

Por meio do trabalho da MA Hospitalar, inúmeros profissionais e serviços de saúde podem usar tecnologias que os ajudam a trabalhar de forma mais precisa e eficiente.

Para viabilizar essa missão importantíssima, a MA Hospitalar sempre buscou a qualidade em atendimento a clientes e parceiros. E, com certeza, essa postura ajudou a empresa a crescer muito: além da sede em Porto Alegre (RS) e filiais em Santa Catarina e Paraná, a MA Hospitalar é reconhecida como uma das maiores empresas do setor de saúde.

Ela também é representante dos produtos GE Healthcare, divisão de saúde de uma das maiores corporações do mundo, e parceira da Medtronic, empresa dona do maior faturamento global na área médico-hospitalar em 2017. Além disso, está conectada à Cardinal Health, companhia de tratamento de saúde que figura entre as 15 principais empresas da Fortune 500.

Com todas essas parcerias ilustres e quase 4 mil clientes, era realmente desafiador para os mais de 70 colaboradores responsáveis pelo processo comercial da MA Hospitalar recordarem tantos dados!

A empresa vivia uma situação difícil: conforme os clientes (e as responsabilidades) aumentavam, a falta da organização das informações se tornou um grande problema, com dados duplicados, espalhados em diversos arquivos diferentes e sem integração entre os departamentos e as ferramentas.

Por isso, a CRM7, empresa que implementa sistemas de CRM mediados pela tecnologia Zoho, foi chamada para ajudar a tornar os processos da MA Hospitalar escaláveis, melhores e mais rápidos.

A Zoho é conhecida por oferecer soluções tecnológicas de alta qualidade, especialmente criadas para ajudar gestores ocupados a administrarem seus negócios de forma integrada, reduzindo custos e ampliando oportunidades.

No caso da MA Hospitalar, a solução oferecida foi a centralização e organização das informações e demandas dos clientes por meio do sistema CRM. De fato, a maior dor da empresa era se comunicar com os clientes via e-mail, o que gerava muito ruído na comunicação.

Em primeiro lugar, todos os clientes em potencial (*leads*) foram incluídos no sistema de CRM, deixando tudo pronto para que a equipe comercial fizesse a sua parte. Para isso, o processo de qualificação dos *leads* foi construído em um *layout* estilo Kanban.

Ali, os representantes de desenvolvimento de vendas (SDRs) ficam sabendo exatamente em qual fase de negociação estão, visualizando com facilidade se o *lead* já foi contatado, se está pré-qualificado, qual o próximo passo a seguir, entre outros fatores. Ao acessar todas essas informações sem ter que perguntar para ninguém, a rotina do colaborador ganha autonomia, segurança e clareza.

Dentro do processo de *leads*, também foi desenvolvido um *blueprint*, que é um mapeamento visual do fluxo de automação, desenvolvido de acordo com o cliente. O *blueprint* permite enriquecer os *leads* de maneira assertiva, oferecendo o direcionamento de como o SDR deve trabalhar e quais informações deve buscar em cada momento, sempre focando na conversão do cliente.

Dentro desse contexto, um recurso interessante é que o sistema de CRM mapeia as tentativas de contato do SDR – programando que, após 4 tentativas de contato, o *lead* será desqualificado.

Da mesma forma, ele direciona que, sempre que o *lead* atender o contato e recusar o produto de forma direta, ele seja imediatamente desqualificado. Isso evita ligações repetidas a pessoas que não estão, de fato, interessadas na solução que a MA Hospitalar tem a oferecer.

Uma outra funcionalidade importante é a criação de agendamentos para entrar em contato em um momento futuro. Isso é muito útil caso um *lead* tenha se interessado pelo produto, mas não tenha um orçamento adequado, já possua um outro fornecedor contratado ou não esteja no momento ideal para adquirir a solução oferecida.

Com o sistema de CRM, o SDR pode saber exatamente quais são as suas atividades prioritárias e se seus prazos estão vencidos ou não, o que permite um melhor gerenciamento de tempo, gerando maior produtividade, qualidade e previsibilidade no atendimento, entre outros benefícios.

Por meio dos relatórios gerados pelo CRM, é possível mensurar o esforço de trabalho dos SDRs e verificar o nível de produtividade das tarefas realizadas.

Passando por esse fluxo de qualificação, o SDR prepara o *lead* para que o vendedor tenha mais chances de fechar a conversão. Nesse momento, o cliente passa de "potencial" (*lead*) para uma "conta", tornando-se uma oportunidade real, que precede uma negociação mais específica envolvendo orçamento, valores, produto e estoque.

Para otimizar esse processo, é possível fazer a troca de e-mails entre cliente e empresa por dentro do próprio sistema de CRM. Isso é crucial para o sucesso da operação, pois evita que as negociações fiquem perdidas na caixa de entrada de um vendedor individual, em especial se ele estiver de férias ou ausente por qualquer outro motivo.

Ainda sobre e-mails, o sistema de CRM permite verificar status para essas mensagens, como "enviado", "recebido", "devolvido" e "aberto", o que traz mais transparência e precisão nas negociações.

Vale lembrar que, como as diferentes soluções oferecidas pela MA Hospitalar requeriam processos de negociação específicos, foi preciso fazer um mapeamento dos processos de vendas existentes antes de implementar o sistema de CRM, com diversos funis de vendas (*pipelines*) diferentes.

Na época, a MA Hospitalar estava seguindo um outro processo de gerenciamento de clientes. Porém, ele não era tão efetivo, justamente porque eles não conseguiam enxergar em qual etapa da negociação estavam.

Além de realizar essa organização dos dados de forma sistemática, o sistema de CRM também mapeia os motivos pelos quais o vendedor não fecha a venda em licitações, como ausência de orçamento correspondente, ausência de estoque de acordo com a necessidade do cliente, produto solicitado inexistente no catálogo da empresa, falta de prazo para a entrega do produto solicitado, entre outras razões.

Assim, é possível compreender melhor por que um cliente desiste da compra, para criar uma estratégia de marketing mais assertiva, que permita a atração de *leads* mais qualificados.

Ainda sobre os *leads* trazidos pelas campanhas de Marketing, também existem ferramentas internas que permitem sua captação por meio de formulários, *landing pages* e campanhas.

O uso dessas ferramentas trouxe agilidade no processo, já que o vendedor não precisa mais ficar monitorando seus e-mails, criando uma passagem de bastão clara da equipe de Marketing para a equipe comercial.

Além disso, a MA Hospitalar também consegue criar todos os *templates* de e-mails dentro do próprio sistema de CRM. Isso significa que as equipes não precisam sair do sistema de CRM para trabalhar usando ferramentas como editores de texto, por exemplo.

Para complementar, na hora de enviar um orçamento ao cliente, também existe um processo chamado "aprovação de desconto". Isso significa que, quando um vendedor tenta oferecer um desconto aquém das possibilidades da empresa, o CRM cria uma barreira que o impede, notificando de forma automática o seu líder imediato.

Inclusive, todos os orçamentos podem ser enviados diretamente de dentro do sistema de CRM, combinando *templates* pré-selecionados de textos com dados exportados do cadastro do cliente, o que dispensa a necessidade de edição manual de e-mails de contato. Dentro do mesmo ambiente virtual, também é possível fazer a assinatura eletrônica do contrato para prosseguir com a negociação.

Essas funcionalidades ajudam a evitar erros de digitação e ausência de informações importantes, além de lembrar o funcionário de entrar em contato com o cliente. Isso possibilita uma padronização e uma qualidade no atendimento que sejam independentes do perfil do colaborador, minimizando o retrabalho causado por informações ausentes ou incorretas.

Adicionalmente, também reduzem o tempo gasto na busca de dados entre diferentes equipes, o que evita que as pessoas precisem depender da disponibilidade e da boa vontade alheias para conseguirem as informações das quais precisam.

Um outro ponto a ser destacado é que, como o CRM utiliza a metodologia do funil de vendas (*pipeline*), são geradas metas específicas e mensuráveis para os vendedores, ajudando a aumentar a motivação para chegar na meta final.

O sistema de CRM também identifica qual fonte gera mais receita para a empresa, inclusive separando as informações por filiais que estão em diferentes estados brasileiros. Com a possibilidade de comparar resultados das filiais, fica mais fácil identificar a necessidade de troca de informações e experiências entre equipes de estados distintos, promovendo capacitação, mudanças na gerência ou na cultura de filiais que ofereceram resultados menores (sempre de acordo com o tamanho da operação).

Atualmente, o vendedor da MA Hospitalar é capaz de realizar todas as tarefas por dentro de uma única ferramenta de CRM – da comunicação inicial com o cliente, até a coleta oficial da assinatura para documentação.

Após a implementação desse sistema, os maiores ganhos foram a integração entre departamentos, aliada à facilidade de executar processos que antes levavam muito mais tempo.

RESUMO VISUAL DE ALGUNS DADOS DA MA HOSPITALAR QUE FORAM ORGANIZADOS E GERIDOS PELO SISTEMA OFERECIDO PELO ZOHO CRM

Fonte: Zoho

“O CRM PERMITE APERFEIÇOAR A OPERAÇÃO, DIVERSIFICANDO PRODUTOS, AMPLIANDO AS CONTRATAÇÕES E ADEQUANDO AS PROPOSTAS COMERCIAIS PARA MELHORAR A EXPERIÊNCIA DOS CLIENTES, PARCEIROS E COLABORADORES.”

Assim, o vendedor pode usar esse tempo – que antes era desperdiçado no trabalho manual de coleta e compilação de informações – para realizar mais vendas.

O PAPEL DA LIDERANÇA PARA O SUCESSO DO CRM

Para complementar essa história de sucesso, vale lembrar que um sistema de CRM só traz resultados positivos como esses quando há envolvimento do(a) gestor(a) responsável pela equipe de vendas. Afinal, é preciso planejar e executar cada etapa do processo de implementação do *software* – o que só dá certo se o líder se comprometer com todas as fases do projeto.

Portanto, não adianta criar uma visão imediatista do processo, acreditando que a simples instalação do CRM já será suficiente para revolucionar as atividades do time.

Antes disso, é realmente importante desenvolver uma cultura de CRM dentro da empresa e da equipe em questão. Quando equipes que sempre realizaram seu trabalho de uma determinada maneira são "obrigadas" pelo líder a utilizar uma ferramenta que desconhecem e nunca precisaram antes, sem entender a sua importância e sem treinamento adequado, o engajamento é péssimo, e a reclamação, constante.

Por isso, o CRM não deve ser implantado de forma apressada e numa abordagem "de cima para baixo". É preciso conversar com a equipe sobre como o CRM é um aliado, criado para facilitar o trabalho de todos, alavancar metas individuais e otimizar os resultados da empresa, deixando claro que não se trata de uma obrigação ou burocracia desnecessária.

Essa cultura de CRM ajudará a fazer com que a equipe se sinta parte do processo e, quando as pessoas sentem que um projeto é "seu", tendem a se engajar e a multiplicar essa postura, se tornando promotoras da novidade. Isso faz com que a adoção do CRM seja mais tranquila, e os resultados, mais promissores.

Por isso, no fim das contas, a implementação de um CRM depende muito de ajustes na cultura da equipe – e, como "cultura" é comportamento compartilhado, será preciso mudar os hábitos das pessoas, o que pode demorar.

Cabe à liderança lembrar que toda mudança gera dúvidas, receio e até resistência, tornando o processo de implementação do CRM menos abrupto, fazendo com que as pessoas entendam que não precisam temer os novos processos. Quando a equipe é preparada de antemão e conduzida de maneira profissional, a chance de sucesso é muito maior.

Felizmente, os líderes da MA Hospitalar demonstraram um grande compromisso durante a implementação do seu CRM. E é exatamente por isso que todos os clientes da empresa estão sendo atendidos com sucesso.

Escaneie para
mais conteúdo

13

OS BASTIDORES DA EXCELÊNCIA NO ATENDIMENTO AO CLIENTE

por Carlos Alberto Bentim Pires

Segundo o fundador e professor emérito da Disney University, Van Arsdale France: "O que acontece 'nos bastidores' pode acabar no palco". Se não formos simpáticos uns com os outros, sorrirmos, dizermos "bom dia" e coisas assim, teremos uma atitude semelhante para com os nossos convidados.

Dentro de uma das melhores, se não a melhor em vários quesitos, (principalmente em atendimento, no qual é uma referência mundial), a Disney se divide em dois mundos: o palco e os bastidores.

A área existente nos bastidores é um mundo que os convidados da Disney nunca veem e nem vão ver. Já o palco é a área em que todos, ao longo dos anos, conhecem como convidados. O palco é o local onde os convidados (clientes) vivenciam a experiência de um parque ou resort Disney; onde as atrações, os restaurantes, as lojas e os banheiros estão localizados.

Na Disney, qualquer área em que o convidado (cliente) tem contato ou com um membro do elenco (colaboradores), ou com as instalações da Disney, faz parte do espetáculo, por isso é chamada de palco. Na verdade, o palco é a única coisa que os convidados (clientes) conhecem e que lhes interessam.

A grande maioria dos convidados (clientes) não tem a menor ideia da atenção que é dada aos detalhes dentro da Disney durante a criação do espetáculo. Um exemplo disso são as calçadas dentro da Disneylândia: elas não têm esquinas formando ângulos de 90 graus – elas são curvas e foram projetadas tendo em mente as pessoas, a forma como elas se movimentam. As pessoas tendem a serpentear, não a marchar, e as calçadas na Disney complementam esta tendência. Já toda a fachada de lojas da Rua Principal foi projetada tendo em mente as crianças, pois as janelas são suficientemente baixas em relação à calçada para permitir que mesmo uma criança pequena consiga enxergar facilmente dentro das lojas, sem ter que ficar na ponta dos pés ou no colo dos pais.

Qualquer membro do elenco (colaborador) dentro da Disney tem muito bem claro em sua mente onde estão, e o que são, bastidores e palco. Uma analogia feita por um dos treinadores Disney no livro "Academia Disney" explica muito bem o que é um e o que é o outro.

Bastidores, embora sejam organizados e muito bem arrumados, não são imaculados como as áreas de palco. Imaginem vocês recebendo um convidado em casa. A maioria das pessoas não arruma a casa antes da chegada dos convidados? É bem provável que coloquem o aspirador de pó em um armário, coloquem os pratos dentro da lavadora de louças, e "soquem" as roupas dentro da máquina de lavar, certo? Em resumo, tiram as chamadas tralhas das vistas dos convidados, as colocando em locais específicos, pois não existe necessidade dos convidados verem estas coisas pela casa.

Desta forma, o armário, a máquina de lavar louças e a máquina de lavar roupas são considerados como os bastidores da casa. Embora, dentro da Disney, a área de bastidores seja muito maior do que a de uma casa, a analogia vale como exemplo, pois a função é praticamente a mesma: o objetivo é separar o mundo que queremos que os nossos convidados vejam, do mundo que queremos manter em segredo e que, para eles, não tem importância.

Quando o elenco está nos bastidores da Disney, ele consegue ver, por exemplo, após uma apresentação do Pateta, o personagem sair do palco e tirar a cabeça, tornando-se uma pessoa comum. Mas ele tirou esta cabeça, ou parte da fantasia, no lugar correto, ou seja, no lugar onde o convidado (cliente) jamais vai ver. Se ele tirasse a cabeça no palco, seria um mau espetáculo, pois ali é o momento do show - onde as coisas acontecem e os convidados (clientes) esperam ser surpreendidos positivamente.

Para ilustrar bem a situação, vamos discutir alguns exemplos. Imagine um colaborador de supermercado reclamando do chefe para outro colega de trabalho. Imagine você telefonando para uma empresa de cartão de crédito para solucionar um problema e o colaborador ficar o interrompendo toda hora, não demonstrar paciência, conversar com o colega ao lado. Ou, ainda, ao entrar em uma loja para comprar um sapato, ninguém vier o atender ou, quando vier, nem olhar para você e muito menos lhe cumprimentar, não demonstrar empatia, alegria em atender, em prestar o serviço.

Estas são apenas algumas pequenas lições sobre a importância do atendimento ao cliente, prestadas apenas pela maior empresa de entretenimento do mundo, a Disney. Quanto não temos que aprender com esta empresa fantástica, que a cada dia encanta ainda mais seus convidados (clientes), despertando a magia de surpreender mesmo aqueles que já estiveram ali várias vezes. Esta é a magia que temos que adotar em nossas empresas: a magia do atendimento diferenciado, que surpreende; do atendimento que encanta, que traz o convidado (cliente) de volta várias vezes; que desperta neles, também, a credibilidade suficiente para indicar a sua empresa a outros convidados (clientes).

- **Sua empresa separa bem o bastidor do palco?**
- **Você se comporta bem nas duas áreas?**

- **Você prefere estar nos bastidores ou no palco?**
- **O cliente da sua empresa está satisfeito com o espetáculo a que ele assiste no seu palco?**
- **O seu cliente volta para assistir a novos espetáculos na sua empresa?**
- **Você traz os problemas de bastidores para o palco?**

São perguntas que devemos fazer todos os dias, e que fazem parte do aprendizado e do crescimento de todos.

Sendo assim, quando falamos em bastidores, estamos falando de algo fundamental para as empresas, pois é o setor que define se uma empresa vai crescer, prosperar, alcançar grandes objetivos, encantar clientes, ou simplesmente naufragar no decorrer do tempo.

Quando falamos do exemplo da Disney, mencionamos uma empresa em que 70% dos seus visitantes já frequentaram suas dependências por mais de uma vez. Isso mostra o quanto o bastidor faz diferença dentro das empresas.

Desta forma, vamos falar neste capítulo sobre a importância e os grandes diferenciais de ter bastidores muito bem organizados e planejados, para que as empresas consigam entregar não só para os clientes, mas também para os seus colaboradores uma grande e memorável experiência, daquelas que deixam todos com a fisionomia e o pensamento de "UAU... Que fantástico!" Venham conosco mergulhar neste mundo sem volta, ou seja, deixar marcado no coração e na memória das pessoas que você fez diferença na vida delas.

“O QUE ACONTECE ‘NOS BASTIDORES’ PODE ACABAR NO PALCO.”

Van Arsdale France

RECRUTAMENTO E SELEÇÃO

Para muitas pessoas, quando falamos em recrutamento e seleção, parece que estamos falando da mesma coisa. Mas, na verdade, são dois processos distintos que estão interligados. Essas atividades feitas nos bastidores são de fundamental importância para o sucesso da empresa em todos os sentidos: ou seja, ao selecionar o melhor profissional, a empresa conquista os clientes, passa a ter as melhores práticas, um melhor ambiente, redução de custos, *turnover* e absenteísmo menores e o encantamento dos clientes.

Ilustração: Caio Olshi

O **recrutamento** é o momento em que a empresa busca atrair o maior número possível de candidatos através de informações, processos e técnicas. O recrutamento pode ser externo ou interno. No caso de recrutamento externo, a empresa utiliza ferramentas especializadas que trazem um grande diferencial para o processo. Este recrutamento pode ocorrer através de indicações, sites de anúncios de vagas, redes sociais (o Linkedin é uma das mais procuradas, até o momento), ou, dependendo da complexidade da vaga, contratar um *Headhunter* para auxiliar neste processo.

Muitas empresas já utilizam também a forma de recrutamento interno que é, sem dúvida, um grande fator não só motivacional e de redução de custos, mas também de fácil adaptação do profissional ao trabalho – pois o mesmo já conhece a rotina, a cultura, os processos da empresa e os clientes.

Depois que passamos do processo de atrair os candidatos, chega o momento da seleção, ou seja, de fazer uma análise criteriosa e minuciosa das inscrições recebidas: triagens de currículos, processos seletivos, testes e entrevistas, tudo com o intuito de selecionar o melhor perfil para sanar a necessidade da empresa. Sendo assim, é de fundamental importância ter o perfil da vaga e do candidato muito bem definidos, e que os testes estejam de acordo com a necessidade que a vaga tem – nada de testes que colocam as pessoas em uma situação constrangedora e que não acrescentam nada no seu dia de trabalho. Com o avanço da tecnologia e a mudança do mercado de uma forma geral, um processo bem planejado e executado com maestria e precisão é fundamental para o sucesso de todos. Lembrando que um processo feito de forma errada gera custo, possível perda de clientes e um desgaste para a pessoa que foi contratada por um erro de avaliação.

TREINAMENTO E DESENVOLVIMENTO

Já no surgimento das primeiras fábricas e indústrias no mundo corporativo, o treinamento foi utilizado como ferramenta de organização e qualificação do trabalho. Porém, com o passar do tempo, os treinamentos ganharam mais força e espaço, sendo hoje essenciais para as empresas não só se destacarem, mas também se perpetuarem no mercado e conseguirem atrair mais do que clientes – ou seja, fãs.

O treinamento é um processo que capacita os colaboradores para executarem suas atividades, além de aprimorar a qualidade do que é executado. Com isso, essas atividades se tornam mais produtivas e contribuem para o alcance dos objetivos das empresas, dos clientes e dos próprios colaboradores.

Os treinamentos têm como objetivos não só aumentar a lucratividade das empresas, mas também contribuir para as vidas profissional e pessoal dos colaboradores. A combinação treinamento e desenvolvimento é o melhor que as empresas podem e precisam fazer. Feita com constância, ajuda no desenvolvimento, que é algo voltado não somente para o presente, mas também para o futuro, em que a preparação para uma nova função pode ser um exemplo. Desenvolvimento é um conjunto de todas as práticas que uma empresa adota para melhorar o desempenho de todos os colaboradores, tanto no âmbito pessoal, como no profissional, e que envolve treinamentos, palestras, *feedbacks*, *workshops*, *coaching* etc.

Apesar de um aumento significativo nos investimentos para treinamento e desenvolvimento, vejo ainda muitas empresas com seu atendimento péssimo, sofrível, passando a imagem de que o cliente não é tão importante assim. Mas, de uns tempos para cá, principalmente após a pandemia de Covid-19, que já enfrentamos há dois anos, boa parte das empresas começou a enxergar muitas coisas e entendeu que não só entregar produtos e/ou serviços de qualidade com preços competitivos é importante, mas também atender bem, surpreender os clientes, entregar momentos mágicos com uma experiência memorável – e isso passou a ser o grande desafio dessas empresas. Com isso, o treinamento voltou à tona e com mais ênfase, pois agora o ideal não é só conquistar o cliente, mas também os colaboradores, que precisam ser os primeiros fãs da empresa.

Daqui para frente, a empresa que deseja se diferenciar e agradar cada vez mais seus colaboradores e clientes, transformando-os em verdadeiros fãs, aumentando com isso seu lucro e valorizando a marca, precisa, entre outras coisas, criar seu programa de treinamento e desenvolvimento – isso independe do tamanho da empresa. Este programa precisa ser criado para o ano inteiro, pois vejo muitas empresas que, quando muito, fazem um treinamento de produto e um treinamento de atendimento por ano. Vejam: é preciso ter uma sequência, treinamentos de reciclagens. Sempre existe algo novo para aprender, para aprimorar, para reciclar; enfim, nada é definitivo. Os treinamentos comportamentais e motivacionais também são fundamentais neste novo caminho.

Desta forma, muitas empresas buscam alternativas para treinar suas equipes. Mas, para que seja implementado qualquer tipo de programa que vise treinar e desenvolver a empresa e seus colaboradores, a escolha dos métodos de treinamento é um aspecto importantíssimo nesse processo. As empresas precisam estudar e escolher os melhores métodos de treinamento que atendam às suas necessidades. São eles:

- **Mentoria ou Presencial** – Treinamentos executados por um ou mais profissionais experientes e capacitados, que conheçam a fundo o tema que será tratado e repassado aos novos colaboradores ou, se for o caso, para colaboradores mais antigos que precisam de uma reciclagem, por exemplo. Estes treinamentos têm como objetivo aumentar o conhecimento, desenvolver pessoas, dar a devida segurança na execução da tarefa, melhorar o desempenho, além de qualificar o atendimento. Treinamentos feitos internamente;

- **EAD ou *E-training*** – Conhecido como educação a distância, é a modalidade que mais tem crescido e se valorizado nos últimos anos, principalmente com a chegada da pandemia de Covid-19 no mundo. Por meio de cursos on-line, que podem ser acessados de qualquer lugar e a qualquer momento, apenas acessando a internet, os colaboradores podem aprender de tudo, de acordo com a necessidade do negócio da empresa;
- **Treinamento fora do trabalho** – As palestras, seminários, *workshops*, são exemplos de treinamentos que podem acontecer fora do trabalho. Eles trazem excelentes resultados, pois os colaboradores conseguem abordar temas específicos através de outras visões, possibilitando, com isso, o debate e a troca de conhecimento com pessoas de fora da sua empresa, o que contribui para o surgimento de novas ideias, práticas, atitudes e troca de conhecimento – ou seja, aprender com o mercado.

É fundamental que as empresas busquem formas e técnicas diferenciadas de oferecer os treinamentos, pois muitas ainda usam métodos ultrapassados, como já mencionamos aqui. Por exemplo, "trancar" por horas e horas os colaboradores em uma sala, e ficar passando conteúdo através de uma apresentação de Powerpoint, hoje, não funciona: as pessoas ficam entediadas e começam, aos poucos, a perder o foco. É óbvio que este método ainda é necessário em algumas situações, mas é preciso modernizar, ou seja, não deixar as pessoas o dia todo na sala. Deixe-as, por exemplo, por duas horas;

depois, as leve para fazer escuta e/ou acompanhar um colaborador mais antigo no seu trabalho. No dia seguinte, peça para os colaboradores dizerem o que viram, exporem dúvidas, e as explique no treinamento: ou seja, a técnica é treinar, jogar, aprimorar e jogar.

Quando falo em treinamento, desenvolvimento e resultados, uso sempre como exemplo a Disney, com sua "fábrica de encantamento". Outro grande exemplo que uso é o do cantor Michael Jackson. O que este mestre do *show business* treinou e desenvolveu, além de desenvolver também sua equipe no decorrer de sua carreira, é algo memorável. O treinamento exaustivo, a busca pela perfeição, a atenção aos detalhes, não só para conseguir o resultado, mas também encantar a plateia, eram incríveis. Imaginem o que ele estaria fazendo hoje, se estivesse vivo? O que muitos fazem hoje, ele já fazia há mais de 30 anos, ou seja, era uma pessoa à frente do seu tempo. Pense nisso sempre: treinamento e desenvolvimento é algo necessário e contínuo para o seu crescimento, seja PROFISSIONAL, seja PESSOAL. Faça a diferença na sua vida e na vida das pessoas!

PROCESSOS INTERNOS FCR E SLAS

De algum tempo para cá, muitas pessoas têm ouvido o termo SLA por todos os lados. Porém, muitas dessas pessoas não sabem o que ele é ou para que serve, e ficam com vergonha de perguntar.

https://www.pontotel.com.br/sla/. Acesso em 6 de junho de 2022

Falando de uma forma resumida, o SLA significa, em inglês, *Service Level Agreement*, que, traduzido para o português, significa Acordo de Nível de Serviço (ANS). É especificar, em termos mensuráveis e claros, quais os serviços e o suporte que o fornecedor terá que oferecer até o final do contrato. A partir desta especificação são estabelecidas metas de nível de serviço, prazos contratuais e termos de compromisso, que auxiliam o contratante a monitorar o trabalho realizado pelo contratado e o cobrar, em caso de atraso, podendo, inclusive, pedir a rescisão do contrato. O SLA teve início em áreas de TI que precisavam informar aos seus clientes um SLA, a fim de que os mesmos informassem seus clientes sobre alinhamento de serviços, prazos de entrega, manutenção etc.

De um tempo para cá, a palavra SLA virou praticamente uma febre, e várias empresas adotaram essa denominação para negociar e dar prazos aos fornecedores e clientes. Isso, sem dúvida, melhorou as metas, mas não necessariamente as entregas: ainda temos sérios problemas com prazos.

É muito importante que as empresas se atentem ao SLA, mas é preciso também revisá-lo com certa frequência, com o objetivo de fazer atualizações para que as novas necessidades do negócio sejam constantemente atendidas e melhoradas.

O SLA bem definido e documentado é uma garantia válida tanto para a empresa que adquire o serviço e/ou produto, quanto para o profissional ou empresa que prestará o serviço e/ou entregará o produto. Hoje em dia, passa também a ser uma garantia para o cliente-consumidor, que geralmente é esquecido na questão prazo: ou seja, que fica sempre do lado menos pesado da balança, sendo que ele, cliente, é quem traz o dinheiro para as empresas.

Com contratos bem definidos e assinados, o contratante tem a possibilidade de aplicar multas, caso o acordo seja descumprido. Mas devemos lembrar que este não é o melhor caminho. O que as empresas querem, de fato, é o serviço e/ou produto para oferecer aos seus clientes dentro do prazo estipulado. Por isso, é fundamental que tanto empresas como clientes procurem, respectivamente, fornecedores e empresas sérias e renomadas no mercado.

Outro fator muito importante com que as empresas têm se preocupado e no qual têm investido é o FCR (*First Call Resolution)*, ou seja, procurar resolver a grande maioria dos problemas, dúvidas e questionamentos dos clientes no primeiro contato, evitando, com isso, rechamadas e desgastes para os clientes. Este é, sem dúvida, um dos grandes trabalhos de bastidores, pois envolve diversas ou, até mesmo, todas as áreas da empresa. Exige um grande grau de cooperação, entendimento e comprometimento de todos, pois é uma tarefa bem árdua e com muitos detalhes em que, de fato, o cliente é colocado no centro das atenções e preocupações. Quem solucionar mais rapidamente seus problemas, suas dúvidas e questionamentos de forma clara e direta estará, sem dúvida, oferecendo ao cliente uma experiência única, surpreendente e memorável. Nunca se esqueçam disso. Agora que você conhece um pouco sobre SLA, ou para você que já conhecia, analise sua empresa. Qual é o desempenho dela em relação ao SLA? Como você lida com a questão do SLA? Os fornecedores da sua empresa respeitam o SLA? Quanto ao FCR, qual o percentual de problemas, dúvidas e questionamentos que a sua empresa soluciona para o cliente no primeiro contato?

EXPECTATIVAS DOS CLIENTES EM RELAÇÃO AO ATENDIMENTO

Clientes trazem dinheiro para sua empresa, mas fãs trazem mais do que isso, trazem seus corações. Cliente, normalmente, vem atrás de descontos; fãs procuram performance, e o preço passa a não ter importância decisiva. Clientes reclamam; fãs, também, mas de forma construtiva, acreditando nas melhorias, pois erros podem acontecer. Clientes se vão, em algum momento, mas fãs permanecem, porque andam juntos com a empresa. O mesmo vale para os colaboradores.

Mas, afinal, como conquistar fãs? Fãs são conquistados com propósitos, ideias, paixão, inovação, criatividade, velocidade de solução, credibilidade, qualidade, relacionamento, transparência e ética. Outra situação para se pensar: devemos entregar um relacionamento diferenciado, ou seja, uma experiência de relacionamento, pois relacionamento é algo acima do atendimento.

O tema é complexo e nos levará a horas, dias e meses de conversa, pois a mudança é profunda e delicada; porém, apresentará resultados bem expressivos, pois este resultado é positivo para todos. E o melhor: o fã, seja ele colaborador, seja cliente, se transformará no defensor número 1 da sua empresa, da sua marca, dos seus produtos e/ou serviços. Além de tudo, você sabe que terá sempre os melhores colaboradores para aumentar cada vez mais sua legião de clientes-fãs.

O serviço de atendimento ao cliente vem se tornando cada vez mais o grande diferencial para reter clientes/fãs, trazer novos e oferecer as melhores experiências. Produtos e/ou serviços podem ser copiados e, no final, ser iguais ou praticamente iguais. Preços, a mesma coisa. Mas o atendimento é o maior diferencial, não se copia. Pode-se copiar o método, mas o fazer é único. Sendo assim, principalmente durante a pandemia do novo coronavírus, em que ainda estamos vivendo, muitos hábitos de consumo mudaram e as prioridades dos clientes para adquirir produtos e/ou serviços, também.

Por meio de alguns estudos[1] realizados, foram identificadas as expectativas dos clientes perante o atendimento, conforme iremos mencionar a seguir. Com isso, chegamos a conclusão que será necessário um forte trabalho dentro dos bastidores das empresas. Seguem as expectativas:

- **Conhecimento**: Quantos colaboradores da sua empresa estão preparados hoje para tirar todas as dúvidas dos clientes? O conhecimento da sua rotina de trabalho, dos produtos e/ou serviços que sua empresa comercializa, das políticas, dos processos precisam estar na ponta da língua, caso contrário, o cliente pode se sentir enganado ou inseguro ao adquirir algo de sua empresa. Com isso, ele procurará o concorrente. Colaborador bem-preparado, motivado, com brilho nos olhos é fundamental para encantar o cliente;
- **Empatia**: Saber se colocar no lugar do cliente é tudo que ele deseja, pois, desta forma, você entende melhor as suas "dores" e o ajuda no que de fato ele precisa. Mas quando falamos de empatia, não é simplesmente se colocar no lugar dele, e sim, de fato, ser ele. Às vezes você não consegue sentir na pele o problema do cliente

1. https://blog.foxmanager.com.br/as-expectativas-do-cliente-atendimento/. Acesso em 20 de junho de 2022

porque ele está fazendo uma reclamação de um serviço que você não utiliza. Sendo assim, você precisa gostar do serviço como ele gosta: somente desta forma você sentirá o tamanho do problema;

- **Rapidez**: Os clientes querem respostas rápidas. Em plena era da internet, dos serviços digitais, em que o tempo passou a ser algo ainda mais precioso do que antes, a velocidade nas respostas e soluções são fundamentais para fazer um atendimento diferenciado e que encante e surpreenda os clientes. Engajamento das áreas, banco de dados bem-organizado, CRM bem-estruturado são elementos obrigatórios, pois os clientes querem sentir que são, de fato, especiais. Desta forma, eles esperam ser chamados pelo nome, esperam que conheçam seu histórico dentro da empresa, que saibam como andam suas demandas, enfim: um tratamento não só diferenciado, mas personalizado, de fato;
- **Preço**: Os clientes querem pagar por um preço justo: nada mais e nada menos, apenas o justo. Às vezes encontramos, entre concorrentes, diferenças de preços bem absurdas, e isso incomoda os clientes. Desta forma, crie uma política de preços justa na qual o cliente perceba, de fato, que aquele valor cobrado é real; que não existe nele algo fora do normal. Para que o cliente não se sinta explorado nem desvalorizado pela empresa que ele escolheu para adquirir seu produto e/ou serviço;
- **Diferencial**: Quais são as vantagens para adquirir o serviço ou produto da sua empresa? O que você tem que o concorrente não tem? Onde você é melhor? Qual seu diferencial? Aqui, mais um forte trabalho de bastidor irá munir o atendimento para entregar esse diferencial;
- **Canais de Atendimento**: Não ofereça somente vários canais de comunicação, mas ofereça todos os canais que, de fato, funcionem. Como já falamos, clientes querem atenção, empatia,

velocidade; querem sentir que são importantes para as empresas. Sendo assim, é fundamental oferecer aos clientes canais que tragam resultados em tempo real, pois tempo é tudo e resposta imediata é o encantamento. Se preocupe com a qualidade dos canais, e não com a quantidade;

- **Proatividade**: Seja proativo, entenda as necessidades do cliente e procure ajudá-lo. Às vezes você pode não ser o responsável por ter a resposta, mas diga ao cliente que verificará e retornará. Mas retorne! Não fuja da situação, não entre no jogo de empurra-empurra, que deixa o cliente irritado ao ficar sendo transferido de um lado para o outro, sem resolver a questão. Use a sua proatividade, tranquilize o cliente e traga a resposta, pois, para o cliente, você é a empresa. Lembre-se: o cliente está na plateia, ele é o convidado, e quem está no palco é você. Cliente não frequenta os bastidores. Mais uma lição da Disney.

Tudo que vimos acima está interligado. Se olharmos para os sete itens citados, todos eles se relacionam. O conhecimento se liga à rapidez, enquanto a empatia é o diferencial entre o bom atendimento e o atendimento UAU! Canais de atendimento e proatividade demonstram o quanto sua empresa está preocupada em oferecer a melhor experiência aos clientes; já o preço é o diferencial, demonstra a preocupação em oferecer algo justo, de excelente qualidade e inovador.

MONITORAMENTO DA SATISFAÇÃO DOS CLIENTES E PROFISSIONAIS DE ATENDIMENTO

Muitas pessoas que frequentam estabelecimentos ou que ligam para algumas empresas já responderam pesquisas de satisfação, pois esta pesquisa é uma das mais importantes ferramentas de Gestão Empresarial. Ela tem como objetivo mensurar o que os clientes estão pensando e sentindo em relação ao atendimento. O resultado final desta pesquisa apresenta as informações necessárias para a identificação de oportunidades de melhoria e para a elaboração de um plano de ações, se necessário.

Porém, poucas são as empresas que fazem algo e/ou dão algum tipo de retorno aos clientes, fazendo com que este tipo de pesquisa perca totalmente a credibilidade. As empresas gastam um valor considerável na elaboração e implantação da pesquisa de satisfação de clientes – dinheiro este que acaba sendo jogado no lixo, se esta pesquisa não chega ao objetivo final. Retornar aos clientes com resposta é fundamental para o sucesso da pesquisa.

Se a empresa não está preparada para ouvir o cliente, nem deve pensar em fazer este tipo de pesquisa, pois uma coisa temos que ter em mente: quando se faz este tipo de pesquisa, temos que esperar de tudo; desde um elogio, passando por reclamações simples, chegando às reclamações mais complexas e até às que nada têm a ver com a empresa. Mas todas merecem uma satisfação, pois, se você perguntou, o cliente espera uma resposta.

Muitas empresas temem as reclamações quando, na verdade, deveriam agradecer por elas, pois isso mostra que o cliente se preocupa com a melhoria da sua empresa. Neste momento, ele está dizendo à sua empresa que gosta dela, mas algo o está deixando insatisfeito e quer que isso seja corrigido. Aqui, o cliente vira um aliado da sua empresa, ou seja, ele é um consultor que não está cobrando nada para lhe dar informações. Por isso você não deve temer as reclamações, mas sim agradecer ao recebê-las, a fim de melhorar os processos: afinal, quem sustenta sua empresa é ele, O CLIENTE.

Com tudo isso, podemos concluir que as pesquisas de satisfação de clientes são fundamentais para o crescimento e o desenvolvimento de qualquer empresa, mas devem ser realizadas com planejamento – contendo início, meio e fim –, através de critérios claros e transparentes e sempre com retorno aos clientes, pois é o mínimo que ele espera. Devemos lembrar, também, que este tipo de pesquisa evita muitos problemas judiciais, já que o cliente está dando à empresa a oportunidade de consertar o que foi feito de errado, antes de recorrer aos órgãos de defesa do consumidor. Pensem nisso.

Hoje temos, também, outra pesquisa importantíssima que ajuda muito o desenvolvimento das empresas: o NPS. Com o intuito de melhorar seus resultados e superar a concorrência, as empresas passaram a adotar já há algum tempo e com grande frequência a pesquisa de NPS (*Net Promoter Score*). Esta pesquisa é um método inovador e de longo prazo. Muitas pessoas, porém, acham que o NPS e a pesquisa de satisfação são a mesma coisa. Você também tem esta dúvida?

Bem, a pesquisa NPS e a pesquisa de satisfação são diferentes. O NPS é muito recomendado para aquelas empresas que desejam promover a sua marca, uma vez que esta pesquisa investiga a probabilidade dos clientes em recomendar sua empresa para outras pessoas, o que eles falam sobre a empresa e a sua fidelidade. Através do resultado do NPS, as empresas conseguem avaliar qual é o grau de envolvimento com a empresa, o sucesso de serviços, preços, atendimento etc.

A aplicação da pesquisa de NPS é muito simples. É oferecido aos clientes um questionário com duas perguntas, solicitando aos mesmos que, dentro de uma escala de 0 a 10, eles indiquem o quanto recomendariam a empresa X para seus amigos, familiares etc., e por quê.

O resultado da primeira pergunta é quantificado, sendo as notas calculadas da seguinte maneira: de 0 a 6 (clientes detratores), de 7 a 8 (clientes neutros) e de 9 a 10 (clientes promotores). Depois, você calcula a porcentagem para conferir em qual zona a sua empresa se enquadra. Esta pesquisa é calculada através do percentual de clientes promotores, menos o percentual de clientes detratores. O resultado é o que chamamos de NPS.

O cálculo das zonas de pesquisa é feito da seguinte forma:

Zona de Excelência: NPS entre 76 e 100;

Zona de Qualidade: NPS entre 51 e 75;

Zona de Aperfeiçoamento: NPS entre 1 e 50;

Zona Crítica: NPS entre -100 e 0.

O ideal é manter sua empresa no nível de excelência. Caso isso não ocorra, é necessário avaliar a resposta da segunda pergunta, "Por quê?", e a partir daí criar um planejamento eficiente e rápido para mudar o que está errado.

Já a pesquisa de satisfação é excelente para checar o que os clientes pensam sobre a empresa. Através deste resultado, a empresa consegue avaliar a imagem que os clientes têm em mente sobre determinado ponto analisado naquele momento, que pode ser o atendimento, a logística, o produto e/ou serviço, o preço, a interação com a marca e a agilidade nos processos.

A pesquisa de satisfação é considerada uma pesquisa de curto prazo, que tem como foco os principais problemas da empresa. Nela podem ser feitas várias perguntas para localizar os problemas e/ou dificuldades. Entre elas, podem estar: "Qual é o seu nível de satisfação com relação ao nosso site?", "Qual é o seu nível de satisfação com relação ao atendimento da empresa?", "Qual é o seu nível de satisfação com relação aos nossos preços?", entre outras.

Sendo assim, as duas pesquisas são diferentes. A pesquisa de satisfação é executada logo após um contato do cliente com as empresas, como, por exemplo, no contato com o suporte, com a área de atendimento, a área de compras etc. Esta pesquisa é realizada em um momento específico e com uma determinada área da empresa. Já a pesquisa de NPS pode ser executada, por exemplo, no fechamento de uma compra do cliente, avaliando a experiência completa e os motivos pelos quais ele fechou ou não uma determinada venda.

Portanto, lembre-se: as duas pesquisas são importantes para as empresas e não só podem, como devem, ser utilizadas juntas, complementando uma a outra. A pesquisa de satisfação avalia a satisfação em curto prazo; já a de NPS mensura a lealdade dos clientes para com a sua empresa e demonstra qual a probabilidade de recomendação.

PREMIAÇÃO DA EQUIPE DE ATENDIMENTO

Umas das grandes questões discutidas nas áreas de atendimento são as campanhas motivacionais.

Existem campanhas de todos os tipos e de todas as formas, que visam não somente aumentar a motivação das pessoas dentro do trabalho, mas também premiar alguém que trabalhou arduamente em busca de oferecer aos clientes a melhor experiência – ou seja, realizou um grande e forte trabalho nos bastidores que refletiu no palco, contagiando com isso os clientes, que tiveram experiências memoráveis. Isso torna o ambiente mais leve, participativo, descontraído e comprometido para enfrentar o desafio de atender cada vez melhor os clientes, que estão cada dia mais exigentes, amparados por leis cada vez mais severas, destinadas às empresas que não atendem de forma satisfatória.

Mas estas campanhas são positivas? Trazem os resultados esperados? Como realizar uma campanha de sucesso, atingindo os objetivos e resultados esperados?

Todas as campanhas são positivas e devem ser feitas com certa frequência mas, como veremos a seguir, alguns caminhos são essenciais para não perder a credibilidade e o foco:

- **Planejamento**: Este é o ponto de partida de todo projeto. Dentro deste planejamento deve-se conter todos os detalhes da campanha, como objetivo, metodologia, critérios de participação, apuração, premiação e definição das datas de início, de apuração, de divulgação dos resultados e do final da campanha. Deve ser definido, também no planejamento, o material de divulgação que será utilizado na campanha, bem como o título da mesma;
- **Objetivo:** O ideal é que uma campanha tenha um único foco. Se se quiser ter outros focos, deve-se analisar com muita calma e atenção, para não passar a imagem negativa de que nem mesmo a empresa sabe o que deseja com esta campanha;
- **Metodologia**: Onde serão definidas as etapas e a norma que os profissionais de atendimento devem seguir para atingir os objetivos. Deve ser apresentada de uma forma clara e transparente para não gerar nenhum tipo de dúvida - o que colocaria em risco o sucesso da campanha;
- **Critérios de participação:** Fato importantíssimo para o envolvimento de todos, regras de participação claras e sem dúvidas decretam o sucesso da campanha. Todos devem ser informados dos critérios. Por exemplo, um novo colaborador que chega no meio da campanha: ele participa ou não? Se sim, de que forma? Se não, por quê;
- **Apuração:** Deve-se ter critérios de apuração bem claros e transparentes para também não criar dúvidas sobre o suposto vencedor ou vencedora. Para isso, deve ser emitido um relatório minucioso dos resultados atingidos por todos, gerando credibilidade entre os colaboradores;

- **Premiação:** Deve estar definida antes do início da campanha, e de forma alguma deve ser trocada durante a "competição" ou no final, a não ser por motivo de força maior. Esta premiação deve ser definida de acordo com o grau de dificuldade da campanha;
- **Definição das datas:** Devem ser colocadas de forma muito clara as datas de início, fim, apuração e divulgação dos resultados. A apuração deve ocorrer, no máximo, em até um dia após a data final da campanha. Para maiores envolvimento e credibilidade, a divulgação deve ocorrer preferencialmente no mesmo dia da entrega da premiação e no horário que haja maior concentração de colaboradores envolvidos.

A decoração e o material de divulgação devem estar diretamente ligados à ação e ao objetivo. Não precisa ser um material caro, mas deve ser sofisticado e bonito, claro e objetivo, que desperte a todo momento, nos colaboradores, a sensação e o prazer de não só poder conquistar o resultado esperado, como também de superá-lo.

Esta é uma das melhores formas de se fazer uma campanha de sucesso dentro dos *Call Centers* e, com isso, superar os resultados esperados: através de um ambiente alegre, participativo, transparente, comprometido e de grande envolvimento.

RISCOS E OPORTUNIDADES DAS FRANQUIAS

O segmento de franquias já há muito tempo vem crescendo em nosso país. Agora, em meio à pandemia de coronavírus, em que muitas pessoas perderam seus empregos e precisam voltar a ter renda, as franquias passam a ser um caminho de esperança para todos. Sendo assim, vamos falar aqui sobre alguns cuidados e dar algumas dicas para que você consiga ter uma franquia de sucesso.

Você deve começar pela escolha do segmento. O ideal é buscar algo de alta rentabilidade e com que você tenha identificação, pois, se você não se identificar com o negócio, será muito difícil chegar ao sucesso e à rentabilidade esperados. Quando falamos em alta rentabilidade, lembramos também de ter atenção com as franquias sazonais, pois estas demandam uma administração diferenciada, com promoções nos momentos de quedas, sendo necessário estoque maior e um planejamento financeiro bem minucioso.

Outro ponto fundamental é entender o funcionamento do sistema de franquias, saber como funciona a estrutura do negócio, quais são as regras, o que pode ser feito e o que não pode. Pesquise sempre a empresa junto aos órgãos de SCPC, SERASA; analise sites de reclamações; verifique se enfrenta problemas jurídicos; converse com franqueados que estão no negócio e com aqueles que já o deixaram. Isso é fundamental para entender o negócio a fundo, por que deu certo e por que não deu.

Você precisa ser um empreendedor com um alto desempenho. Para se ter uma franquia não basta só investir dinheiro e acreditar que tudo acontecerá automaticamente, no rumo ao sucesso. As atitudes do empreendedor colaboram muito para este sucesso; nada acontece sozinho. Você precisa se dedicar muito ao negócio, estar sempre presente. Nada de deixar na mão de outras pessoas: você é o exemplo de liderança necessário, e sua presença e exemplos são fundamentais para isso. Franquia, como todo negócio de que você decide ser o "dono", precisa ter a sua presença sempre. Outro ponto importante é não misturar dinheiro próprio com dinheiro da empresa.

Investimentos em capacitação e atendimento são primordiais. Não é porque você é o dono daquela franquia, que você não precisa mais se capacitar. Muito pelo contrário. O mercado e o cliente mudam constantemente, e você precisa estar sempre atualizado para oferecer aos seus clientes a melhor experiência. Isso vale também para os colaboradores: investimento de capacitação tanto referente ao produto e/ou serviço que vende, como também à importância de atender cada dia melhor. O cliente que for ao seu estabelecimento, telefonar ou entrar em contato por qualquer outro meio, deverá receber sempre a melhor experiência. Colaboradores bem-preparados, motivados, que gostem de gente e que se preocupem sempre em oferecer o melhor de si são também fundamentais para este sucesso, pois o sucesso precisa ser de todos: franquia, franqueado, colaboradores e clientes.

Tenha sempre em mente que, para ser um franqueado, não basta apenas ter o espaço, ter o design, as cores, o uniforme e os produtos. É preciso muito mais que isso. É preciso pessoas motivadas, pessoas bem treinadas e qualificadas, excelente atendimento, ambiente muito bem limpo, pessoas uniformizadas (se a empresa franqueadora possuir), bem-apresentadas, sorridentes, ter senso de urgência, responsabilidade, comprometimento.

Certa vez, fui a uma loja franqueada de uma rede de lanchonetes que não tinha o sanduíche carro-chefe da empresa. Isso é a mesma coisa que chegar a um posto de gasolina e não ter gasolina, só etanol. Fui a outra rede de loja franqueada comer algo: a loja estava vazia e os atendentes, conversando. Ninguém veio me atender.

Na Páscoa, fui a uma loja de chocolates, também franqueada. Ao perguntar sobre um ovo de Páscoa, a atendente me disse: "Esse ovo não é bom; as pessoas reclamam de que é muito doce". A culpa é dela? Não, mas sim de quem não a treinou devidamente. Claro que ela não deve mentir para o cliente, mas existem formas de dizer as coisas. Isso é falta de treinamento, de capacitação e de comprometimento e envolvimento do dono da franquia.

Sendo assim, isso tudo precisa ser muito bem visto e analisado pelo franqueador também, pois os clientes precisam ter a sensação de estarem dentro da mesma empresa, seja lá quem for o franqueado, ou em que região da cidade, do Estado ou do país encontra-se a loja. É preciso ter um padrão além da estética, das cores, do uniforme, do design e do produto. O que vejo e sinto nas reclamações das pessoas é que o atendimento ruim e sem comprometimento é o que mais as incomoda.

Portanto, fica aqui o alerta: as franquias são excelentes formas de negócio e somos referência, mas temos que cuidar da gestão e, principalmente, de detalhes como recrutamento, seleção, treinamento, qualificação, limpeza, comprometimento, atendimento e produto. Afinal, franqueador, a franquia é a sua empresa na mão de outra pessoa. Sendo assim, você sabe se o cliente está satisfeito com as diversas formas de gestão e de atendimentos?

METAVERSO NOS BASTIDORES

Segundo informações, através de diversas pesquisas que fizemos, o Metaverso não é algo novo: é um termo que surgiu nos primórdios da década de 1980, com o livro "*Snow Crash*", de Neal Stephenson.

Este termo é usado para se referir a um mundo virtual, criado em uma espécie de internet 3D, onde todas as pessoas podem interagir entre si e realizar várias atividades. Essas interações são imersivas e bem semelhantes à vida real e são realizadas através de avatares.

Este conceito veio mais à tona após o Facebook trocar seu nome para Meta, no final do ano de 2021. Mas para criar este mundo virtual são necessárias várias tecnologias juntas como, por exemplo, realidades virtual e aumentada, redes sociais, criptomoedas etc. Outro fator importante é o fato de que a internet 4G não funciona para este processo, pois não consegue lidar com o fluxo de dados. Por este fato, ainda parece ser algo distante da nossa realidade.

Dentro do Metaverso se pode fazer tudo que se faz na vida real através do seu avatar, como ir ao shopping, passear com amigos, trabalhar, assistir a uma sessão de cinema. Para isso tudo acontecer, no entanto, as plataformas precisam ser compatíveis.

Mas o Metaverso pode ajudar as empresas nos seus bastidores, ou seja, em recrutamento, seleção e treinamentos?

A resposta é sim, pois se o Metaverso não é algo tão novo, como falamos acima, não há dúvida de que agora é o seu momento de brilhar e mostrar a que veio. Quando falamos em recrutamento, já temos empresas no Brasil que deram início aos seus processos seletivos no ambiente virtual, como a Cia. de Estágios. Em um desses processos, os participantes criaram seus próprios avatares de acordo com suas características pessoais, e se integraram a uma dinâmica com uma recrutadora em um universo on-line, usando óculos de realidade virtual.

Já a Motorola usa a imersão digital para realizar treinamentos com suas equipes de vendas espalhadas pelo Brasil. O *feedback* dos colaboradores foi muito positivo. Todos se mostraram bem satisfeitos e entusiasmados com a novidade. Alguns chegaram a citar que se sentiram em um treinamento presencial, para termos uma ideia do quanto este novo momento traz uma mudança profunda nos processos de treinamento. Como falamos acima, no tema treinamento e desenvolvimento, este processo precisa ser reformulado e sair do modo tradicional – ou seja, aquele de uso do Powerpoint com várias pessoas "presas" em uma sala, apenas ouvindo.

Numa matéria publicada no site RH Pra Você, a *head* de *Trade Marketing* da Motorola, Tatiane Bernardazzi, explica que, através de uma avaliação de absorção de conhecimento, a média geral foi superior a 80%, algo extremamente satisfatório.

Sabemos que a realidade do Metaverso ainda está um pouco distante do nosso mundo neste momento e que, talvez para alguns segmentos ou atividades, possa não vingar. Mas, sem dúvida, é uma realidade em que as empresas precisam começar a pensar, para avaliar e analisar melhores alternativas. É uma forma excelente de fazer algo não só novo, ou moderno, mas que poderá, se bem-elaborado, estudado e planejado, trazer mudanças bem significativas na experiência do cliente e dos colaboradores, com resultados altamente positivos para todos.

O futuro já começou. É hoje; é agora. Vamos juntos surfar nessa onda, pois o céu também é o limite para oferecer experiências memoráveis para clientes e colaboradores. Vamos em frente, criar um mundo melhor e mais humano, mesmo com várias tecnologias. Pois clientes são humanos, colaboradores são humanos e a tecnologia é o meio para ajudar empresas a se integrarem e viverem esses grandes momentos.

14

A IMPORTÂNCIA DAS MÉTRICAS DO CRM PARA MELHORAR O CX

por Alex Mariano

Neste exato momento você sabe qual é o nível de satisfação dos seus clientes em relação aos seus produtos e serviços? O monitoramento e a medição, não apenas do desempenho interno, mas também especialmente em relação à satisfação e interações com clientes no contexto de CRM, são fundamentais para impulsionar qualquer negócio.

Mas nem todas as métricas são criadas iguais. Você precisa dos indicadores de desempenho (KPIs) certos para ajudá-lo a alcançar seus objetivos.

Então, quais KPIs você deve monitorar?

É uma pergunta importante. O que você monitora é normalmente no que sua equipe vai se concentrar. Portanto, certificar-se de monitorar métricas e KPIs alinhados aos objetivos do negócio é fundamental.

Os principais indicadores de desempenho, ou KPIs, são indicadores principais ou sinalizadores que ajudam a empresa e os usuários de CRM a avaliar o quão eficazes são seus esforços.

Há algum tempo, acompanhei uma empresa que, com a implementação de CRM, passou a ter disponíveis dados e informações sobre a performance e produtividade dos vendedores.

Em uma das reuniões de acompanhamento, o diretor comercial, observando as métricas e KPIs da equipe de SDRs (*Sales Development Representatives*), questionou o gerente de vendas sobre o desempenho de uma das SDRs.

Nos últimos quatro meses, o número de *leads* qualificados por ela foi 35% menor do que a média de seus colegas. O diretor comercial indagou o gerente se não seria o caso de dar um novo treinamento para esta SDR, ou se não seria o caso de demiti-la.

O gerente comercial pediu, então, para que o diretor fizesse uma comparação do *pipeline* completo desta mesma SDR com a média de seus colegas.

Ao fazer a análise da taxa de conversão e volume de negócios gerados a partir dos *leads* qualificados pela SDR, percebeu-se que, apesar da quantidade de *leads* gerados e qualificados estar bem abaixo da média, os *leads* qualificados por ela convertiam mais vendas do que os *leads* qualificados por seus colegas.

O gerente disse, então, ao seu diretor, que esta SDR estava servindo de *benchmark* para capacitar e reciclar os colegas em termos de abordagem e qualificação de *leads*.

A falta de informação, ou até mesmo dados imprecisos, podem fazer com que, no geral, decisões ruins sejam tomadas. Neste exemplo que eu trouxe, o diretor chegou a sugerir a demissão da SDR que mais estava gerando resultados, no final das contas.

Neste sentido, é fundamental que as principais métricas e KPIs estejam disponíveis de forma fácil e acessível em painéis (*dashboards*) em todos os níveis da empresa.

No contexto de CRM, os KPIs são formados principalmente por métricas de vendas, marketing e atendimento.

Vejamos, a seguir, os principais KPIs utilizados:

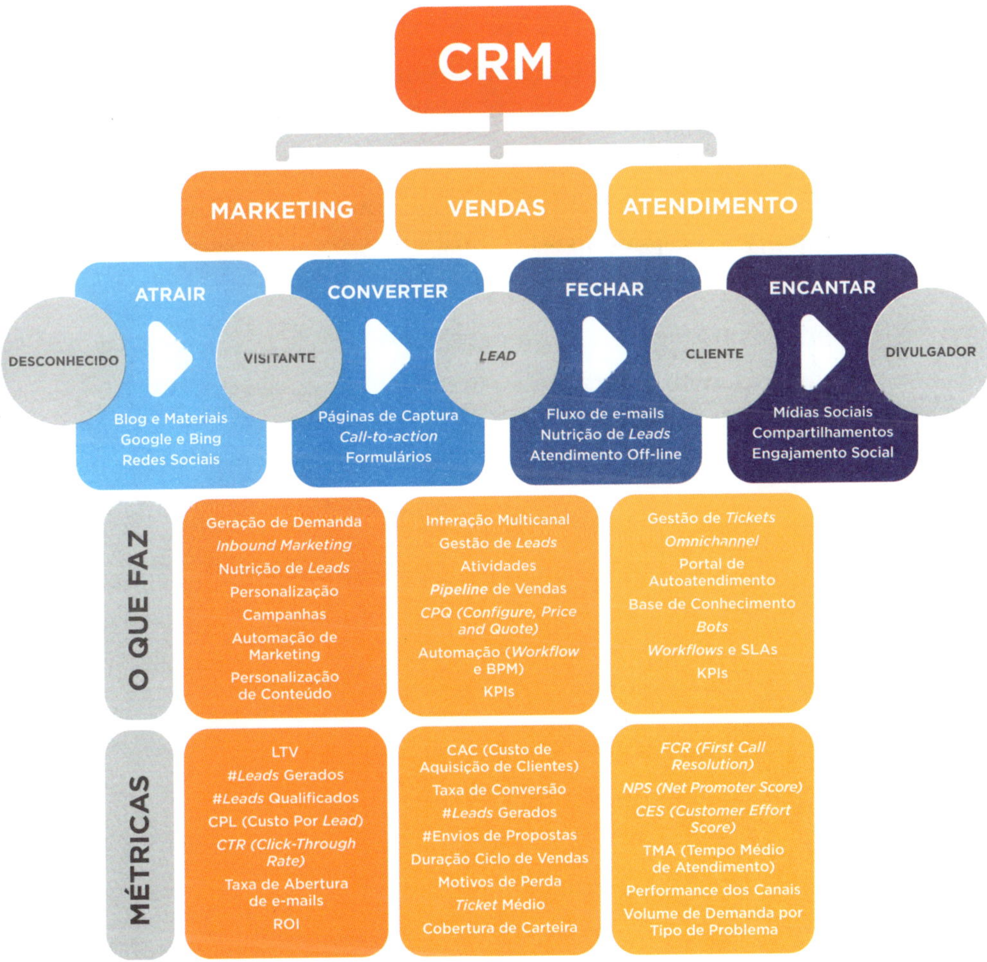

Fonte: Alex Mariano

1. KPIS DE VENDAS

Não importa o tipo ou tamanho da empresa, monitorar o desempenho em vendas é fundamental para ter previsibilidade e aumentar as chances de atingir as metas e objetivos estabelecidos.

Então, o que são KPIs para vendas? Como você pode usá-los para ficar a par da produtividade de sua equipe de vendas? E o que você pode fazer para agilizar esse processo?

Existem muitas informações boas e mais abrangentes, mas em resumo, KPIs de vendas são medidas que dizem o quão bem sua equipe de vendas está se saindo. Em vez de monitorar páginas intermináveis de estatísticas, números e planilhas, você pode escolher um pequeno conjunto de KPIs para monitorar regularmente. Eu os chamo de indicadores vitais de vendas.

E embora cada negócio seja diferente e exija métricas e KPIs de vendas ligeiramente diferentes, existem alguns que são comuns em todos os tipos de negócios e empresas.

1.1. Duração do ciclo de vendas

A duração do ciclo de vendas é a quantidade média de tempo entre o primeiro contato e o fechamento da venda. Esta é uma métrica importante para rastrear, pois pode dizer o quão eficiente é o seu processo de vendas, além de ajudá-lo a prever as vendas com mais precisão.

Por exemplo, se você sabe a duração média do ciclo de vendas, você pode estimar o número de oportunidades ganhas que você terá em um determinado período de tempo com base em quantos *leads* estão atualmente em seu *pipeline*.

1.2. Relação de atividades

Uma das melhores maneiras de impulsionar as vendas e otimizar seus esforços é medir o volume de atividades, o que significa acompanhar cada atividade de vendas e medir sua taxa de sucesso.

Por exemplo, você pode medir o volume de ligações, ligações com sucesso, ligações sem sucesso, ligações para *leads* e ligações para clientes.

Em outras palavras, é possível monitorar quantas chamadas telefônicas você faz, quantas resultaram na conexão com um *lead*, quantas conexões resultaram em um evento agendado (por exemplo, uma reunião) e quantos eventos resultaram em uma oportunidade qualificada para vendas.

1.3. Tempo médio de resposta do *lead* e tentativas médias de *follow-up*

Essas métricas de vendas ajudam os vendedores a acompanhar seus *leads* e a melhorar as taxas de conversão. O tempo médio de resposta do *lead* informa quanto tempo o vendedor leva para se conectar com um *lead*. Esta é uma métrica crucial de sucesso porque o tempo de resposta pode significar a diferença entre conversão e um *lead* perdido.

Um estudo de Harvard[1] aponta que as empresas que respondem *leads* dentro de uma hora da solicitação inicial têm sete vezes mais chances de ter sucesso na qualificação do *lead* do que aquelas que esperaram mais tempo para dar o retorno para o *lead*.

1. The Short Life of Online Sales Leads, https://hbr.org/2011/03/the-short-life-of-online-sales-leads

"A FALTA DE INFORMAÇÃO, OU ATÉ MESMO DADOS IMPRECISOS, PODEM FAZER COM QUE, NO GERAL, DECISÕES RUINS SEJAM TOMADAS."

Além disso, o número de tentativas de *follow-up* pode fazer uma venda acontecer ou não. No entanto, embora 50% das vendas ocorram após o quinto *follow-up*, 44% dos vendedores desistem logo após o primeiro *follow-up*.

Ao monitorar as métricas de acompanhamento e *follow-up*, tanto os gestores quanto os vendedores podem identificar as atividades mais eficazes e garantir que não se percam oportunidades de fechar novas vendas.

1.4. Taxa de retenção de clientes

Nas vendas, a taxa de retenção de cliente refere-se ao número de clientes recorrentes ao longo de um período específico de tempo. À medida que o custo de aquisição de clientes continua a subir, a taxa de retenção é uma estatística vital para qualquer negócio rentável.

Até agora, não é segredo que reter clientes é mais econômico do que buscar continuamente novas pistas. De acordo com uma pesquisa citada pela Harvard Business Review[1], um aumento de 5% nas taxas de retenção de clientes aumenta os lucros em 25-90%.

2. KPIS DE MARKETING

Criar uma poderosa estratégia de CRM e criar campanhas de marketing envolventes e eficazes são as chaves para impulsionar mais receita e crescimento geral dos negócios.

Mas com tantos KPIs de marketing que podem ser monitorados, como escolher em quais devemos nos concentrar? Muitos profissionais de marketing acabam se concentrando nos KPIs de marketing mais populares, como custo por *lead*, taxa de conversão e tráfego. Todos esses são KPIs importantes para monitorar, mas, para ter uma estratégia mais bem-sucedida, é necessário ir além.

Além disso, no contexto de CRM é fundamental eleger KPIs de marketing que tenham sinergia também com as áreas de vendas e atendimento.

2.1. LTV - *Lifetime Value*

Uma métrica que pode ajudar a determinar quanto dinheiro investir em marketing é o *Lifetime Value* de um cliente. Essa métrica indica a quantidade total de receita que uma empresa pode esperar fazer a partir de um único cliente.

Esta é uma métrica útil para comparar com CAC (custo de aquisição de cliente). Por exemplo, se o seu CAC é maior que o seu LTV, então você provavelmente está gastando muito mais dinheiro que o necessário para conquistar novos clientes.

Valor do *ticket* médio X Média do número de transações por cliente/ano X Média de anos de relacionamento = LTV

2.2. CAC - Custo de aquisição de clientes

O custo de aquisição de clientes (CAC) mede a quantidade de dinheiro necessária para converter um potencial *lead* em um cliente.

Essa métrica pode ser usada para melhorar seu marketing porque ajuda você a tomar decisões orçamentárias importantes.

Por exemplo, você não quer gastar muito dinheiro adquirindo um cliente se isso não resultar em lucro. Basicamente, isso ajuda as empresas a decidir quanto dinheiro gastar na atração de clientes.

Investimento ÷ Número de clientes = CAC

2.2. ROI - *Return on Investment*

Um dos componentes mais importantes de uma campanha de marketing é avaliar seu desempenho, impacto e lucro para que possa ser determinado se seus esforços de marketing estão realmente ajudando a empresa a melhorar seu resultado final.

Os *insights* adquiridos através do processo podem ser usados para impulsionar estratégias futuras e baseadas em dados para uma tomada de decisão mais inteligente.

O retorno do investimento em marketing refere-se à quantidade de dinheiro que sua empresa ganha em comparação com o investimento de marketing em uma campanha, por exemplo.

(Receita − Investimento) ÷ Investimento = ROI

2.4. CPL - Custo por *Lead*

Saber o que é o custo por *lead* (CPL) é fundamental para monitorar o desempenho das suas ações de marketing e, com isso, identificar aspectos que podem ser otimizados para entregar melhores resultados.

Imagine que você gastou R$ 1.000,00 do seu orçamento de marketing em uma campanha e que com esse investimento você conseguiu atrair a atenção de 100 pessoas (clientes em potencial), que mostraram-se interessadas no seu produto ou serviço.

O custo por *lead* (CPL) é, portanto, a divisão entre o valor gasto em sua campanha e o número de pessoas que mostraram-se interessadas no seu produto ou serviço. Neste caso hipotético, ele é R$ 10,00.

Custos ÷ Número de *Leads* gerados = CPL

3. KPIS DE ATENDIMENTO

> **"Leva-se anos para construir uma reputação, mas apenas momentos para arruiná-la."**
>
> Warren Buffett

O atendimento ao cliente é um pilar vital em CRM, pois ele pode impactar a forma como uma empresa é vista aos olhos do público. Assim, é crucial medir e monitorar também as métricas e KPIs de atendimento.

Métricas e KPIs de suporte ao cliente são valiosos, pois fornecem um olhar dos bastidores de como as empresas interagem com os clientes. Você pode pensar que o serviço que está sendo entregue é o melhor dos melhores, mas seus clientes podem perceber as coisas de forma diferente.

70% dos consumidores dizem que escolhem empresas que oferecem um ótimo atendimento ao cliente. Portanto, garantir um bom atendimento não é mais um diferencial, mas sim uma obrigação de qualquer empresa.

Quando você introduz métricas de atendimento ao cliente e indicadores-chave de desempenho (KPIs), você tem análises concretas de dados para tomar melhores decisões e melhorar as lacunas do atendimento ao cliente.

3.1. Taxa de *Churn* do cliente

Um dos exemplos de KPI de atendimento, especialmente importante para empresas com receita mensal recorrente. A taxa de *churn* do cliente expressa o número de clientes que pararam de usar ou comprar os produtos ou serviços da sua empresa em um prazo definido, fornece uma visão geral realista das estratégias de retenção de seus clientes e com que tipo de tendências você lida.

Evidentemente, o objetivo deve ser manter a taxa de *churn* o mais baixa possível. Quanto maior a taxa de *churn*, mais clientes e receita você perderá. Ele deve estar no topo de suas prioridades quando se trata de desenvolver estratégias de retenção.

Total clientes cancelados ÷ Clientes ativos = Taxa de *churn*

3.2. NPS - *Net Promoter Score*

A métrica de atendimento ao cliente NPS é amplamente utilizada como uma ferramenta para medir a lealdade do relacionamento com o cliente de uma empresa. Ela mede a experiência do seu cliente e assume o crescimento do seu negócio.

Com a ajuda da pontuação do NPS, você pode saber a probabilidade de seus clientes recomendarem você para seus amigos e parentes.

Você pode descobrir seu NPS com a ajuda da pergunta-chave, "Qual a probabilidade de você se referir à marca?", com um índice em uma escala de 1 a 10.

As respostas dos clientes podem ser divididas em três categorias:

- Promotores (9-10) – São seus clientes leais, que continuarão comprando de você e indicarão outros através do bom boca a boca;
- Neutros (7-8) – Os neutros são seus clientes satisfeitos, mas são vulneráveis a outras ofertas de concorrentes;
- Detratores (0-6) – São os clientes insatisfeitos, que impactam negativamente sua marca através do boca a boca negativo.

Como o NPS é calculado?

% Promotores – % Detratores = NPS

3.3. CSAT - *Customer Satisfaction Score*

O CSAT ou o *score* de satisfação do cliente, também conhecido como indicador de desempenho de chave do cliente (KPI), ajuda a avaliar a satisfação do serviço do cliente com seus negócios, produtos ou serviços. Medir a satisfação do atendimento ao cliente ajuda a obter *insights* sobre o que eles pensam sobre você.

Você pode pedir diretamente aos seus clientes que avaliem sua satisfação em diferentes canais de comunicação, como *chat* ao vivo, para coletar *feedback* do cliente em tempo real como forma de pesquisa. Sua pontuação é a média de todas as respostas dos clientes.

Você pode fazer perguntas CSAT como:

- Como você classificaria sua satisfação com nosso produto ou serviço? (As respostas podem ser muito satisfeitas, insatisfeitas ou um pouco satisfeitas);
- Ficou satisfeito com nosso produto ou serviço? (Sim/Não);
- Em uma escala de 1-10, quão satisfeito você está com a nossa empresa?

Sua escala CSAT pode incluir números regulares, estrelas, rostos sorridentes etc.

CONCLUSÃO

Para fazer uma estratégia de CRM funcionar em pleno potencial, é necessário, antes de tudo, definir objetivos específicos, mensuráveis, alcançáveis, relevantes e oportunos.

As métricas e KPIs ajudam a tornar os objetivos mensuráveis e, portanto, selecionar KPIs específicos de marketing, vendas e atendimento permite determinar se uma estratégia baseada em CRM está funcionando ao longo do tempo. Ou seja, por exemplo, se o objetivo é aumentar a retenção de clientes, não fará sentido focar no número de oportunidades de vendas abertas; por outro lado, se o objetivo é encurtar o ciclo de vendas, a taxa de crescimento da lista de discussão provavelmente não será tão essencial.

15

O *LOYALTY* COMO ESTRATÉGIA PARA CONSTRUIR A FIDELIZAÇÃO E O RELACIONAMENTO COM O CLIENTE

por Julio Quaglia

Foi em 2004, ao começar a preparar a minha primeira aula de CRM (*Customer Relationship Management*) para uma turma de alunos da pós-graduação, que comecei a questionar o caminho que o mercado estava escolhendo para essa disciplina. A fidelização de clientes estava sendo reduzida a uma série de ferramentas, tendo o seu potencial estratégico ignorado. Alguns anos depois, a experiência com dezenas de clientes e a evolução do comportamento do consumidor mostraram que meu questionamento tinha fundamento. O que neste capítulo chamarei *de Loyalty* é o todo, o pensamento estratégico amparado por ferramentas de fidelização (sejam *softwares*, sejam mecânicas), que podem ser alteradas de acordo com a necessidade, cultura e momento da companhia.

RESSIGNIFICANDO O *LOYALTY*

Quando uma pessoa participa de um programa de fidelidade, o que ela enxerga é apenas “a ponta do *iceberg*”. Muito distante do seu campo de visão estão as inúmeras possibilidades estratégicas e ferramentais disponíveis para dar suporte ao programa. E tudo bem, não é função do consumidor ter uma compreensão holística de como acontece uma estratégia de fidelização. No entanto, quando uma empresa começa a desenhar esse programa, sem antes considerar todos os atores envolvidos, sua cultura e seus aspectos estratégicos, ela está escolhendo enxergar as possibilidades do *Loyalty* apenas pela perspectiva do consumidor, e isso pode ser um problema.

A esta altura, já sabemos que o custo de aquisição de clientes pode ser, no mínimo, cinco vezes maior que o de retenção. Segundo a Harvard Business Review[1], a depender do segmento de atuação da empresa, esse número pode chegar até vinte e cinco vezes mais. E podemos ir além. Se observarmos o estudo de Frederick Reichheld[2] – o inventor do *Net Promoter Score* – que diz que aumentando a taxa de retenção em 5% aumentam-se, também, os lucros entre 25% e 95%, podemos tranquilamente concluir que reter clientes tem grande impacto no resultado das companhias.

Uma vez que atestamos que a taxa de retenção de clientes é uma métrica estratégica para qualquer empresa, fica difícil reduzir o *Loyalty* a apenas programas de fidelidade isolados. Nesse novo cenário, ele representa um modelo de estratégia de negócios, o guarda-chuva que abarca todas as ferramentas de engajamento e fidelização.

1. GALLO, Amy. The Value of Keeping the Right Customers. Disponível em https://hbr.org/2014/10/the--value-of-keeping-the-right-customers. Acesso em 10.03.22
2. REICHHELD, Frederick. Prescription for cutting costs. Massachusetts: Harvard Business Review, 2001.

A HORA CERTA PARA O NOVO *LOYALTY*

Em 2003, anos antes da Uber começar a reinventar e, posteriormente, popularizar o serviço de transporte urbano privado, a empresa norte-americana de *delivery* de alimentos, na época conhecida como Seamless Web, já pensava em expandir seu modelo de negócio. O novo serviço, apelidado de *Seamless Wheels*, seria uma espécie de intermédio entre os executivos e os carros de luxo que circulavam em Nova Iorque. A ideia não teve aceitação de investidores, entre outros problemas que surgiram na ocasião, (como relatado no livro "As Upstarts", de Brad Stone[3]), mas um impeditivo, em especial, chamou a atenção. Em uma época em que *smartphones* como conhecemos hoje ainda não existiam, o conceito, apesar de inovador, não contava com o suporte tecnológico necessário para ser colocado em prática. Era a ideia certa no tempo errado.

Algo semelhante aconteceu com o *Loyalty*. A fidelização tradicional (e que alguns autores chamam de *Loyalty* 1.0) caracteriza-se por ações puramente transacionais. Isto é, recompensas são oferecidas em troca de lealdade. A evolução natural do conceito ocorreu pela forma como as informações fornecidas pelos participantes dos programas de fidelidade passaram a ser utilizadas. O que Rajat Paharia chama de *Loyalty 3.0*[4] (em seu livro homônimo) já é o reconhecimento das possibilidades de uso do *Big Data* e da gamificação, amparados por um vasto entendimento de como acontecem as motivações humanas. O *Loyalty*, em constante evolução, já não se encontra mais neste estágio.

Nos últimos anos, não foram apenas a tecnologia e a capacidade analítica dos dados que evoluíram. O fator determinante que

3. STONE, Brad. As Upstarts. Rio de Janeiro: Editora Intrínseca, 2017.
4. PAHARIA, Rajat. Loyalty 3.0: How to Revolutionize Customer and Employee Engagement with Big Data and Gamification. Nova Iorque: McGraw Hill, 2013.

“SE A EMPRESA NÃO FIZER O QUE O CLIENTE QUER, ELA QUEBRARÁ. PORÉM, SE A EMPRESA FIZER TUDO DA MANEIRA QUE O CLIENTE QUER, ELA TAMBÉM QUEBRARÁ, E AINDA MAIS RÁPIDO.”

assegura que estamos no tempo certo para o novo *Loyalty* tem a ver com a evolução do comportamento do consumidor. Quanto mais ele conhece as mecânicas de fidelização oferecidas pelas empresas, quanto mais "empoderado" de direitos e de conhecimento do seu papel nesse ecossistema, maior é a sua expectativa por diferentes formas de ganho em troca da sua lealdade. O novo *Loyalty* é 100% estratégico para as empresas, mas também para o consumidor, que adquiriu habilidade na sua relação com os pontos entre os programas de fidelidade de que participa e que aprendeu a calcular a porcentagem de *cashback* antes de efetuar uma nova compra.

O CONSUMIDOR "EMPODERADO"

A implementação da Lei Geral de Proteção de Dados (LGPD), em 2020, e do sistema de *Open Banking*, em 2021, são apenas exemplos da ascensão dos direitos do consumidor. A evolução dos formatos de comunicação e o crescimento constante do uso das redes sociais também incorporaram camadas nesse potencial de influência. Um ponto importante que compõe esse novo paradigma da comunicação é a alteração da demarcação do que é totalmente público, o que pertence ao círculo social íntimo (família e amigos próximos) e o que é totalmente privado.

Para as companhias, o fato de usuários estarem compartilhando suas percepções e experiências por meio de *hashtags*, isto é, de forma totalmente pública, é uma oportunidade. Pessoas satisfeitas com produtos e serviços tendem a se tornar embaixadoras, microinfluenciadoras desenvolvidas organicamente e com capacidade de alcançar muitas outras. Claro, a recíproca é verdadeira. Uma experiência ruim também pode ter seu alcance potencializado. Ainda assim, há muito mais a ganhar do que a perder, pois os consumidores têm demonstrado grande necessidade de pertencimento, de conhecer pessoas que consomem os mesmos produtos, que pensam parecido. Assim, se bem planejadas, essas plataformas podem se transformar em comunidades, ambientes propícios para a construção de conexão emocional entre marcas e pessoas.

O FIM DAS BARREIRAS DE SAÍDA

Durante anos, as palavras "fidelização" ou "fidelidade" também foram utilizadas no mundo dos negócios em contextos negativos. Quem nunca fez a pergunta "Esse contrato tem fidelidade?". Essas cláusulas são o que podemos chamar de barreiras de saída, maneiras legais de impedir que os consumidores deixem de utilizar o serviço ou produto de uma empresa.

Fazendo um paralelo com o futebol, as barreiras de saída seriam os times que jogam com "o regulamento embaixo do braço", isto é, quando o grupo não tem qualquer intenção de apresentar um bom espetáculo para o público (proporcionar uma boa experiência) e está confortável em terminar o jogo em zero a zero, desde que se classifique para a próxima fase do torneio em questão. Assim como as barreiras de saída nos negócios, "jogar com o regulamento embaixo do braço" não é uma contravenção, mas não agrada o consumidor "empoderado".

A viabilidade financeira também é um importante ponto de atenção do *Loyalty* e até pode se caracterizar como uma barreira de saída. Ações de retenção puramente transacionais facilitam – e até estimulam – que clientes façam a conta de quanto vale a sua lealdade, o que aqui significa calcular quem está oferecendo mais pontos, mais descontos, mais *cashback*. E quanto mais conhecimento o consumidor tem sobre o assunto, mais custosa fica a sua retenção ou recuperação, criando um círculo vicioso que impacta diretamente nos resultados da estratégia. Uma forma de diminuir o custo de retenção é investir em ferramentas que estimulem o senso de exclusividade. Mesclar ações transacionais com ferramentas relacionais é o caminho para alcançar o equilíbrio da balança econômica da fidelização.

Com o surgimento de novos modelos de negócio mais focados nas necessidades do usuário, algumas fontes de receita e barreiras de saída, aos poucos, estão se dissipando. Taxas de anuidade e multa por cancelamento são cada vez menos comuns. O consumidor "empoderado" quer ser conquistado pela relevância. A personalização, a experiência de excelência e a integração entre produtos e serviços são exemplos de barreiras de saída naturais. Por exemplo, quando marcas criam produtos que se complementam e que oferecem ótimas experiências de uso, pensamos muito antes de trocar para um concorrente, mesmo que mais barato. Isso porque essas ações integradas economizam uma das nossas principais *commodities*, o tempo.

"Economia da atenção" é um termo criado pelo psicólogo e economista ganhador do prêmio Nobel, o norte-americano Herbert A. Simon[5], nos anos 1970. Para o economista e especialista em comportamento humano, o excesso de informações pode causar ruídos na compreensão. Hoje, com a abundância de telas e notificações, já vivemos uma era em que os bens mais escassos são o

5. SIMON, Herbert. Do we understand human behavior? Nobel Perspectives. Disponível em: https://www.ubs.com/microsites/nobel-perspectives/en/laureates/herbert-simon.html. Acesso em 13 de março de 2022.

tempo e a atenção das pessoas. Sendo assim, atrair e reter clientes usando critérios nativos de um leilão, como acontece na "guerra" dos cupons de descontos dos grandes *e-commerces*, por exemplo, não parece ser uma boa estratégia. Mais uma vez, o caminho aponta para o equilíbrio. Consumidores estão dispostos a despender tempo em notificações; contudo, elas precisam ser, de fato, relevantes.

CONSUMIDORES EXIGEM RELEVÂNCIA NAS OFERTAS DAS COMPANHIAS

- **97%** Das empresas indicam que ofertas personalizadas são importantes para suas marcas;
- **33%** É o número de consumidores que afirmaram receber ofertas relevantes;
- **31%** Aproveitariam a oferta/promoção se ela tivesse valor;
- **18%** Aproveitariam a oferta se ela atendesse às suas necessidades.

Fonte: Forrester / Formation, State Of Offer Relevancy, 2021.

O CONSUMIDOR "EMPODERADO" É MAIS EXIGENTE NO QUE DIZ RESPEITO À EXPERIÊNCIA

Segundo o relatório *Salesforce Connected Customer*[6], 79% dos consumidores acreditam que a experiência é tão importante quanto produtos e serviços. Outro estudo, este da PwC[7], realizado com 15 mil pessoas de 12 países, incluindo o Brasil, mostrou que, na América Latina, 49% das pessoas abandonariam uma marca de preferência se essa oferecesse uma experiência ruim. Já a recente pesquisa da Opinion Box[8] apenas com brasileiros, mostrou que 76% deles já deixaram de fazer uma compra por causa de uma experiência negativa.

6. Salesforce Connected Customer. Disponível em: https://www.salesforce.com/br/resources/research-reports/state-of-the-connected-customer/. Acesso em 13 de março de 2022.
7. PWC, Experience is everything: Here's how to get it right. Disponível em: https://www.pwc.com/us/en/services/consulting/library/consumer-intelligence-series/future-of-customer-experience.html Acesso em 13 de março de 2022.
8. Opinion Box. Experiência na contratação de serviços. Disponível em: https://materiais.opinionbox.com/ebook-experiencia-com-servicos. Acesso em 13 de março de 2022.

"SUA PRINCIPAL MEMÓRIA RELACIONADA À UMA MARCA É UMA EXPERIÊNCIA, NÃO UMA TRANSAÇÃO."

O *LOYALTY* COMO ESTRATÉGIA DE NEGÓCIOS

Públicos exigentes e tecnologia à disposição. Dentro deste novo contexto, o *Loyalty* como estratégia de negócios surge para solucionar necessidades de engajamento e relacionamento complexas, com objetivo de integrar pessoas e culturas, identificar as ferramentas corretas e estar em constante adaptação, a fim de acompanhar as necessidades do consumidor, as evoluções tecnológicas, ferramentais, de comunicação e interação.

OS TRÊS FUNDAMENTOS DO *LOYALTY* COMO ESTRATÉGIA DE NEGÓCIOS

FUNDAMENTO 1: A necessidade de integração entre áreas estratégicas da empresa

A pandemia do novo coronavírus fez crescer o número de pessoas que afirmaram estar mais atentas aos fatores que realmente importam em suas vidas, como família e amigos. Uma pesquisa[9] realizada com mais de 25 mil pessoas, em 22 países, apontou que 71% dos respondentes brasileiros disseram agora se encontrar na categoria de "consumidores reimaginados". Isso significa que esse público tem sentido algum tipo de evolução em seus valores e propósitos e tem expectativas que marcas estejam atentas a essas mudanças de comportamento.

"O que o consumidor quer é que possamos fazer com que ele se sinta bem(...). Não se trata apenas de dar-lhes um ótimo voo no horário certo. É sobre como eles se sentem. Eu acredito que, cada vez mais, como CEO, o meu trabalho é mudar a forma como as pessoas se sentem."

Scott Kirby, CEO, United Airlines (em tradução livre)

O exemplo acima demonstra o quão complexo pode ser entender as necessidades dos clientes. Não se trata mais apenas de preço e qualidade do produto, é preciso compreender como eles se sentem e agir diante disso. Como consequência, conquistar a lealdade e formar embaixadores da marca torna-se um processo muito mais intrincado, que envolve todas as fases de relacionamento com o consumidor e, por isso, não pode ser responsabilidade apenas de uma área específica.

9. Life Reimagined: Mapping the motivations that matter for today 's consumers. Disponível em: https://www.accenture.com/us-en/insights/strategy/reimagined-consumer-expectations. Acesso em 13 de março de 2022.

BARREIRAS COMUNS AO LANÇAR UMA ESTRATÉGIA DE FIDELIZAÇÃO (SEGUNDO PROFISSIONAIS DE MARKETING E *LOYALTY*)

- **37%** Prioridades competitivas (dentro da empresa);
- **24%** Falta de recursos internos para criar e administrar;
- **19%** Falta de suporte de TI;
- **14%** Falta de orçamento;
- **6%** Falta de liderança que "compre" a ideia.

Fonte: ***Clarus Commerce, Loyalty Industry Data Study***, 2021.

Segundo o estudo da Forrester[10], 92% dos profissionais afirmam que suas marcas oferecem relevância para os consumidores. No entanto, em média, apenas 33% dos clientes dizem estar recebendo ofertas pertinentes. Um sintoma comum de estratégias pouco relevantes é quando só se planeja resultados de curto prazo, como desovar estoque ou aumentar a base para o lançamento de um produto. Este também é um indício de falta de integração. Áreas estratégicas comumente competem por prioridade de investimento dentro da empresa e, como consequência, concentram suas atenções em objetivos específicos de suas áreas. Quando *C-levels* estão profundamente envolvidos, mesmo que o *Loyalty* esteja sob responsabilidade de uma área específica, permite-se que se tenha a visão do todo para traçar uma estratégia de longo prazo.

10. Forrester/Formation.State of offer relevancy. Disponível em: https://formation.ai/offer-relevancy-will-save-the-b2c-marketing-funnel/. Acesso em 13 de março de 2022.

FUNDAMENTO 2: Uso adequado das ferramentas de fidelização

Quando falamos em ferramentas de fidelização[11] é comum logo as associarmos a tecnologias. Contudo, neste contexto, o que consideramos ferramentas são as alavancas ou motores de incentivo, que aqui significam todas as formas de atrair e engajar públicos, como ações com descontos, programas de pontos, *cashback* etc. Essas ferramentas podem ser categorizadas de acordo com os seus propósitos e precisam ser aplicadas de forma combinada em favor de uma estratégia de engajamento efetiva.

Ferramentas que estimulam o acúmulo em prol de um objetivo. São exemplos: os pontos, as milhas e os selos (itens colecionáveis).

Um estudo realizado pela Incentive Research Foundation[12] com mil colaboradores na América do Norte e Europa comparou os resultados de estratégias de engajamento. O relatório mostrou que programas baseados em pontos alcançaram maior motivação intrínseca (relacionada a interesses pessoais e que independem de recompensas); maior identificação com a companhia; maior nível de engajamento e maior satisfação com o reconhecimento e recompensas que lhes eram oferecidos.

O resultado da pesquisa é facilmente explicado pela economia comportamental que mostra que existe uma espécie de "maximização do meio". Isso significa que muitas vezes as pessoas tendem a se concentrar mais em como elas vão alcançar uma recompensa do que no benefício em si. É como se a recompensa fosse dividida em dezenas ou centenas de microrrecompensas, trazendo causa para

11. Tudo Sobre Incentivos. Disponível em: https://materiais.tudosobreincentivos.com.br/guia-ferramentas-de-fidelizacao-e-engajamento-edicao-1. Acesso em 13 de março de 2022.
12. Incentive Research Foundation.The psychology of points rewards programs. Disponível em: https://theirf.org/research/academic-research-in-action-the-psychology-of-points-reward-programs/3232/. Acesso em: 13 de março de 2022.

celebração em cada ponto conquistado. Outro estudo[13], esse realizado com consumidores brasileiros, apontou que "somar pontos" está entre as dez características que mais causam sensações positivas em um programa de fidelidade, com 36,6% da preferência.

Recorrência é a palavra-chave para que esse modelo de incentivo obtenha sucesso. É importante que, nesses casos, o relacionamento entre marca e público seja construído pouco a pouco, incentivando a repetição de comportamentos transacionais e relacionais. Outra questão importante para esse tipo de estratégia é que é essencial que exista um equilíbrio entre a quantidade necessária de pontos para uma troca e o tempo gasto para alcançá-la. Segundo a pesquisa da Associação Brasileira das Empresas do Mercado de Fidelização (**ABEMF**[14]), 40% dos usuários frequentes de programas afirmaram que é 'difícil' – e outros 15% consideraram 'muito difícil' – conseguir pontos suficientes para resgatar uma boa recompensa.

Um jeito interessante de uma empresa se destacar na imensa quantidade de programas de pontos que estão disponíveis no mercado é garantir que todo – ou quase todo – comportamento seja pontuado. Usando o exemplo de uma loja de roupas, os consumidores não precisariam ganhar pontos apenas pela transação "comprar um produto". Eles também podem ser recompensados com pontos quando assinam a *newsletter* da empresa, quando postam fotos em redes sociais com roupas da marca, respondem pesquisas, deixam comentários e avaliações nos sites, enfim, todo o ecossistema da companhia pode estar envolvido na estratégia de *Loyalty*.

13. Tudo Sobre Incentivos. Panorama da participação em programas de fidelidade no Brasil. Disponível em: https://materiais.tudosobreincentivos.com.br/pesquisa-programas-de-fidelidade-2019. Acesso em: 13 de março de 2022.
14. Pesquisa ABEMF - Locomotiva, 2020. Disponível em: https://tudosobreincentivos.com.br/pesquisa-sobre-programas-de-fidelidade/ Acesso em: 13 de março de 2022.

Ferramentas que aumentam as possibilidades de acúmulos de pontos

Programas de coalizão

Muito conhecidos no mercado, em especial pela popularização dos programas de fidelidade das companhias aéreas, os programas de coalizão podem acontecer de duas formas. Aqui, apenas uma delas será considerada uma ferramenta de fidelização.

Companhias se utilizam de um programa de coalizão, ou seja, criam uma estratégia de *Loyalty* em parceria com outras empresas, para aumentar as possibilidades de seus participantes acumularem pontos. O intuito é beneficiar o usuário, pois com um maior leque de opções sua recorrência de compras crescerá e, como consequência, alcançará mais pontos. Essa lógica é eficaz como ferramenta de fidelização quando as empresas que fazem parte do grupo oferecem produtos complementares, criando assim um ecossistema de benefícios para o consumidor. Neste formato, ganha o consumidor com mais possibilidades de pontuar e ganham as empresas que fazem parte do grupo de coalizão, porque criam uma espécie de rede de proteção, uma barreira de saída orgânica. A coalizão, de certo modo, também funciona como um incentivo à aversão à perda. Se o consumidor deixar de comprar em uma empresa do grupo, ele não vai pontuar, criando a sensação de que ele terá prejuízo.

Além da coalizão como ferramenta de fidelização, também existe a coalizão como modelo de negócios. Esse formato acontece quando uma grande empresa é detentora de um programa de pontos. Também há parcerias com várias outras companhias, ampliando as possibilidades para o consumidor pontuar. A diferença é que pelo extenso número de associados envolvidos neste modelo e por toda a identidade do programa pertencer a apenas uma empresa, não é possível afirmar que esse tipo de programa de coalizão proporcione fidelização do cliente para todas as empresas participantes. Neste caso, a fidelização costuma se reservar apenas à empresa detentora da coalizão.

Ferramentas que estimulam o imediatismo. São exemplos o *cashback* (porcentagem do dinheiro de volta), o desconto, *bounceback* (descontos que podem ser aplicados em uma próxima compra) e os *games* com brindes instantâneos.

O encantamento das pessoas pelo imediatismo nem é tão recente. Um estudo do Medill Spiegel Research Center[15], de 2003, já observava os benefícios das recompensas instantâneas tanto para acelerar o retorno do investimento quanto para motivar consumidores com baixo *ticket* médio. Os pesquisadores analisaram dados do

15. Medill Spiegel Research Center. Disponível em: https://spiegel.medill.northwestern.edu/loyalty-programs/ Acesso em: 13 de março de 2022.

programa de recompensas *Air Miles*, do Canadá, e entenderam que os participantes que tinham preferência por recompensas instantâneas em dinheiro tiveram um aumento de gasto considerável nos parceiros do programa. Outra explicação pode vir da economia comportamental, de um princípio chamado "desconto hiperbólico[16]". Quando há duas recompensas similares, o nosso cérebro tende a preferir a que chega primeiro, diminuindo a percepção de benefício da recompensa que chegaria depois.

Mas se o imediatismo é tão relevante para os consumidores, então por que não utilizar apenas as recompensas instantâneas nas estratégias de *Loyalty*? O próprio estudo citado traz indícios importantes sobre esse ponto. O relatório mostrou que após duas semanas de ações de relacionamento baseadas nesse modelo de benefício, o engajamento começou a diminuir, o que pode refletir a necessidade de ferramentas complementares para alcançar o engajamento contínuo desses públicos.

16. BI Worldwide.Why a timely thank you is the currency of smart business. Disponível em: https://www.biworldwide.com/research-materials/blog/recognize-now-why-a-timely-thank-you-is-the-currency-of-smart-business/ Acesso em: 13 de março de 2022.

Outro ponto de atenção é a viabilidade financeira. Descontos e *cashback* muitas vezes significam renúncia de receita, além de que estratégias que estimulam o imediatismo frequentemente incentivam apenas comportamentos transacionais, ou seja, exigem constante investimento financeiro da empresa para garantir a retenção de públicos.

Ferramentas que promovem o reconhecimento e o senso de exclusividade

O reconhecimento é um grande estimulador de relações e de comportamentos. Diferente do que acontece com as recompensas, ele não pode ser trocado ou transferido para outra pessoa. São exemplos: os distintivos, os *rankings* e os elogios públicos.

O indivíduo precisa ser reconhecido pelos seus pares. Um elogio oferecido em ambiente privado é apenas um *feedback* positivo. Já um elogio realizado em ambiente público é uma forma de reconhecimento e com potencial multiplicador. Bons comportamentos, quando reconhecidos publicamente, tendem a ser replicados por outras pessoas. Isso pode acontecer tanto em situações corporativas, quando um gestor elogia um funcionário na frente de seus colegas, por exemplo, ou até em uma escala social.

Na pandemia do novo coronavírus, logo que as vacinas foram disponibilizadas para a população geral, pudemos observar milhares de pessoas compartilhando fotos com seus cartões de vacina devidamente preenchidos. Dividir esse comportamento positivo foi a forma que as pessoas naturalmente encontraram de incentivar que outras também se vacinassem – pelo bem coletivo – e também de serem reconhecidas pela ação.

Também fazem parte dessa categoria as ferramentas que promovem senso de exclusividade, como os clubes de vantagens, os programas *premium* e os programas com camadas (*tiers*). Essas ferramentas criam abertura para que sejam oferecidas vantagens personalizadas para perfis de públicos, com possibilidade de desenvolver um senso de comunidade com a criação de um universo exclusivo da marca.

Um estudo[17] realizado com profissionais de Marketing e *Loyalty* norte-americanos apontou que 51% deles consideram que os usuários de programas de fidelidade *premium* são quatro vezes mais valiosos do que os de programas tradicionais. Isso porque 94% dos participantes desses programas compram em suas marcas de varejo favoritas ao menos uma vez ao mês. Esse tipo de ferramenta de fidelização é uma forma de conseguir incluir vantagens especiais para perfis de clientes com alto grau de engajamento e que indicam preferir tratamento exclusivo, mesmo que para isso precisem pagar mais caro.

17. Fonte: Clarus Commerce. Disponível em: https://info.faruscommerce.com/WC-2021-FQ4-Adding-a-Premium-Tier-eBook_LP.html. Acesso em: 13 de março de 2022.

Também são bons exemplos as comunidades exclusivas de marcas, as redes sociais e os fóruns de ideias. Todas essas ferramentas, se aplicadas dentro de uma estratégia de *Loyalty, podem* ser utilizadas como complementos das mecânicas transacionais. São incentivos puramente relacionais e que promovem pertencimento e reconhecimento entre os pares.

FUNDAMENTO 3: Constante incentivo à inovação e atualização

Um estudo[18] mostrou que 44% dos profissionais norte-americanos que têm suas estratégias gerenciadas por um fornecedor, como uma agência ou uma empresa de consultoria, afirmaram que seus clientes compram seus produtos uma vez a cada poucos dias. Esse número cai para 30% se a mesma pergunta for feita para os profissionais que gerenciam suas estratégias *in house* (apenas com recursos internos). Analisando esses dados, podemos questionar: por que os fornecedores de *Loyalty* obtiveram melhores números?

Há importantes indícios de que a rápida capacidade de adaptação, de alternar ferramentas de fidelização e de se adequar às novas realidades sociais e econômicas sejam responsáveis pelo melhor desempenho de estratégias de *Loyalty.* O mesmo relatório apontou que 27% das empresas que têm auxílio de um fornecedor fizeram melhorias em seus programas ao menos uma vez nos últimos trinta dias, enquanto apenas 8% das que operam suas estratégias em casa tinham conseguido fazer modificações relevantes em curto prazo.

As alterações econômicas e comportamentais que aconteceram nos últimos dois anos em função da pandemia do novo coronavírus e da consequente aceleração da digitalização também são indicativos

18. Loyalty Industry Data Study. Disponível em: https://info.claruscommerce.com/WC-2021-FYQ2-B2B-DataStudy_LP-2021-B2B-DataStudy.html. Acesso em 13 de março de 2022.

de que é muito improvável que um programa de fidelidade "engessado" consiga obter bons resultados. Por esse motivo, o investimento constante em inovação torna-se fundamental. Gerenciando a estratégia em casa ou com auxílio de um fornecedor, empresas precisam conhecer seus públicos profundamente, por meio de estudos, pesquisas e análises de bases de dados. Constantes "correções de rota" também precisam fazer parte do planejamento estratégico de *Loyalty*. Esse aspecto pode ser tão relevante quanto as próprias ferramentas de fidelização.

16

UX WRITING: A PALAVRA COMO FERRAMENTA DE DESIGN DE EXPERIÊNCIA DO CLIENTE

por Andrea Calvino

Empresas e instituições sabem que a satisfação do cliente é elemento-chave para o sucesso de seus produtos e serviços. Mas será que estamos usando todos os recursos disponíveis para tratar a experiência como um fator decisivo? Descubra o que o *UX Writing* pode fazer pelo seu produto/serviço.

Profissionais da escrita, apresentadores, professores e até algumas religiões reconhecem o poder da palavra. Na criação e manutenção dos produtos e serviços digitais, existe uma técnica de escrita chamada *UX Writing*, que tem em sua essência a propiciação da boa experiência para a pessoa usuária[1]. Ou seja, um fator importante para

1. Pessoa usuária é o termo usado em *UX Design* para se referir a todas as pessoas que interagem com produtos e serviços digitais e físicos, sejam clientes ou não.

criar uma boa experiência é que todos os textos, nomes e mensagens estejam bem escritos. Para começar a desvendar uma interface, as palavras nela aplicadas têm de estar perfeitamente adequadas ao contexto, à voz e ao tom, à necessidade de cada trecho da jornada, de cenários e casos de uso, entre outras variáveis.

O *UX Writing* também é o jeito mais eficaz de melhorar a experiência[2], pois tratar os textos e palavras de uma interface, do ponto de vista operacional, usualmente é mais rápido do que refazer componentes gráficos.

UX Writing ajuda a criar uma experiência:

- Útil;
- Fácil;
- Envolvente.

UX Writing é uma especialização do *UX Design* e deve trazer em si todos os processos de descoberta e documentação já usualmente utilizados por *UX Designers*. Ou seja, trata-se de uma área que vai bem aquém e além dos textos e palavras. Envolve pesquisa, documentação e *UX Methods*. Por exemplo, existem pesquisas feitas com a pessoa usuária que são específicas de *UX Writing* e entregas específicas também, como glossário da pessoa usuária, emojeria e Voz e Tom. Então, sem um bom *UX Writing*, a experiência fica muito comprometida.

Para quem está chegando, pode parecer uma sopa de letrinhas, mas atualmente, a experiência da pessoa usuária é o tema central

2. É uma conclusão baseada na minha experiência e também na visão de Torrey Podmajersky, em seu livro "Redação Estratégica Para UX: Aumente Engajamento, Conversão e Retenção com Cada Palavra".

da entrega de milhares de profissionais especializados ao redor do mundo, tanto no *Customer Experience* como no *User Experience* (UX). Não se trata de uma tendência que pode acabar a qualquer momento. São áreas que, junto de Inteligência Artificial - AI, Ciência de Dados e outras tantas áreas da ciência, têm previsão de crescimento. Segundo o Forbes Technology Council[3] , a boa experiência da pessoa usuária passa por iniciativas que vão desde o autosserviço (lembra do Nubank?), passando por experiências sensoriais, *Back Office*, interface de voz, entre outras.

É verdade que as pessoas não leem, elas escaneiam a interface com os olhos (exemplos mais adiante) e só leem quando encontram o que querem ou quando não sabem exatamente o que fazer. Como quando um erro é cometido e recorremos às mensagens do sistema para entender o que devemos fazer diferente para acertar. Por exemplo, senha segura: quando precisamos usar letras maiúsculas, minúsculas, caracteres especiais (@#$%). Este é um caso clássico para incluirmos instruções junto ao campo Senha (porque ninguém quer ficar na tentativa e erro até acertar). Em momentos muito decisivos, usualmente é a escrita que destrava valor, que "salva" a experiência.

É preciso mergulhar neste universo das palavras para poder criar os componentes textuais ou acompanhar o que está sendo criado com senso crítico e analítico, bem como descobrir todo o léxico (acervo de palavras) que está relacionado a um produto ou serviço, de forma que a entrega de *UX Writing* também seja *data driven*. Tudo isso, conjuntamente, proporciona a boa comunicação quando se trata de produtos e serviços digitais.

3 Tech Leaders Predict 15 Ways UX Design Will Soon Change. https://www.forbes.com/sites/forbestechcouncil/2021/03/09/tech-leaders-predict-15-ways-ux-design-will-soon-change/?sh=70bcb2a24337

É SÓ UM TEXTINHO?

Não. Aliás, este é o pior jeito de fazer um pedido para *UX Writers*... "É só um textinho, é rápido." Quase nunca é. Apesar das entregas textuais parecerem fáceis, porque todos que fazem parte de um projeto são capazes de escrever textos, *UX Writing* é uma entrega sofisticada, como tudo o que compõe o design de experiência. É difícil de fazer, mas uma vez pronto, a mágica acontece: o resultado é fácil de entender. Compreenda que a palavra mágica está sendo usada aqui como sinônimo de técnica+conhecimento+esforço = bom resultado. Se partirmos da premissa de que é só um textinho, o resultado final e a experiência como um todo com certeza são prejudicados.

Muitos fatores são levados em conta, como quantos caracteres aquela interface suporta, quem é a *user persona*, qual é o *timing* certo para falar com o cliente...

Faça um teste: tente escrever um e-mail de boas-vindas. Do que estamos falando? Com quem? Qual é o objetivo? Qual é a anatomia deste e-mail?

É importante ter a visão do todo (exemplo: ver o seu mercado, seus concorrentes, o cenário atual onde a operação acontece) e ter o que chamamos de *granular thinking*, que resumidamente é pensar em cada detalhe. E mais importante: saber quem é e quais são as necessidades da pessoa usuária.

RÉGUAS DE RELACIONAMENTO (CRM)

Agora que você escreveu um e-mail, pense nesta régua de relacionamento que contempla este e-mail de boas-vindas. Vamos imaginar que sua empresa venda passagens aéreas e um cliente acabou de comprar passagens para Madrid daqui a 6 meses. Esta régua deve

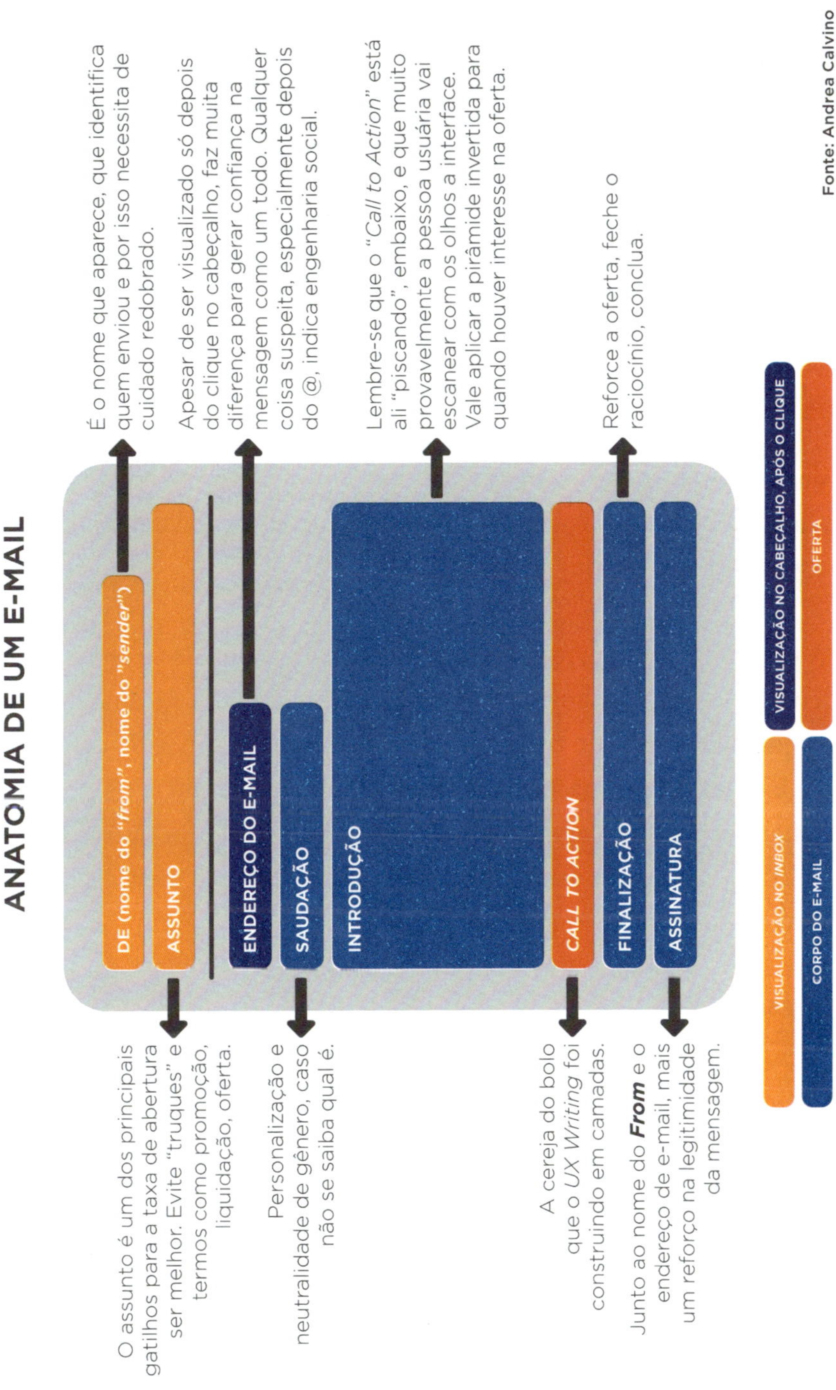

Fonte: Andrea Calvino

conter não só as boas-vindas, mas a confirmação da compra, a nota fiscal da compra, o dia, a hora e o local de embarque também num modelo *countdown* (conforme a data se aproxima). Isso é o mínimo. Será que um e-mail por semana com dicas sobre o lugar, dicas de embarque, um vocabulário básico madrilenho para pedir uma refeição e curiosidades sobre o local da viagem transformariam para melhor essa experiência de compra? Desde que não sejam disparos excessivos, mas sim estratégicos, basicamente é possível ampliar e otimizar a experiência desta viagem com *UX Writing*. Um pouquinho de Madrid em cada e-mail. A viagem começa muito antes da data de embarque! De quebra, sua empresa ganha *awareness* e *stickness* da marca. Ajudar a construir relações positivas tem muito a ver com *UX Writing*.

A pessoa *UX Writer*, profissional que trabalha com essa técnica, usa a palavra como ferramenta de design de experiência. Mesmo frases pequenas, nomes de botões, respostas de *bots*, nomes de campos podem ter alto impacto (bom ou ruim) na experiência da pessoa usuária, especialmente quando a interação tem algum tipo de dificuldade, como, por exemplo, quando apresentamos mensagens de erro que ajudam a contornar e resolver o problema num trecho da jornada que envolve formulário. Ou quando enviamos mensagens via *bot*, avisando o atraso na entrega de um produto. Nessa hora, um componente desalinhado ou fora do *grid* tem menos impacto negativo do que uma frase mal escrita. Percebeu a importância estratégica do *UX Writing*?

Então, todos os processos comunicacionais, como uma régua de relacionamento pós-venda por e-mail, podem ser incrementados e ajudarem a compor a experiência UAU. A viagem, que tem data para acontecer em 6 meses, começa a acontecer dentro do *inbox* do cliente. Como dissemos no começo: as palavras têm poder.

DEFINIÇÕES DE *UX WRITING* PARA ENTENDER DO QUE SE TRATA E APLICAR EM PROJETOS DIGITAIS

UX Writing é a escrita que gera fácil cognição, que guia, educa, explica, que é integrada com a interface e que proporciona a boa experiência.

Vamos pontuar para entender melhor:

- Trata-se de uma técnica de escrita que tem por objetivo principal proporcionar uma boa experiência para a pessoa usuária;
- É escolher com muito cuidado cada uma das palavras, como elas interagem com os outros elementos de uma interface e adaptá-las ao meio/mídia onde elas estão;
- É uma escrita que destrava valor, que facilita a compreensão e requer pouco esforço cognitivo da pessoa usuária, ou seja, cada palavra facilita o entendimento;
- Faz-se necessário levar em conta todas as palavras que estão numa interface: as microcópias, microinterações, os nomes dos botões, dos menus, as mensagens de erro, de sucesso, de alerta, os textos *alt*, as dicas, os itens de um menu, os CTAs (*calls to action*);
- Envolve diagramação e organização das palavras e textos que aparecem numa determinada interface, de forma que tudo esteja integrado, com caracteres máximos e mínimos identificados;
- Inclui pesquisar e usar palavras que já existem no Glossário (palavras que clientes usam) ou o Vocabulário Controlado (palavras que usamos internamente; usualmente, nomes técnicos);
- É o texto que é útil e bom para a pessoa usuária, não para você e nem para ninguém da sua equipe. A pessoa usuária é o centro; o texto é o fruto de pesquisa e de testes com estas pessoas;

- É o mapeamento de todas as comunicações com a pessoa usuária, incluindo todas as réguas de comunicação e mensageria (e-mail, *SMS*, WhatsApp, Messenger etc);
- Implica em levar em conta o tamanho das fontes em *modular scale*. Para interfaces gráficas[4], é levar em conta não só o tamanho, mas também cor, contraste com o fundo, alinhamento, repetição de padrões e de palavras, proximidade com outros componentes (exemplo: legenda perto da imagem, mensagem de erro perto do campo preenchido erroneamente), respiro (espaço em branco), textura e estilo da fonte, bem como hierarquização dos textos (exemplo: título, subtítulo, chamada, destaque etc);

- Usa recursos visuais (citados no item anterior) no texto para facilitar o entendimento, levando em conta que as pessoas muitas vezes não leem, inicialmente apenas escaneiam com os olhos num determinado padrão (o caminho que os olhos percorrem apenas buscando uma informação, que chamo de arquitetura do olhar) e quando encontram o que de fato estão procurando, aí sim, leem. Os padrões mais usuais de escaneamento são em F e em Z.

4. Graphical User interface, GUI, que são consumidas com os olhos, a pessoa vê. VUI, sigla em inglês para Voice User Interface, são interfaces de voz, consumidas por meio da audição (a pessoa escuta).

“*UX WRITING* É A ESCRITA QUE GERA FÁCIL COGNIÇÃO, QUE GUIA, EDUCA, EXPLICA, QUE É INTEGRADA COM A INTERFACE E QUE PROPORCIONA A BOA EXPERIÊNCIA.”

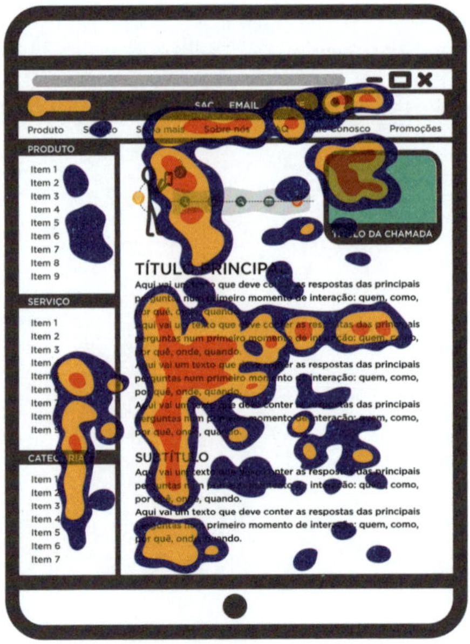

Fonte: https://uxdesign.cc/ux-typography-tips-90313bd19ba2

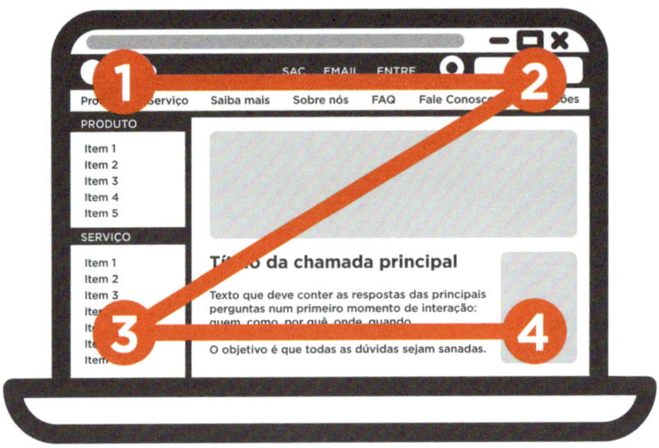

Fonte: https://aelaschool.com/designvisual/hierarquia-visual-
-em-ui-como-destacar-o-que-precisa-ser-destacado/

Os 5 Cs do *UX Writing*

Existem algumas diretivas conceituais que podem ajudar a garantir a qualidade da entrega de todas as palavras e textos de um produto ou serviço. Assim como o UI (os componentes gráficos da interface no produto final) deve ser *pixel perfect*, o *UX Writing* também aparece para todas as pessoas e deve ser esmerado e profissional. *Word perfect*.

Os 5 Cs do *UX Writing* é um jeito resumido de ver as principais diretivas das entregas textuais e garantir que o texto não tem ruídos e vai direto ao ponto.

É um processo feito em camadas que permeia a comunicação textual proposta.

Fonte: https://contentwriterireland.ie/blogs/news/the-ultimate-guide-to-ux-writing-tips-for-hiring-a-ux-writer/

Claro

Uma escrita didática, que vai direto ao ponto, que exige pouco esforço da pessoa usuária. Uma escrita profissional que atende ao 5W2H[5] logo no início e traz às pessoas a informação de que elas precisam.

Fonte: Google

Num primeiro momento, é muito esforço cognitivo pedir à pessoa que ela reserve uma acomodação, pois ela está apenas olhando, não quer tanto comprometimento nesta etapa. Mudar a abordagem melhorou o resultado.

5. 5W2H é a sigla em inglês que tanto pode ser uma ferramenta (de gerência de projeto) como a resposta das perguntas mais comuns que uma pessoa faria. É a base da informação, também chamada de lide no jornalismo, e inclui as respostas das seguintes questões: o que (What), por quê (Why), quem (Who), quando (When), onde (Where), como (How) e quanto (How much/How many).

Conciso

Quanto menor, melhor! Desde que não gere mais esforço cognitivo para a pessoa usuária. Já sabemos que ela escaneia a tela antes de ler e que só lê o necessário. Então, evite palavras desnecessárias.

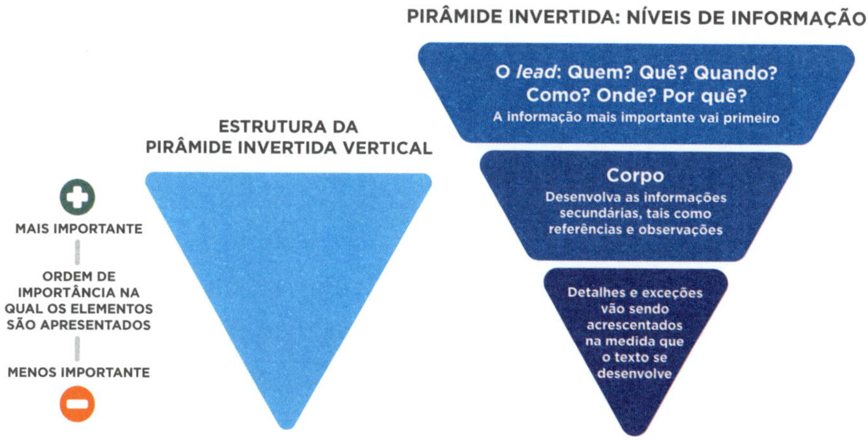

Fonte: https://www.theplayoffs.com.br/manual-de-redacao-piramide-invertida/

Construtivo

Ter conhecimento e clareza sobre qual é o objetivo daquele texto, daquela palavra, naquele trecho da jornada colabora para criar sentenças e componentes de texto mais construtivos, que vão direto ao ponto.

Consistente

Manter uma mesma voz e variar o tom de acordo com essa voz traz confiança e credibilidade para o texto. Aplicar essa mesma consistência na narrativa e na mensageria, de acordo com o contexto e a mídia, ajuda a entender melhor, pois percebe-se um padrão. Padrões são facilitadores da cognição e também são percebidos como valor pela pessoa usuária, mesmo que não de forma consciente[6].

6. Pesquise sobre Gestalt e a aplicação das leis gestálticas em UI (user interface). O processo cognitivo humano de interfaces visuais está bem mapeado já faz algum tempo, historicamente falando.

Conversacional

As pessoas entendem o mundo por meio de conversas, num modo narrativo. Toda interface conta uma história, ordenada, com sentido. Quanto mais o que está escrito se parece com uma conversa, mais fácil fica de entender, mais a pessoa gera espelhamento e se identifica.

No exemplo da Enjoei, dentro do contexto de um *app* de venda de produtos usados de marcas reconhecidas, as mensagens do sistema na hora do cadastro de senha segura melhoraram a experiência num momento de fricção necessária. Os 5Cs foram aplicados. Uma tarefa difícil, para a maioria das pessoas, recebeu um toque conversacional de acordo com o *branding* da marca. De forma graciosa, os textos facilitaram a percepção do status do sistema[7]. As expressões "fraquinha", "meia-boca" e "agora sim, matou a pau" me fizeram dar risada. Pronto! O que era uma tarefa difícil, ficou leve e engraçada.

Fonte: Imagem adaptada do *app* "Enjoei"

7. Uma das 10 heurísticas de Jacob Nielsen. Saiba mais sobre essas regras que facilitam o design de experiência com foco na usabilidade: https://www.youtube.com/watch?v=6Bw0n6Jvwxk

DESCUBRA PELA SUA PRÓPRIA EXPERIÊNCIA

Quer testar seu potencial na área? Escreva alguns e-mails de uma determinada régua de relacionamento. Use todas as referências sobre *UX Writing* que trouxemos neste capítulo. Esteja disponível para reescrever, no mínimo, 4 ou 5 vezes este mesmo texto... Você vai ver que, mesmo pequeno, necessita de muito esforço para gerar uma boa impressão nas demais pessoas, de forma que, com o número mínimo de palavras necessárias, seja possível produzir uma boa experiência e manter a pessoa usuária satisfeita. É disso que se trata o CRM do ponto de vista de *UX Writing*: consistência, continuidade, pertinência e processos. Um textinho por vez. :)

Escaneie para
mais conteúdo

17

CRM APLICADO À EXPERIÊNCIA DO CLIENTE NO VAREJO FIGITAL

por Tania Zahar Miné

Estamos vivendo uma era de mudanças sem precedentes com o crescimento das opções digitais de canais de marketing à escolha de todos, que se multiplicam em pontos de contato na jornada cada vez mais figital, na qual é possível pesquisar, comparar opções e adquirir produtos e serviços na conveniência dos consumidores. Neste contexto as empresas têm o desafio de estabelecer relacionamento com os clientes nos pontos relevantes, provendo informações e soluções para as diversas necessidades.

Segundo o estudo do Google, *Decoding Decisions: making sense of the messy middle*[1], que traz uma análise de centenas de horas de mais de 310 jornadas diferentes em 31 categorias, a fase de consideração e comparação de opções tem muitas idas e vindas por parte dos consumidores na tentativa de realizar suas escolhas da melhor forma possível. O meio bagunçado da jornada, ou *the messy middle*, está relacionado com a grande quantidade de pontos de contato que os consumidores acessam com intuito de buscar informações por

1. Fonte: https://www.thinkwithgoogle.com/intl/pt-br/tendencias-de-consumo/jornada-do-consumidor/uma-pesquisa-do-google-mostra-como-as-decisoes-de-compra-sao-mais-complexas-do-que-voce-imagina/ acesso em 28/02/22.

meio dos principais termos de pesquisa, dentre eles: ideias, o melhor, diferença entre opções, preço baixo ou barato, ofertas, avaliações e códigos promocionais com descontos etc.

Na figura a seguir, é possível visualizar as diversas etapas da jornada que não são lineares, como: gatilhos ou acionadores, exposição e visibilidade, exploração e consideração, avaliação e engajamento, aquisição ou compra e experiência. É importante ressaltar que a experiência é uma resultante de todas essas etapas que o consumidor percorre para cumprir sua missão de compra. Cada categoria ou mercado possui múltiplas jornadas em função das ocasiões de consumo que direcionam os consumidores e *shoppers*.

A JORNADA E O MEIO BAGUNÇADO

Os consumidores exploram as suas opções e expandem os seus conhecimentos e conjuntos de considerações, depois – quer sequencialmente, quer simultaneamente – avaliam as opções e restringem as suas escolhas.

Fonte: Think with Google, agosto de 2020.

A jornada está cada vez mais complexa e as empresas precisam entender as expectativas dos consumidores, levando em conta as premissas da omnicanalidade. Nos últimos anos, a integração entre os diversos canais de uma marca vem se consolidando como um requerimento fundamental na visão de quem consome, com mais fluidez e menos atritos.

Uma pesquisa realizada pela Social Miner & Opinion Box[2] demonstra a complementaridade que existe entre os canais físicos e digitais e a necessidade da omnicanalidade. O estudo aponta as mudanças recentes no comportamento dos consumidores no cenário pós-pandemia, com a expectativa de retorno a uma certa normalidade no funcionamento do comércio, no respeito às medidas sanitárias e na conveniência oferecida pelos canais digitais como aliados em todo o processo de consumo de bens, produtos e serviços.

No gráfico a seguir é possível observar o comportamento do consumidor na jornada figital, tanto na hora da consulta ou pesquisa quanto no momento da compra:

2. Fonte: Pesquisa "O perfil do consumidor em 2022", realizada pela AIIinQ, Social Miner & Opinion Box em fevereiro de 2022 no Brasil, com amostra de 10

PREFERÊNCIAS DOS CONSUMIDORES POR CANAIS NA HORA DA PESQUISA E DA COMPRA

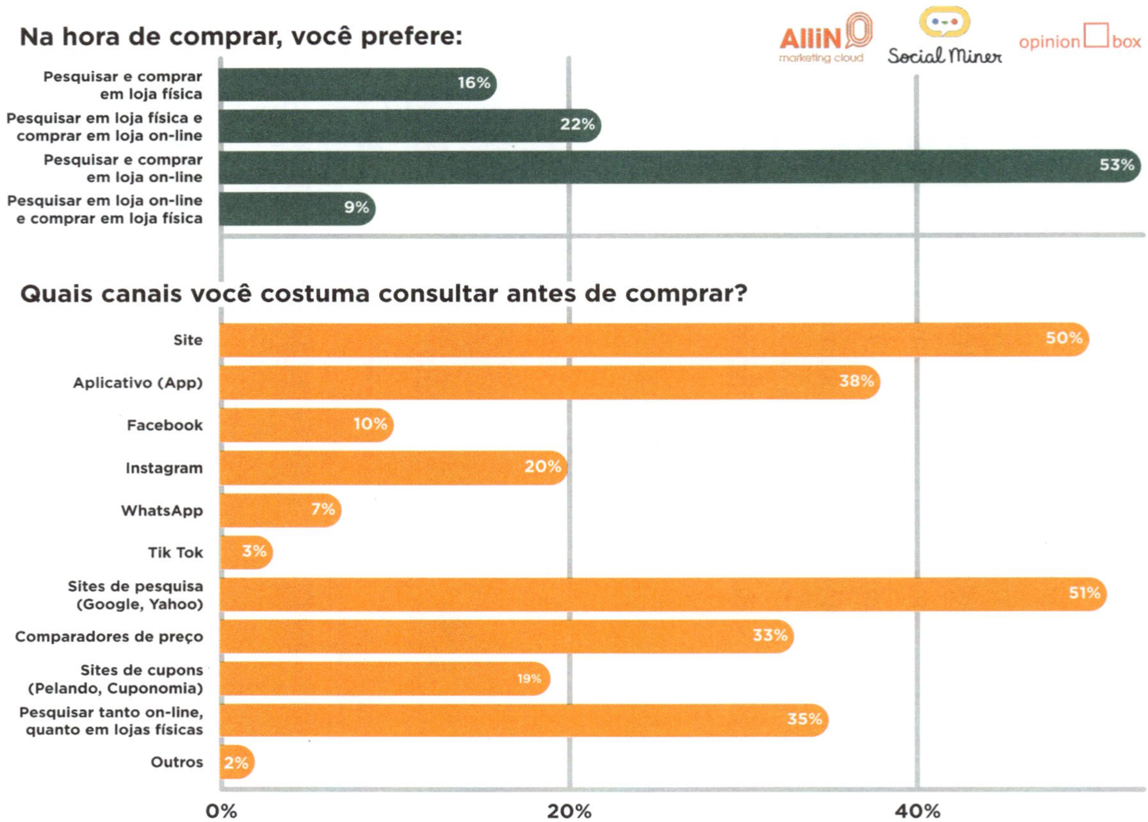

Dados referentes aos 84% dos consumidores que pesquisaram e compraram em loja física; pesquisaram em loja física e compraram em loja on-line; pesquisaram e compraram em loja on-line.

Fonte: All INQ, Social Miner & Opinion Box

A expectativa do cliente é ser tratado como uma única pessoa pelos varejistas e poder desfrutar de benefícios ao se filiar a um programa de relacionamento de determinada marca, independentemente do canal de compra. Essa integração dos canais de vendas, comunicação e atendimento do cliente é esperada pela maioria das pessoas.

Reforçando esse ponto, uma pesquisa realizada pela MindMiners[3] no ano de 2021 retrata que o famoso conceito *"omnichannel"* ainda apresenta uma série de ruídos na jornada de compra. Muitos dos benefícios das compras off-line ainda não são factíveis no meio digital e vice-versa. É o caso, por exemplo, de poder pegar o produto físico, experimentar, sentir características como textura, sabor, odor, volume etc. As vantagens das vendas on-line, como acesso a um sortimento mais rico, compras com comodidade, comparação rápida de preços e características de itens, nem sempre podem ser traduzidas na loja física.

Nesse sentido há muitas oportunidades para que as empresas preencham esses *gaps* no varejo do futuro, integrando o varejo físico aos canais digitais, possibilitando que o cliente possa acessar concomitantemente os benefícios de cada modalidade. Certamente, diversas empresas já estão tomando alguns passos nesta direção, mesmo que os clientes ainda sintam falta de fluidez na experiência figital.

Nesse contexto *omnichannel* é possível associar o grau de integração entre esses canais diretamente à experiência do cliente. Madruga (2021)[4], especialista em CRM, escreve em seu último

3. Fonte: Mindminers. Pesquisa realizada entre julho e agosto de 2021 com mais de 2.000 pessoas no Brasil.
4. Fonte: Madruga, Roberto. Gestão do Relacionamento e Customer Experience. Atlas. Edição do Kindle.

livro sobre a união da gestão de relacionamento com clientes e o *customer experience*. O referido autor afirma que:

"Adotar uma abordagem Omnichannel, valorizando o cliente em todos os pontos de contato integrados por meio do fornecimento de informações precisas, atenção e resolutividade no atendimento, pode levar as companhias a um cenário em que seus consumidores retribuam com sucessivas recompras, aumentando as chances de maior fidelidade e, consequentemente, de maior rentabilidade."

Madruga (2021), posição 50 do Kindle.

Para reforçar a afirmação do autor citado, destacamos a figura a seguir, do mesmo livro, que posiciona a experiência do cliente no centro de todos os pontos de contato de uma determinada empresa ou marca, que direciona estratégias e processos que impactam diretamente em uma experiência mais positiva por parte dos consumidores, uma vez que os esforços realizados durante a jornada prezam pela visão única do indivíduo, independentemente do canal acessado por ele, proporcionando benefícios e minimizando os atritos.

A INTEGRAÇÃO DOS DIVERSOS CANAIS DE RELACIONAMENTO NO MODELO *OMNICHANNEL* PROVOCA EXPERIÊNCIAS EMOCIONAIS POSITIVAS NOS CLIENTES.

Fonte: Madruga (2021), posição 647 do Kindle.

E Madruga (2021) evidencia os principais resultados que as empresas experimentam, advindos da adoção da estratégia omnicanal, como:

- Aumento da conversão de vendas e rentabilidade;
- Aumento da qualidade do atendimento;
- Maior retenção de consumidores;
- Aumento do valor do cliente;
- Engajamento de todos na organização.

Precisamos evoluir os processos de CRM como fator fundamental para melhoria da experiência do cliente. Para tanto, é necessário mapear os pontos de atrito na jornada figital por meio de métodos eficientes que demonstram os ajustes necessários na operação do varejo.

Segundo Gibotti (2021)[5], o poder de retenção em um relacionamento é a resultante dos benefícios gerados menos os sacrifícios sofridos, ou seja, os seres humanos querem repetir experiências que geram sentimentos positivos ou recompensas trazidas por benefícios, e evitar dificuldades e sentimentos negativos oriundos dos sacrifícios e atritos. A representação desta fórmula é a seguinte:

$$R = \sum B - \sum S$$

O referido autor atesta que o índice de sacrifício apresenta uma visão clara de todos os pontos de sacrifício presentes na relação, e de como as empresas devem tomar medidas para a redução dos atritos e a constante melhoria dos benefícios. Em sua metodologia *GetFish*, da GS Consumo[6], ele exemplifica o índice de sacrifício em cinco dimensões quando se pensa em varejo on-line e físico. O colocamos em uma tabela (ao lado) para facilitar a visualização dos atributos nas dimensões:

Como já abordamos anteriormente, os canais devem se complementar e o CRM tem um papel fundamental em todo o processo no que se refere ao entendimento dos clientes, sua segmentação, seus hábitos de consumo e suas expectativas. Assim, as empresas conseguem promover ativações assertivas em cada ponto de contato, personalizando

5. Fonte: Gibotti, Fernando. O CRM no contexto da ciência do consumo – 1ª edição. Cotia: Poligrafia, 2021.
6. Fonte: https://brasil.gs/o-que-e-zoombox/ com acesso em 01 de março de 2022.

INFRAESTRUTURA	PRODUTO	SERVIÇO	ATENDIMENTO	COMUNICAÇÃO
Acesso à loja	Sortimento	Espaço PET	Cordialidade	Sinalização da loja
Estacionamento	Ruptura e falta de produtos	Espaços para limpeza de automóveis	Disponibilidade e presteza dos colaboradores	Sinalização de categorias
Disponibilidade de cestas e/ou carrinhos	Precificação	Caixas eletrônicos	Fatiamento de frios	Promoções
Iluminação	Aparência e exposição de produtos	Oportunidades para melhorar o CX	Porcionamento e refilamento de carnes	Publicidade on-line e off-line
Ventilação	Imagens e descrições de produtos	Logística	Higienização de verduras	E-mail
Limpeza	Facilidade de encontrar o que se busca	Opções de pagamento	Disponibilidade de *chat*	WhatsApp
Site amigável para a pessoa usuária		Segurança no pagamento e com os dados dos clientes		Aplicativos

Fonte: Gibotti (2021) capítulo 4, pag. 49 a 57.

ofertas, minimizando atritos e maximizando benefícios, construindo relacionamento e melhorando a experiência dos clientes.

Para elucidar melhor a importância do CRM na experiência do cliente, trazemos dois exemplos bem interessantes de como os varejistas integram seus canais na jornada figital, utilizam os programas de CRM para estabelecer relacionamento com seus clientes e fazem ativações que promovem engajamento com a marca.

O primeiro deles é a Nespresso[7], que tem na sua concepção o fortalecimento do relacionamento com os clientes, a personalização de soluções e uma oferta de canais integrados no modelo *omnichannel*. As boutiques Nespresso estão integradas aos canais digitais e o programa de CRM Nespresso & You é o fio condutor desse processo. Os canais de vendas são: boutiques, site, aplicativo *mobile*, WhatsApp e o 0800.

A Nespresso classifica seus clientes por grau de relacionamento, levando em conta o tempo ou consumo, subdivididos em três grupos. São eles: *ambassador*, *expert* e *connoisseur*. As lojas servem como minicentros de distribuição, com a alternativa de clique e retire e a coleta de cápsulas para reciclagem.

Com relação ao Nespresso & You, a empresa possui o mapeamento completo da jornada dos consumidores e, com isso, trabalha intensamente em personalização na régua de comunicação para esses consumidores. Seguem alguns exemplos dos benefícios :

- Comunicações especiais para consumidores que compram exclusivamente nas boutiques, oferecendo um benefício para a compra no canal on-line, além de ensinar o consumidor a realizar essa jornada pelo aplicativo;

7. Fonte: https://www.nespresso.com/br/pt/home acesso em 01/03/22

- Comunicações exclusivas para consumidores do canal de *e-commerce*, convidando os mesmos para uma *Masterclass*, que são aulas de receitas realizadas nas boutiques;
- Comunicações para consumidores que levam as cápsulas recicladas para as boutiques, fomentando cada vez mais o nível de reciclagem por parte dos clientes;
- Degustação gratuita de cafés nas boutiques para membros do Nespresso & You, em um ambiente bem agradável.

Espaço para *Masterclass* Nespresso na boutique da Oscar Freire

Espaço para degustação de cafés na boutique da Oscar Freire

O segundo exemplo é da rede de supermercados Dalben, que possui um programa de relacionamento denominado Estilo Dalben, contendo três pilares (Rs) distintos: **r**ecompensa, **r**elevância e **r**elacionamento.

Com objetivo de estreitar o último pilar, a rede decidiu apostar em eventos que pretendem transformar o ponto de venda (PDV) em ponto de experiência ou PDX, atraindo o cliente para as lojas físicas, proporcionando uma experiência mais rica e interativa. Desde 2017, a rede mantém o projeto Experiências Dalben, que conta com uma programação mensal de cursos, palestras, *workshops*, feiras e aulas-show, convidando os clientes da sua base de CRM para participarem de temas variados segundo seu perfil.

Recentemente, a Dalben inaugurou o Dalben Labs, um espaço de eventos exclusivos da escola gastronômica by Tramontina. O ambiente está localizado na *flagship store* em Valinhos, no estado de São Paulo. Em dezembro de 2021, com a retomada dos eventos presenciais, a rede Dalben promoveu a "Degustação Comentada de Vinhos" em parceria com a La Pastina. A programação contou com a presença do *sommelier* e *chef* da marca, além de um dos produtores dos vinhos. Os clientes aprenderam ainda mais sobre o universo de vinhos, os rótulos disponíveis na loja e degustaram um menu completo usando o sortimento de alimentos da La Pastina.

Foto: Dalben Labs by Tramontina

18

CASOS DE SUCESSO EM CRM

por Rodrigo Andrade

Toda estratégia de CRM busca, basicamente, criar um forte relacionamento com os clientes e aumentar as vendas, usando ferramentas tecnológicas flexíveis e customizáveis.

Não existe CRM sem planejamento, assim como não existe um caso de sucesso que não envolva análise de métricas e fortes parâmetros.

No momento do planejamento são determinados os problemas, os objetivos, a solução e, claro, as métricas que vão indicar se o investimento de tempo e dinheiro está trazendo os resultados esperados.

Em cada ciclo do CRM, é preciso compreender se a estratégia está criando conversões, vendas e receitas; se os clientes estão sendo seduzidos ao longo da jornada; se os processos automatizados estão impactando de maneira esperada o ciclo de vendas.

Na Multiplica, temos como premissa criar relacionamentos valiosos e duradouros para as mais diversas verticais de negócios, incluindo saúde, bancos, viagens, serviços e estilo de vida. O valor que oferecemos depende do quão bem resolvemos as necessidades.

Ajudamos a definir estratégias digitais claras para a criação de experiências digitais relevantes, persuasivas e inteligentes. Em todos os nossos projetos, buscamos relações significativas e relevantes entre marcas e pessoas, a fim de construir e otimizar experiências mais profundas, oportunas e precisas.

Para ilustrar como o CRM pode ajudar negócios com resultados únicos, trouxemos 3 casos de empresas que implementaram CRM com sucesso: a Sinergis, a O´Donnell e a FINH.

Os três projetos de CRM foram desenvolvidos por nós para empresas diferentes e em mercados distintos. Mesmo assim eles têm algo em comum: mostram que a soma de pensamento estratégico, a tecnologia certa e o comprometimento com resultados dão certo. Confira.

SINERGIS - DO UNIVERSO DAS PLANILHAS PARA UMA SOLUÇÃO MAIS ROBUSTA

A Sinergis[1] é uma produtora mexicana de conteúdo audiovisual que cria soluções de comunicação digital para diversos tipos de indústrias. Com uma estrutura dinâmica e equipes multidisciplinares, a empresa se ajusta às necessidades e complexidades de cada projeto. Por causa desse dinamismo e por falta de uma estrutura de ferramentas digitais definida, a empresa chegou ao ponto de ter cada departamento (e até mesmo cada equipe) utilizando ferramentas

1. https://sinergis.com.mx/

diferentes que não se comunicavam entre si, perdendo, assim, informações valiosas sobre seus processos e projetos.

Além disso, a empresa utilizava arquivos Excel com formatos ou estruturas diferentes, que dificultavam o gerenciamento e a integração das informações, afetando sua eficiência operacional.

Por essas e outras razões, a empresa necessitava de uma solução abrangente que permitisse gerenciar e acompanhar os diferentes processos operacionais e administrativos em uma plataforma fácil de usar, atraente e flexível.

Para o time da Sinergis era muito importante poder analisar os dados dos projetos, para melhorar seus serviços e tomar decisões mais acertadas.

Sobre o projeto

O projeto realizado pela Multiplica consistiu na implementação de 6 ferramentas da família Zoho: CRM, Books, Analíticos, Projetos, Sprints e Creator, assim como sua integração com outras ferramentas digitais e automação de fluxo, de acordo com suas necessidades.

Com base em um diagnóstico abrangente das necessidades de processo da empresa, foi desenvolvida uma arquitetura de solução para atender às exigências não apenas da equipe de gerenciamento, mas também dos usuários que utilizavam o sistema. A configuração da solução permitiu que os diferentes processos fossem integrados e relacionados no mesmo ambiente.

O CRM foi utilizado para tratar da questão das vendas e crescimento das contas existentes, assim como serviu de grande ajuda no acompanhamento das atividades, categorizando os projetos por setor e trazendo informações relevantes sobre o desempenho de seus executivos de contas.

CRM e Books foram integrados e automatizados para que as "ordens de trabalho" se tornassem totalmente gerenciadas pelo cliente, novos *leads* fossem automaticamente atualizados em Books, atendendo certos critérios de informação e se tornando *Deals* – ganhos no funil de vendas.

As soluções da família Zoho foram escolhidas, em especial, pela relação custo-benefício e porque melhor atendiam às necessidades e objetivos da Sinergis.

A implementação do projeto levou cerca de sete meses e, em pouco tempo, os resultados se tornaram tangíveis.

BENEFÍCIOS DO CRM PARA A SINERGIS

Fonte: Multiplica

Alguns resultados:

- Antes do projeto, a equipe Sinergis Administrativa levava 5 horas para realizar sua análise financeira, devido aos relatórios que tinham de extrair e modificar para apresentar as informações. No final da implementação, o sistema fez as tarefas automaticamente, de modo que não levou tempo nenhum;
- Redução do retrabalho de registro e captura de dados nas áreas de Administração, Produção, Comercial e TI, de 8 horas para 1 hora por semana;

- Conexão automatizada do CRM ao sistema de gerenciamento de faturamento;
- Aumento do número de *leads* gerados;
- Aumento das vendas por causa de um melhor acompanhamento comercial;
- Acompanhamento mais próximo do cliente.

A Sinergis ficou muito satisfeita com o resultado.

"Sem dúvida, com o projeto, o dia a dia se tornou mais fácil tanto para nós como gerentes, quanto para a equipe de trabalho."

Adolfo Rendón, Diretor de Tecnologia da Sinergis

"A automação que a Multiplica desenvolveu com a Zoho nos dá tempo de qualidade para outras estratégias. O tempo que costumávamos gastar no cruzamento de informações e outras tarefas agora pode ser melhor investido."

Daniela Hernández, Diretora de Administração e Finanças da Sinergis

"AS PESSOAS NÃO SABEM EXATAMENTE O QUE QUEREM, ATÉ MOSTRARMOS A ELAS."

Steve Jobs

O'DONNELL - RACIONALIZAÇÃO DE PROCESSOS E TRANSFORMAÇÃO DIGITAL

A O'Donnell[2] atua no desenvolvimento da logística de todo tipo de edifícios industriais nos principais mercados do México. Desde 1994, desenvolveu e adquiriu aproximadamente 1.263,481 milhões de m^2 em 9 mercados em todo o país, investindo U$ 40 MM em *joint ventures* com a AIG e a Prudential através de seu fundo de capital aberto (CKD), o O'Donnell Capital Management (ODOCK18).

A principal missão da O'Donnell era melhorar a competitividade de seus clientes e criar impacto positivo nas comunidades onde investe.

2. https://www.odonnell.com.mx/

Para atingir seus objetivos, a O'Donnell sentiu necessidade de mergulhar na era digital, principalmente usando dados na tomada de decisões.

Para aumentar sua carteira de clientes e continuar a fornecer a mesma atenção e serviço a seus clientes e investidores, a empresa precisava racionalizar seus processos. Foi assim que começou a parceria com a Multiplica.

Sobre o projeto

O primeiro passo do projeto foi pesquisar a arquitetura e os processos de *software* de organização, a fim de identificar as principais barreiras e oportunidades. Como resultado desse diagnóstico, a Multiplica apresentou uma estratégia de transformação organizacional – baseada em processos, pessoas e tecnologia –, que incluía diretrizes para implementação de novas e modernas ferramentas digitais.

Os processos comerciais da O'Donnell foram estudados e os fluxos foram desenhados a fim de monitorar e encontrar novas oportunidades de negócios. A consultoria da Multiplica incluiu uma análise das diferentes soluções de CRM que poderiam atender as necessidades da empresa.

O CRM Zoho foi escolhido pelas suas características e pela capacidade de integrar diferentes áreas da empresa com total sinergia.

Após esse processo, foram configurados os módulos para o registro de parques industriais, investidores, clientes, corretores e oportunidades.

Como parte do projeto, foi realizada a capacitação dos times da O'Donnell, a fim de que a ferramenta de CRM pudesse ser aproveitada em seu máximo potencial.

O processo de consultoria e implementação levou cerca de 9 meses. Em seguida, foram realizados acompanhamentos e *upgrades* que tiveram seus resultados observados no curto prazo.

BENEFÍCIOS DO CRM PARA A O'DONELL

Fonte: Multiplica

Alguns resultados:

- Mais controle do negócio e análises mais profundas dos esforços de prospecção;

- Aumento do número de *leads* gerados, graças ao correto acompanhamento dos times de vendas;
- Dados qualificados para criação de campanhas de comunicação com foco na geração de oportunidades;
- Redução do ciclo comercial;
- Aumento da produtividade da equipe de vendas, graças à automação de processos.

Outro resultado de sucesso reconhecido pelos executivos da empresa.

"A Multiplica fez um trabalho excelente, entregando o que disse que iria entregar. Minha equipe está extremamente satisfeita com o produto Zoho: é simples, ágil e, em geral, a percepção é de que o sistema é excepcional e muito funcional."

David O'D' onnell, Diretor Geral

FINH - UMA SOLUÇÃO SUSTENTÁVEL PARA IMPULSIONAR GERAÇÃO DE DADOS E CAPTAÇÃO DE *LEADS*

A FINH[3] é uma empresa financeira especializada em oferecer empréstimos e soluções para pequenas e médias empresas no mercado mexicano. Um dos seus pilares estratégicos mais importantes sempre foi trazer ao mercado uma forte mensagem de suas vantagens competitivas, assim como construir um grande volume de dados por meio das redes sociais.

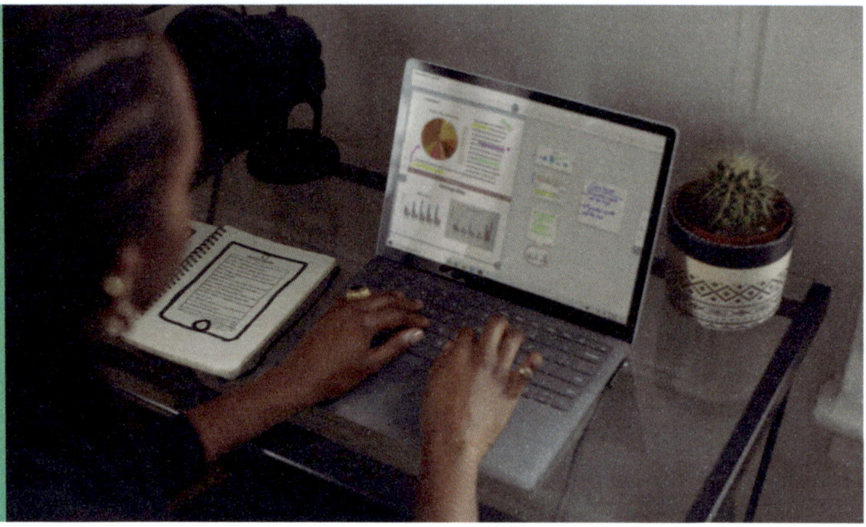

Sobre o projeto

O principal objetivo do projeto era acompanhar as interações dos clientes por meio de múltiplas plataformas e canais, a fim de acompanhar tarefas como entrada de dados ou divulgação de marketing, alavancar a flexibilidade de um moderno *cloud* CRM e permitir análises que podem segmentar clientes, rastrear métricas de desempenho e analisar dados.

3. https://www.finh.mx/

De forma inovadora e digital, foi desenvolvida uma solução sustentável para impulsionar o ecossistema de geração de *leads* em toda a organização, mantendo as sinergias entre a cultura da empresa e a tecnologia.

A ferramenta adotada foi o Hubspot, por causa de suas funcionalidades e interface amigável. O processo de implementação durou cerca de 2 meses, e os resultados foram logo surgindo.

BENEFÍCIOS DO CRM PARA A FINH

Fonte: Multiplica

Alguns resultados:

- Agilidade na implementação e uso de ferramentas;
- Melhor acompanhamento do cliente;
- Painéis interativos com informações gerais sobre o status das contas, clientes potenciais e projetos para tomar decisões de uma forma mais ágil;
- Treinamento abrangente da equipe de trabalho;
- Melhoria da estrutura para organizar *leads*, campanhas e interações com redes sociais, o que gerou uma plataforma única para agilizar o processo.

Além disso, a solução permitiu armazenar dados dos clientes para entender o seu tipo de conta e os serviços recomendados para o seu perfil, como por exemplo a oferta de um empréstimo pela primeira vez ou serviços empresariais que reduzem o tempo de relatórios estratégicos de 1 semana para 2 horas.

Plataformas de CRM permitem o armazenamento, a gestão e a ação sobre os dados do cliente. Através da centralização das informações pessoais e dos comportamentos de compra, permitem a segmentação e a personalização das interações, contribuindo para a elevação do nível de satisfação do cliente. São aliadas poderosíssimas para melhorar o "valor de vida do cliente" ou CLTV, como é popularmente conhecido.

Escaneie para
mais conteúdo

"TODA ESTRATÉGIA DE CRM BUSCA, BASICAMENTE, CRIAR UM FORTE RELACIONAMENTO COM OS CLIENTES E AUMENTAR AS VENDAS, USANDO FERRAMENTAS TECNOLÓGICAS FLEXÍVEIS E CUSTOMIZÁVEIS."

PARTE III

A GESTÃO DO RELACIONAMENTO COM O CLIENTE NAS MÍDIAS SOCIAIS (SCRM)

19

O QUE É O CRM SOCIAL, RISCOS E BENEFÍCIOS

por Andréa Naccarati de Mello

Os clientes aumentaram as suas expectativas em relação às experiências que querem ter com as empresas, isso é fato. Muitas empresas ainda precisam entender essas novas demandas e focar nas melhores oportunidades de resultados, uma vez que seus recursos não são ilimitados. Na era digital, é muito difícil as empresas não incluírem ações nas mídias sociais devido à velocidade de compartilhamento de conteúdo feito pelas pessoas, pela grande visibilidade e exposição que a marca acaba tendo de forma orgânica ou patrocinada (positiva, ou negativa), e pela oportunidade de engajamento e relacionamento entre os usuários e as marcas.

Em janeiro de 2022, o mundo atingiu 4,950 bilhões de pessoas ativas na internet. E o Brasil está no topo da lista dos países onde as pessoas ficam mais tempo on-line (#3).

EVOLUÇÃO DO NÚMERO DE PESSOAS USUÁRIAS ATIVAS NA INTERNET

Em 10 anos, número de internautas dobra no mundo (em bilhões)

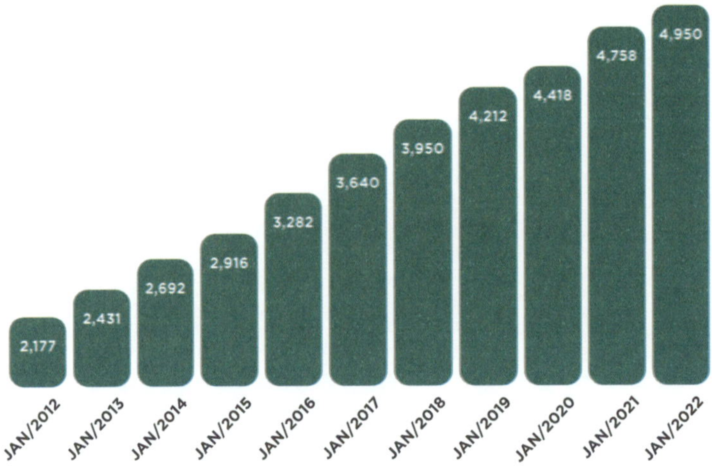

Fonte: Datareportal.com (Digital 2022: Global Overview Report)

PAÍSES ONDE AS PESSOAS FICAM MAIS TEMPO ON-LINE

Brasileiros estão entre os mais conectados (em horas e minutos por dia)

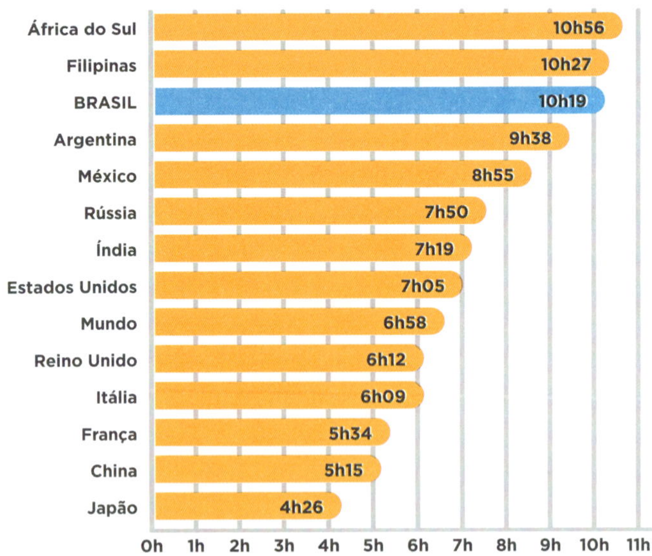

Fonte: Datareportal.com (Digital 2022: Global Overview Report)

Segundo pesquisa realizada pela Mobile Time e pela Opinion Box[1], 82% da base pesquisada tem o Instagram instalado no *smartphone*, e 71% o Facebook Messenger. 61% abrem o Instagram diariamente para ler ou enviar mensagens (você se identifica?).

Há pessoas que seguem as marcas nas mídias sociais para poderem se comunicar com elas.

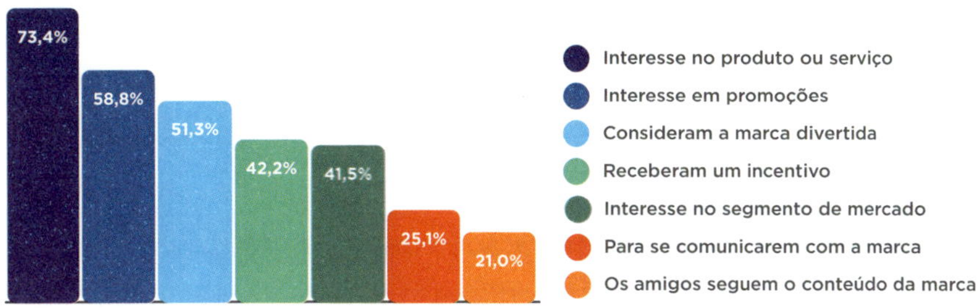

Fonte: Sproutsocial

E as pessoas tiram dúvidas, pedem informações, recebem suporte técnico etc., através desses mensageiros.

PERGUNTA: MARQUE AS FINALIDADES QUE VOCÊ CONSIDERA ADEQUADAS PARA SE COMUNICAR COM MARCAS OU EMPRESAS

Base: 1.101 MAUs do Facebook Messenger

Tirar dúvidas/pedir informações	54%
Receber suporte técnico	38%
Receber promoções	44%
Comprar produtos e serviços	39%
Cancelar serviços	27%
Não acho adequado me comunicar com marca ou empresa através do *app*	21%

Fonte: https://www.mobiletime.com.br/pesquisas/mensageria-no-brasil-fevereiro-de-2022/

1. https://www.mobiletime.com.br/pesquisas/mensageria-no-brasil-fevereiro-de-2022/. Acesso em 25 de maio de 2022

Kotler[2] identificou três técnicas com resultados comprovados para aumentar o engajamento na era digital e converter novos compradores em defensores fiéis das marcas: dentre elas, o CRM Social (SCRM).

O QUE É O CRM SOCIAL

O **CRM Social** (*Social* CRM, SCRM, ou CRM nas mídias sociais, em português) é uma evolução do **CRM tradicional**. No entanto, não se pode achar que um CRM substitui o outro porque não é o caso – eles são complementares.

Enquanto o **CRM tradicional**, que foi tratado anteriormente neste livro, é voltado para construção do relacionamento e efetivação de transações através de comunicação frequente e contínua entre empresa e cliente, o **CRM Social** atua nas interações entre ambos nas mídias sociais, que é um ambiente de alta visibilidade e, de certa forma, de alto risco para as organizações.

Fonte: Adaptado da Business School SP, Mario Faria

2. KARTAJAYA, Hermawan; KOTLER, Philip; SETIAWAN, Iwan. Marketing 4.0.

“O CRM SOCIAL (SCRM) ATUA NAS INTERAÇÕES ENTRE AS MARCAS E AS PESSOAS (*PROSPECTS*, *LEADS* OU CLIENTES) NAS MÍDIAS SOCIAIS, QUE É UM AMBIENTE DE ALTA VISIBILIDADE E, DE CERTA FORMA, DE ALTO RISCO PARA AS ORGANIZAÇÕES.”

Vou citar algumas características do CRM nas mídias sociais (SCRM), para ilustrar:

- O CRM Social envolve diferentes áreas da empresa dependendo da demanda das pessoas nas mídias sociais. Elas podem ter dúvidas de produtos, de serviços; podem reclamar da assistência técnica, do atendimento etc. Isso faz com que várias áreas da empresa trabalhem integradas e de forma colaborativa para resolver as questões o mais rápido possível;
- Com o cliente empoderado e atuando nas mídias sociais, novos processos são requeridos dentro das organizações para atender suas demandas. Processos antes inexistentes para atuar em gestão de risco nas mídias sociais, por exemplo, passam a ser fundamentais para cuidar da reputação das marcas nesses canais;
- O CRM de marketing, por exemplo, é planejado para atuar no horário comercial, com as réguas de relacionamento com disparos definidos. Mesmo o CRM de atendimento consegue programar as interações humanas no horário comercial, tendo mensagens automáticas e *chatbots* nos demais períodos. Nas mídias sociais é diferente, porque as pessoas interagem em qualquer horário do dia ou da noite, levando as empresas a terem os atendentes do SCRM respondendo à noite, aos finais de semana, dependendo da sua curva de demanda;
- O CRM tradicional define por quais canais quer atender seus clientes. O CRM Social é pressionado a interagir com o cliente *omnichannel* onde ele estiver comentando sobre sua marca, produto ou serviço. Claro que as empresas não precisam responder em todos os canais, mas se não responderem, é importante deixarem bem claro nos seus sites, por exemplo, quais são os seus canais oficiais de atendimento. É comum os clientes reclamarem no site do ReclameAqui, mas isso também não obriga

as empresas a responderem nesse canal. Deixar uma mensagem sobre seus canais oficiais por lá também é atuar de forma transparente com os clientes. As empresas precisam otimizar os canais de atendimento e comunicar claramente onde atuam;

OTIMIZAÇÃO DE CANAL

Fonte: GOLDENBERG, Barton J. The definitive guide to social CRM.

- O CRM Social precisa ouvir a voz do cliente (e tomar ações), envolver a marca nas conversas gerais das pessoas (para se conectar, engajar, mostrar empatia, simpatia sempre no tom de voz da marca) e lidar com reclamações e dúvidas (sim, atender bem o cliente também nesses canais). Para isso existem ferramentas de monitoramento e interação nas mídias sociais, assim como métricas e SLA (*Service Level Agreement*) que serão tratados mais adiante no livro. A marca não pode ser apenas um espectador nas mídias sociais, simplesmente acompanhando os relatórios de monitoramento (*listening*) diários. Precisa atuar com "autoridade" para gerar credibilidade.

CRM TRADICIONAL		CRM SOCIAL
Áreas específicas	QUEM	Todos
• Processos voltados para a empresa • Gestão do relacionamento	O QUE	• Processos voltados para o cliente • Gestão do engajamento
Horário comercial	QUANDO	O cliente define o horário
Canais predefinidos	ONDE	Canais dinâmicos e em evolução constante
Relacionamentos e transações	POR QUÊ	Interações e resolução de problemas
De dentro para fora	COMO	De fora para dentro

Fonte: Andréa Naccarati de Mello

O CRM Social deve ter sinergia e integração com o CRM tradicional, assim como com os conteúdos de marketing e vendas postados nas páginas das mídias sociais da empresa. Essa visão e gestão mais amplas coloca a empresa num outro patamar de qualidade de interação e de relacionamento com as pessoas (*prospects, leads*, clientes) e explora todas as oportunidades e possibilidades.

ESTRUTURA DE CRM SOCIAL ADAPTADA DE ALT & REINHOLD (2020)

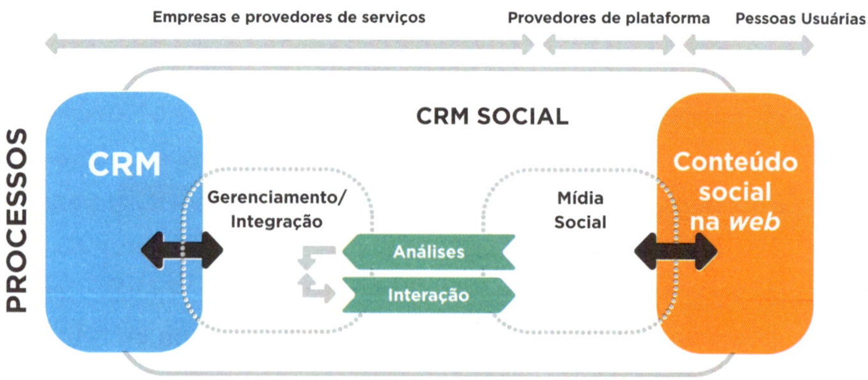

Fonte: https://scrc-brasil.com/blog/single-view?tx_news_pi1%5Baction%5D=detail&tx_news_pi1%5Bcontroller%5D=News&tx_news_pi1%5Bnews%5D=28&cHash=327f39b460bd472ec51a38f9d3c83f9d

OS RISCOS DO CRM SOCIAL

Há riscos para as empresas tanto por não atuarem nas mídias sociais, quanto por atuarem. Colocando na balança, para mim, é pior não atuarem nas mídias sociais tanto pelos riscos que não serão mitigados por falta de ação das empresas, quanto pelos benefícios que não serão usufruídos por elas.

Vou citar alguns riscos para dar uma visão ampla da questão:

Fonte: Andréa Naccarati de Mello

Há pessoas que seguem marcas nas mídias sociais e que muito provavelmente delas comprariam. Imagine essas pessoas sendo impactadas negativamente pela má atuação, ou não-atuação, dessas marcas nesses canais?

POSSIBILIDADE DE COMPRA DE UMA MARCA QUE SEGUE NAS MÍDIAS SOCIAIS

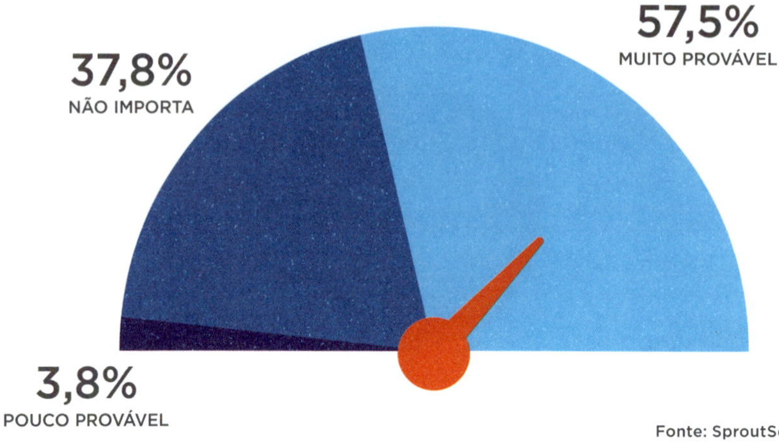

Fonte: SproutSocial

Há marcas que não atuam nas mídias sociais e correm o risco de terem sua reputação abalada por causa de eventuais conversas negativas sobre elas, que serão viralizadas pela natureza dos canais e por não atuarem sobre isso. Por outro lado, há marcas que atuam nas mídias sociais e precisam cuidar da sua reputação através de uma gestão adequada de risco, de treinamento adequado dos atendentes que representam a marca etc.

Há coisas que as marcas fazem que irritam as pessoas, como não responder suas mensagens, por exemplo. Outras questões são postura inadequada na maneira do atendente se expressar nas respostas, respostas prontas, falta de personalidade e tom de voz claros da marca etc.

Há marcas que atendem os clientes nas mídias sociais, mas não possuem seus canais integrados (*Omnichannel*), precisando pedir para as pessoas mudarem de um canal para outro para serem atendidas. Isso aumenta o esforço do cliente para ter uma solução para o seu problema, podendo elevar seu nível de insatisfação e chegar ao *churn*.

Matthew Dixon[3] mostrou que o esforço demandado dos clientes para terem seus problemas resolvidos em serviços leva à deslealdade, e lista o que as empresas deveriam evitar para minimizar esse esforço:

- Que os clientes tenham que repetir informações;
- Que os clientes tenham que contatar a empresa repetidamente;

3. DELISI, Rick; DIXON, Matthew; TOWAN, Nick. The effortless experience

- Que os clientes tenham que mudar de canais de atendimento para terem seus problemas resolvidos;
- Que os clientes sejam transferidos de áreas em que sejam tratados de forma genérica.

Tudo isso vale para o CRM Social, sem a menor dúvida. E, para as empresas terem sucesso, precisam investir (tempo e dinheiro) em ferramentas, atendentes qualificados, apaixonados por gente e treinados (manuais de boas práticas, *dos* e *don'ts*), processos, papéis e responsabilidades claros.

BENEFÍCIOS DO CRM SOCIAL

O SCRM traz uma série de **benefícios** para as marcas:

- **Humanização da marca** pelas interações com as pessoas, para que a marca "mostre a sua cara e sua fala";
- **Aumento do número de *leads* e oportunidades de vendas** pela imagem positiva das interações e respostas, inclusive pelas recomendações espontâneas dos *brand advocates*;

- **Identificação dos *brand advocates*** (defensores da marca), divulgação dos seus comentários e conteúdo, e até criação de programas específicos para alavancar essa influência orgânica positiva para a marca;
- **Geração de *insights*** pelos comentários espontâneos das pessoas, levando-as para dentro das organizações para desenvolvimento de novos produtos e serviços, do entendimento dos problemas para buscar soluções etc.

Sabemos que muitas empresas ainda enxergam tudo isso como custo, mas sim, CRM dá ROI (R*eturn on Investment*) porque trabalha para gerar *leads*, converter *leads* em clientes, reter os clientes e fidelizá-los. Cliente fidelizado recomenda, gera novas vendas organicamente sem investimento da empresa para prospecção de novos clientes. Reter clientes é mais barato que prospectar novos, então vale muito a pena esse investimento, não é mesmo? Sempre digo: "Se a empresa tem recursos limitados, priorize: comece o CRM pequeno, mas comece."

20

OS PRINCIPAIS ELEMENTOS DA GESTÃO DO CRM NAS MÍDIAS SOCIAIS

por Andréa Naccarati de Mello

Quando pensamos em CRM Social, logo vem na cabeça a atuação das empresas nas mídias sociais para resolver problemas, tirar dúvidas, ou interagir proativamente com pessoas usuárias (*prospects*, *leads*, clientes), isto é, a parte execucional visível do SCRM. No entanto, nos bastidores existe toda uma estratégia cuidadosamente desenhada para se ter bons resultados na ponta, necessitando de uma gestão de certa forma complexa pelo conjunto de elementos que precisa ser considerado.

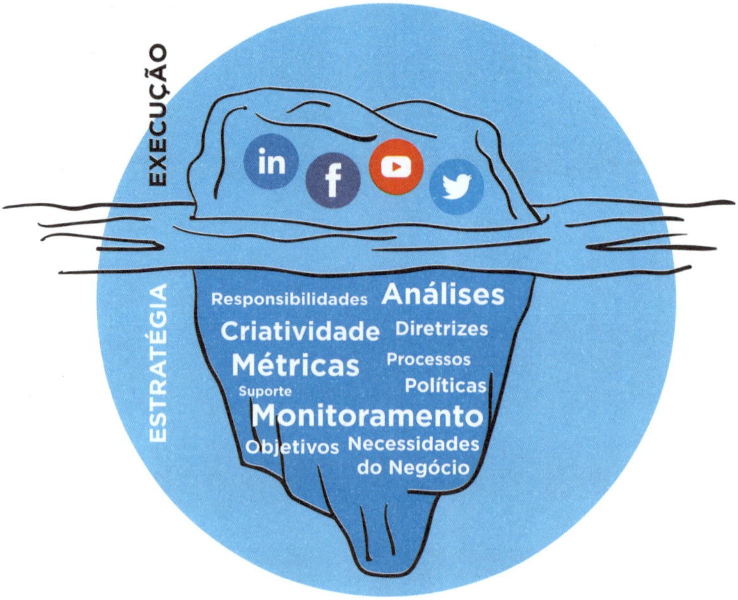

Fonte: Sean MacEntee em flickr

Costumo resumir os elementos da gestão do CRM Social em cinco: colaboradores, processos, tecnologia, métricas e gestão de crise.

Fonte: Andréa Naccarati de Mello

“O CRM SOCIAL É UM PROCESSO, UMA ESTRATÉGIA OU TECNOLOGIA QUE PERMITE QUE AS EMPRESAS SE ENVOLVAM MELHOR COM SEUS CLIENTES POR MEIO DE PLATAFORMAS DE MÍDIA SOCIAL.”

Salesforce

Antes de mais nada, é necessário definir que área da empresa será responsável pela gestão do CRM Social. O mais comum de se ver é a área de marketing, ou de atendimento ao cliente. Não tem certo ou errado, ambas as áreas são competentes para isso. Enquanto o marketing tem maior domínio da marca, da comunicação, o atendimento ao cliente tem literalmente maior domínio das técnicas de atendimento em si.

É preciso definir onde ficará a liderança. Se for em marketing, a área de atendimento ao cliente precisará dar todo o suporte necessário no *Back Office*. Se for em atendimento ao cliente, a área de marketing dará todo o suporte no treinamento do tom de voz da marca, nos *dos* e *don'ts* de expressões, de respostas etc.

O SCRM requer trabalho colaborativo sempre, mas precisa de liderança clara de quem fará a gestão e onde irá se situar na estrutura organizacional.

1. COLABORADORES

A empresa pode definir que uma parte da estrutura do CRM Social seja terceirizada ou não. Isso fica a critério da empresa. O importante é se considerar:

- O(a) ***Community Manager*** (*CM*, ou gerente de comunidades, em português). Ele(a) tem uma série de atribuições, como: acompanhar e mensurar métricas; monitorar comentários e ficar atento(a) a riscos para a marca; definir a estratégia de conteúdo da marca; ajudar na construção da *brand persona* (resumidamente, uma pessoa fictícia que representa a marca); colaborar com a construção do tom de voz da marca etc. A função do *Community manager* não é totalmente voltada ao SCRM, mas uma parte dela é fundamental para a sua execução;

- O(a) **atendente para o *Front Office*** precisa ter habilidades de comunicação escrita, ter criatividade, "jogo de cintura", gostar e ter paciência para lidar com pessoas, e bom senso porque estará na linha de frente representando a marca nas mídias sociais. Adicionalmente, receberá treinamentos como do tom de voz da marca, do FAQ (*Frequently Asked Questions*), dos processos para saber com quem falar dependendo do problema e da dúvida, das ferramentas de interação com as pessoas etc;
- As **equipes do *Back Office***. Considerando que as pessoas usuárias das mídias sociais podem ter dúvidas ou fazer reclamações relacionadas à marca, a produto, a serviços etc., a empresa precisa definir as áreas e a estrutura de suporte para a equipe de atendimento. Uma sugestão é: entender quais as demandas mais frequentes e definir o time. Pode-se manter times fixos e satélites com processos e fluxos claros de comunicação.

Fonte: Andréa Naccarati de Mello

O tamanho da estrutura depende da demanda e da quantidade de comentários que a empresa irá responder. Pode ser que a empresa não tenha recursos para responder 100% dos comentários, e tudo bem, o importante é ter isso definido e conviver com isso.

E treinamento geral para todas as equipes, claro!

2. PROCESSOS

O atendimento às pessoas nas mídias sociais precisa funcionar com excelência, e para isso o processo geral de atendimento precisa ser estabelecido. A ilustração seguinte exemplifica isso.

PROCESSO DE ATENDIMENTO DO CRM SOCIAL (SIMPLIFICADO)

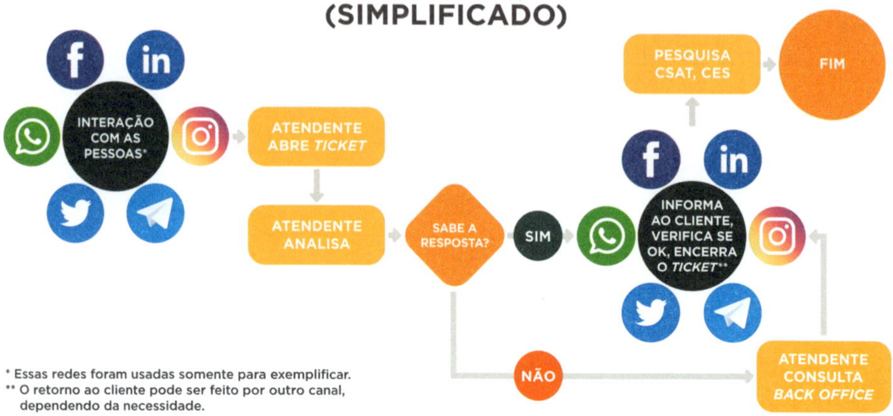

Fonte: Andréa Naccarati de Mello

No entanto, o CRM Social está inserido num contexto mais amplo e isso também precisa ser considerado e refletido nos processos internos desenhados pela empresa (atividades relacionadas entre as áreas envolvendo pessoas, procedimentos, tecnologia, ferramentas e conhecimento), tendo sempre em mente a melhor experiência das pessoas.

De uma forma geral e simplificada, temos o seguinte:

- A empresa faz o monitoramento (*listening*) do que as pessoas estão comentando nas suas páginas nas mídias sociais. Há várias ferramentas no mercado brasileiro para isso;
- O *Community manager*, a área de BI (*business intelligence*), a área de pesquisa de consumidor, enfim, o responsável na empresa pelo monitoramento das mídias sociais analisa os comentários,

PROCESSO GERAL DO CRM SOCIAL (SCRM)

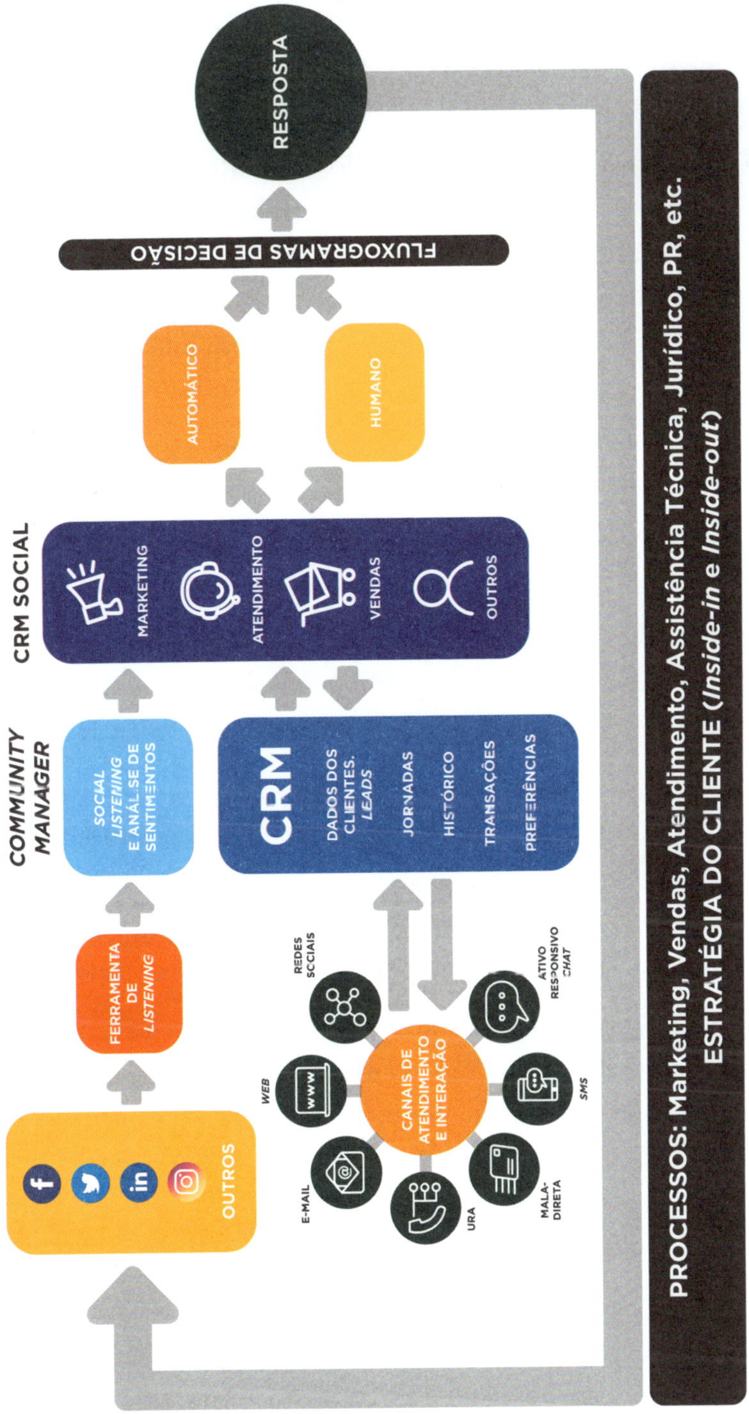

Fonte: Andréa Naccarati de Mello

o sentimento, e gera *insights* para as áreas de marketing, vendas, atendimento ao cliente etc, além de identificar riscos e oportunidades. A liderança de SCRM também recebe as informações;

- Os atendentes (*Front Office*) do CRM Social interagem reativamente (respondendo dúvidas ou reclamações quando a marca é marcada - @marca), ou proativamente (agradecendo elogios e engajando com os *brand advocates*), com as pessoas em diferentes mídias sociais em que a empresa está presente através das ferramentas de CRM *omnichannel* (idealmente).

  Durante o horário comercial e horários e dias definidos pela empresa, o atendimento humano estará lá para interagir, mas a empresa pode ter uma resposta automática também a ser programada na ferramenta para respostas fora desses horários;

- Os atendentes (*Front Office*) do CRM Social interagem com diferentes áreas da empresa (*Back Office*) para resolver as "dores" das pessoas o mais rápido possível e assim manter o seu alto grau de satisfação.

  Hoje já é possível o atendente do *Front Office* transferir o atendimento para a equipe do *Back Office* através de ferramentas de CRM, mantendo o usuário no mesmo canal de origem. Isso elimina o esforço da pessoa e aumenta a sua satisfação com o atendimento;

- Dados dos *leads* e clientes oriundos de diferentes canais de interação da empresa são mantidos no banco de dados do CRM e usufruídos e alimentados pelo CRM Social, sempre cumprindo a LGPD (lei geral de proteção de dados). Com isso, as interações entre marca e pessoas nas mídias sociais podem ser personalizadas, o que melhora muito a experiência do cliente com a empresa;

- Fluxogramas de decisão são muito importantes para o atendente do CRM Social ter orientação de como proceder em diferentes situações com os clientes e, com isso, reagir rapidamente.

Exemplifico com um fluxograma mais genérico. A empresa pode desenvolver outros para diferentes tipos de situações, se achar necessário.

FLUXOGRAMA DE DECISÃO

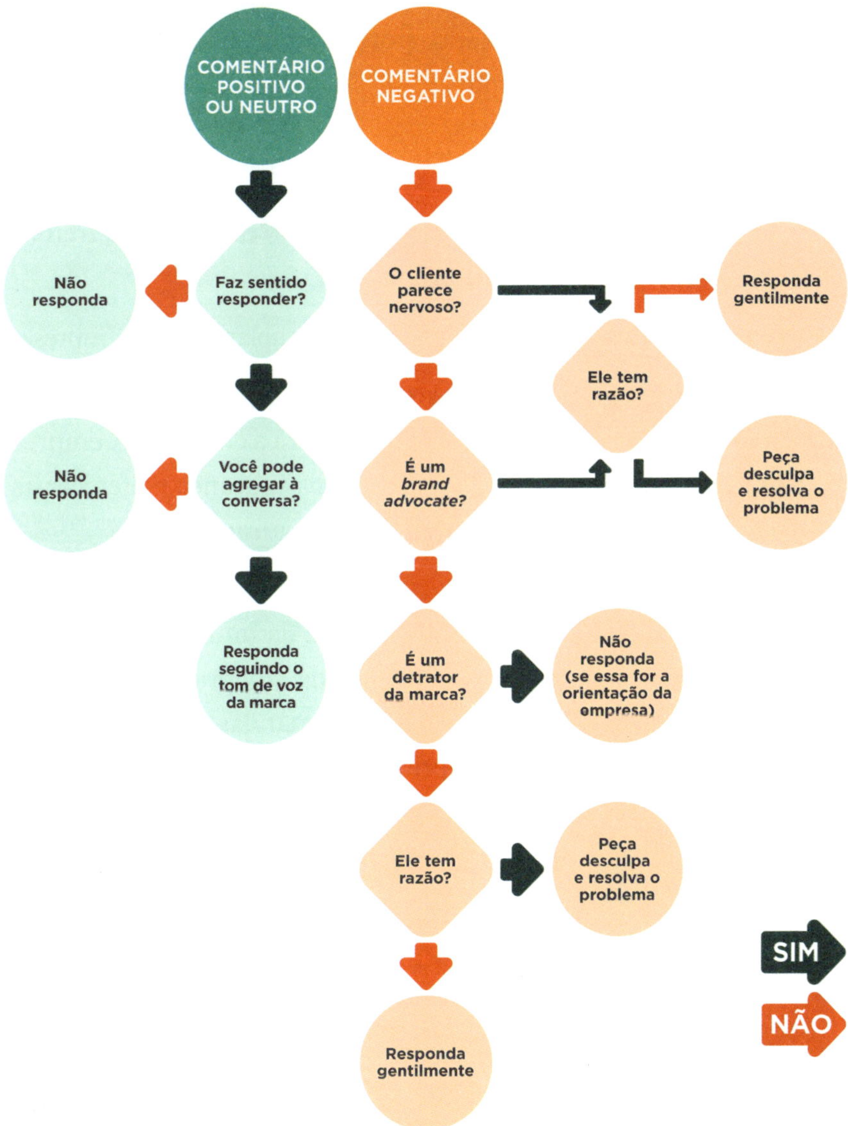

Fonte: Andréa Naccarati de Mello

3. TECNOLOGIA

Uma vez que a empresa decidiu implantar o CRM Social, será necessário investir em tecnologia para o atendimento nas mídias sociais, conforme será visto no próximo capítulo.

Há muitas opções no mercado, portanto, antes de decidir pela compra de uma, é importante:

- Compará-las;
- Verificar se existe time de suporte robusto no país para treinamento e solução rápida de problemas;
- Entender a integração com tecnologias já implantadas na empresa;
- Analisar a segurança do *hardware*, do *software*, de sistemas operacionais etc., para reduzir riscos para a empresa. A empresa precisa desenvolver uma cultura de segurança e oferecer as ferramentas para reduzir os riscos de segurança.

No processo todo, a área de TI (tecnologia da informação) precisa estar envolvida, mas não ser a decisora da compra isoladamente, porque não possui o entendimento das demandas de curto e longo prazos das demais áreas da empresa.

Para o monitoramento existem várias empresas que prestam o serviço. Algumas vão além do *listening* e sentimento, atribuindo nota de NPS. Vale a pena comparar antes de contratar.

CONTRATAÇÂO DE SERVIÇOS E INVESTIMENTO EM TECNOLOGIA

Fonte: Andréa Naccarati de Mello

4. MÉTRICAS

O CRM Social tem métricas específicas que serão tratadas no próximo capítulo. No entanto, gostaria de reforçar sua importância, uma vez que pode gerar *insights* para a empresa, além de entendimento dos problemas para tomada de ações corretivas.

5. GESTÃO DE CRISE

Não poderia finalizar este capítulo sem mencionar a gestão de crise. Ela já é importante para as empresas de uma maneira geral, claro. Nas mídias sociais, mais ainda por causa da velocidade e alcance do compartilhamento feito pelas pessoas.

Fonte: scqcomunicacion.com

Não vou entrar em detalhe de gestão de crise aqui, mas recomendo que a empresa procure entender as melhores práticas para resolver as situações críticas da melhor forma possível.

Um time de gestão de crise precisa ser nominalmente designado e estar conectado e disponível para discussão dos problemas e soluções sempre quando necessário. Criar um grupo no WhatsApp é uma boa sugestão para isso. Representantes seniores das áreas de marketing, do jurídico, de PR, do atendimento ao cliente, da assistência técnica (se relevante) e o *Community manager.*

Um CRM Social bem gerido explora oportunidades para as marcas, controla e resolve as crises, mostra autoridade no que faz e o seu lado humano, é capaz de criar relacionamentos de confiança e duradouros com as pessoas.

21
Instagram
Heslo
Zapomněl(a) jste heslo?
Přihlášení
NEBO
Mezerník

FERRAMENTAS DE MONITORAMENTO E ATENDIMENTO DO SCRM E SUAS PRINCIPAIS MÉTRICAS

por Alex Mariano

Certa vez, um cliente virou e me disse: "A nossa empresa não precisa se preocupar com reclamações nas redes sociais, pois não temos página no Facebook, perfil no Linkedin ou qualquer outra rede social. Se o nosso cliente possui alguma demanda, ele tem à disposição o 0800 do SAC e também o atendimento por e-mail."

Eu disse para ele: "Sinto muito mas, querendo ou não, a sua empresa, a sua marca estão, sim, nas redes sociais. Quer ver como?"

Não precisou muito esforço e em uma pesquisa rápida encontramos menções negativas em postagens em grupos do Facebook, reclamações no ReclameAqui e também menções no Twitter.

Ou seja, se no passado as empresas eram quem ditavam como e quando os clientes poderiam interagir com elas, hoje, com as redes sociais, este poder está na mão do consumidor.

O novo comportamento do consumidor impõe um desafio extra para as empresas cuidarem melhor da relação com seus consumidores.

Ao mesmo tempo, felizmente, atualmente estão disponíveis cada vez mais ferramentas e recursos para facilitar o monitoramento e a interação com clientes no contexto do CRM Social.

De forma geral, existem funções e características que com o tempo passaram a integrar algumas ferramentas de CRM de forma nativa, bem como também hoje existem ferramentas especialistas para CRM Social.

Consumidores não querem ser forçados a interagir somente em alguns poucos canais de contato que são disponibilizados pelas empresas. Os consumidores de hoje em dia querem interagir nos seus canais de preferência como, por exemplo, e-mail, *chat*, WhatsApp. O CRM Social permite que, além disso, a comunicação e as interações também possam acontecer através das redes sociais como, por exemplo, Facebook, Instagram, Twitter, entre outras.

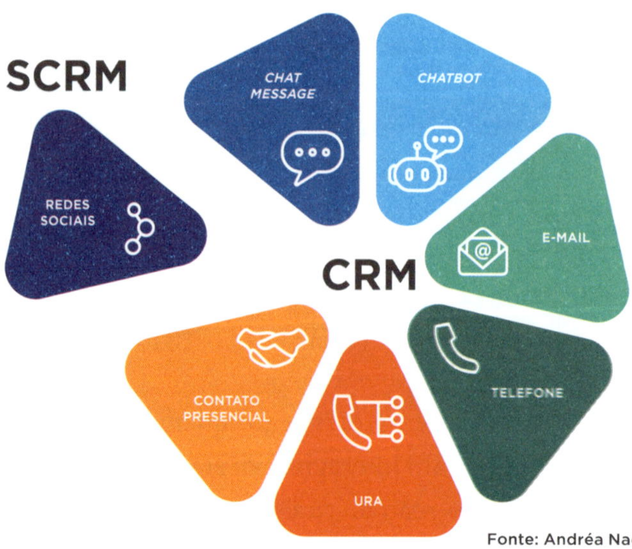

Fonte: Andréa Naccarati de Mello

Além disso, um sistema de CRM Social ajuda as empresas a terem uma visão mais rica e profunda em relação ao sentimento do cliente em relação à sua empresa, sua marca e a produtos ou serviços específicos.

Ferramentas de CRM modernas são capazes de pegar esse perfil dinâmico do cliente e colocá-lo em bom uso, disseminando essas informações em diferentes equipes, incluindo atendimento ao cliente, marketing e vendas.

Seja através de um sistema especialista ou por meio de ferramentas de CRM tradicionais que tragam nativamente as funções de CRM Social, essas soluções permitem o monitoramento, o engajamento e a análise de informações para gerar valor a uma estratégia de CRM.

Monitoramento – Coleta de dados relevantes nas redes sociais sobre clientes existentes e potenciais, bem como também o monitoramento de menções ou *hashtags* específicas relacionadas à marca, à empresa ou até a concorrentes;

Interação – Além do monitoramento, algumas ferramentas viabilizam também a interação com *leads* e clientes, possibilitando uma comunicação de duas vias em vários canais e, ao mesmo tempo, gerenciando tudo em uma mesma plataforma;

Histórico integrado – As interações, bem como os dados extraídos das redes sociais, são vinculados ao histórico de relacionamento de *leads* e clientes, permitindo uma conexão mais contextualizada e profunda com cada cliente;

Análise – Para extrair ainda mais benefícios do CRM Social, é preciso analisar os dados recebidos e entendê-los. Avanços recentes em *machine learning* (aprendizado de máquina) e processamento de linguagem natural (PLN), tornaram possível analisar a atividade de mídia social em maior escala.

Além disso, é possível executar de forma automatizada, com a ajuda de inteligência artificial, a análise de sentimentos – recurso presente em muitas ferramentas de CRM Social.

A análise de sentimentos tem como base a avaliação e classificação das menções sobre assuntos e temas que a empresa queira monitorar.

Com a classificação de menções positivas, negativas ou neutras é possível, por exemplo:

- Identificar quais os clientes mais fiéis;
- Identificar o interesse e a adesão a produtos e serviços;
- Identificar clientes insatisfeitos;
- Identificar pontos fracos e tomar decisões mais ágeis e assertivas.

Um dos elementos mais fortes do CRM Social é a integração das funções de negócio, que permite integrar vendas, marketing e suporte ao cliente, cooperando em uma plataforma baseada na visão individual de clientes.

Portanto, as ferramentas de CRM Social podem ter aplicação nos contextos de Marketing, Vendas e Atendimento a clientes, sustentando, desta forma, a jornada de clientes de ponta a ponta.

CRM SOCIAL PARA MARKETING

O CRM Social, no contexto de marketing, permite orquestrar a nutrição de *leads* e clientes, bem como o monitoramento de mercado e concorrentes.

Publicação centralizada de conteúdos

Através da publicação programada de *posts* e conteúdos de forma centralizada.

Isso significa que, por exemplo, o calendário editorial para redes sociais pode ser programado diretamente da ferramenta de CRM Social, para que, nos dias e horas especificados, os conteúdos sejam publicados automaticamente em todas as redes sociais de preferência da empresa.

Monitoramento de concorrentes

Além disso, através do monitoramento de termos (*hashtags*) ou até mesmo perfis específicos, é possível monitorar a concorrência.

O monitoramento da concorrência permite entender o que eles estão oferecendo, as tendências que estão seguindo, com quais públicos estão interagindo e qual abordagem estão utilizando.

Portanto, a partir das informações disponíveis através de painéis e *dashboards* das ferramentas de CRM Social, é possível identificar pontos fortes e fracos para que, com isso, a empresa construa sua abordagem única com clientes.

CRM SOCIAL PARA VENDAS

Foi-se o tempo em que consumidores compravam apenas na loja ou por telefone.

O consumidor hiperconectado hoje compra ou busca informações para apoiar sua decisão de compra em vários canais, como ponto físico, Google, *reviews* em sites de *e-commerce* e também nas redes sociais.

Isso significa que a empresa que não está preparada para lidar com este novo perfil de consumidor pode, simplesmente, estar deixando muitas oportunidades de negócio perdidas na mesa.

Por exemplo: outro dia, um cliente estava reclamando de que o volume de *leads* que chegava para o time de vendas trabalhar era muito baixo, e que ações recentes não estavam melhorando este resultado.

Analisando as principais fontes de geração de *leads* desta empresa, não identifiquei, naquele momento, *leads* sendo gerados a partir das redes sociais. Então perguntei o que eles estavam fazendo para captar *leads* através das redes sociais. E não foi surpresa alguma saber que não estavam fazendo nada para gerar *leads* deste importante canal de vendas.

O CRM Social, na perspectiva de vendas, permite que as empresas identifiquem demanda a partir do monitoramento de postagens e comportamento dos usuários e potenciais compradores.

Por exemplo: um usuário do Facebook faz uma postagem em um grupo de interesse e pede indicações de agências de turismo para uma viagem que pretende fazer em breve.

Uma agência de turismo, melhor preparada, através de suas ferramentas de CRM Social, é capaz de identificar tal postagem e, de forma automatizada, encaminhá-la para que o time comercial possa interagir com este possível cliente, permitindo, ainda, que todo o histórico da interação social com este *lead* fique armazenado na plataforma de CRM.

Além disso, com as integrações das ferramentas de CRM com as redes sociais, é possível "capturar" e importar *leads* com apenas um clique, fazendo com que os times de vendas tenham ainda mais produtividade na prospecção de novos clientes, enriquecendo dados de *leads* e clientes com informações oriundas do Linkedin, como cargo e empresa atuais, por exemplo.

CRM SOCIAL PARA ATENDIMENTO

Na perspectiva de atendimento, o CRM Social permite às empresas viabilizar suas estratégias de SAC 4.0, capaz de prover atendimento cada vez mais personalizado e *omnichannel* para os clientes.

Isso significa que, por exemplo, um consumidor poderá receber uma resposta na rede social na qual fez uma postagem com uma reclamação relativa a uma experiência ruim que teve com um produto ou serviço.

Isso é possível, pois as ferramentas de CRM Social podem monitorar e classificar as menções, atribuindo-as, quando necessário, para que o departamento de atendimento estabeleça uma interação com o cliente.

Agora, imagine como seria difícil para uma empresa monitorar, manualmente, as redes sociais em busca de menções negativas que necessitem de um acompanhamento ou resposta.

Uma pesquisa recente da Zendesk[1] aponta para um crescimento de 20% em relação às demandas de atendimento originadas pelos canais sociais, entre os anos 2020 e 2021.

Isso significa que, cada vez mais, consumidores estão buscando resolver suas demandas também através das redes sociais. Portanto, entregar uma estratégia de CRM, que considere também o CRM Social, é fundamental para entregar uma boa experiência para os clientes.

O CRM Social, portanto, pode ajudar as empresas a organizarem melhor interações e engajamento que acontecem nas redes sociais,

1. Relatório de Tendências da Experiência do Cliente 2022 da Zendesk - https://www.zendesk.com.br/customer-experience-trends/#report

seja para um contexto de vendas, seja, também, em um contexto de atendimento.

ENGAJAMENTO DE VENDAS E ATENDIMENTO A PARTIR DAS REDES SOCIAIS INTEGRADO À PLATAFORMA DE CRM

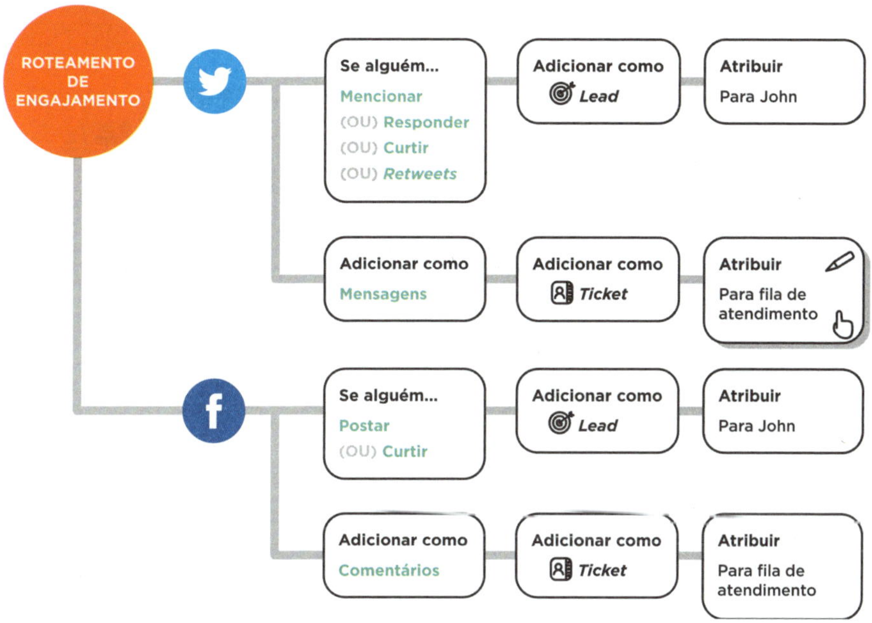

Fonte://www.zoho.com/crm/social.html?src=dd

MÉTRICAS DE CRM SOCIAL

As ferramentas de CRM Social usam métricas para medir o nível de engajamento de usuários e clientes.

Vejamos, a seguir, algumas das principais métricas:

- Tráfego – As redes sociais também impulsionam o tráfego de suas plataformas para os sites de marcas e empresas. O CRM Social permite monitorar o tráfego e os cliques em tempo real, para avaliar o quanto deste tráfego gerado acaba em conversões de vendas bem-sucedidas;

- Engajamento – Permite medir não apenas cliques, mas monitorar também compartilhamentos, *reposts*, comentários e comunicações recebidos; tudo para uma compreensão mais profunda de como as pessoas reagem ao seu conteúdo;

- Nível de seguidores – O CRM Social ajuda a identificar seguidores ativos e como eles interagem ou não com o conteúdo da empresa. Além disso, o CRM Social dá uma ideia de quem eles são, com quem estão conectados e quão ativos eles são on-line;
- Menção de marca – Medir quantos seguidores estão falando sobre sua empresa ou marca, e se esses clientes estão compartilhando suas experiências através de plataformas de mídia social;
- Número total de reclamações e dúvidas – Volume total de mensagens diretas e comentários classificados como reclamações;

- Tempo médio de atendimento (TMA) – Essa é uma métrica que calcula o tempo médio que os agentes de atendimento gastam para solucionar as solicitações dos clientes;
- Média de interações por solicitação – Quanto mais rápido as demandas forem resolvidas, maior será o nível de satisfação dos clientes. Essa métrica calcula a média de interações que foram necessárias para resolver as demandas dos clientes;
- SLA de atendimento (*Service Level Agreement*) – Na maior parte das operações de atendimento existem acordos de níveis de serviço com prazos para resolução de cada tipo de demanda (SLA). A partir daí é possível calcular o volume de solicitações atendidas e resolvidas dentro do SLA estabelecido.

CONCLUSÃO

As ferramentas de CRM Social levam o gerenciamento de relacionamento com o cliente para um outro nível, oferecendo integração social ou funcionalidade de gerenciamento de mídias sociais.

Os CRMs Sociais vão além da simples organização e do gerenciamento de clientes, integrando dados e conversas de mídia social.

Isso permite que as empresas incorporem o engajamento do cliente em sua estratégia de CRM, para capturar melhor conversas sociais e dados a fim de aumentar as conversões. As ferramentas de CRM Social se concentram nos interesses dos clientes, em vez de apenas dados demográficos. Sem características sociais, seu CRM é uma conversa unidirecional.

Portanto, nos dias de hoje, é fundamental você criar uma estratégia de CRM que leve em consideração, também, a integração com redes sociais – para que seja possível monitorar, engajar e interagir com *leads* e clientes de maneira oportuna e relevante, aumentando, desta forma, a capacidade de atrair, converter e entregar uma experiência relevante para seus clientes.

"UM SISTEMA DE CRM SOCIAL AJUDA AS EMPRESAS A REUNIR UMA VISÃO MAIS RICA E PROFUNDA SOBRE O SENTIMENTO DO CLIENTE EM RELAÇÃO À SUA EMPRESA."

22

OPORTUNIDADE PARA AS EMPRESAS CRIAREM E CUIDAREM DOS *BRAND ADVOCATES*

por Andréa Naccarati de Mello

Philip Kotler e outros coautores, no livro "Marketing 5.0", fazem uma provocação bastante relevante: "Você está tentando vender ou estabelecer um relacionamento?". Um é tático, de curto prazo, e o outro estratégico, sustentável e de longo prazo. Qual objetivo a sua empresa está perseguindo?

Fonte: 1 Marketing 5.0. Kotler; Andréa Nacaratti de Mello

O CRM tradicional e o CRM Social buscam criar um relacionamento de longo prazo com as pessoas para reter, fidelizar, criar e manter *brand advocates* (defensores da marca, em português, mas gosto mais da palavra em inglês porque acho que a tradução não traduz a sua essência).

Vários motivos levam os clientes a serem fiéis às marcas. Citarei alguns, mas não em ordem de importância:

- Marcas com propósito com as quais os clientes se identifiquem e que fazem a diferença na vida deles;
- Experiências positivas nos seus pontos de contato com a empresa ao longo da sua jornada de compra (no mínimo, esperam o básico prometido pela empresa);

- Contato com a empresa em vários canais onde está presente (*omnichannel*), reduzindo assim o seu esforço;
- Programas de fidelidade;
- Atendimento personalizado;
- Promoções customizadas;
- Continuidade e frequência da comunicação da marca (com tom de voz consistente, como se fosse uma pessoa de verdade se expressando) de forma personalizada e com conteúdo relevante (inclusive desejando um feliz aniversário);
- Cumprimento das promessas pela marca;
- *Walk the talk* da marca (faz o que fala);
- Empatia da marca com as pessoas, com os clientes, comunidades e causas sociais;
- Transparência e honestidade da marca em suas ações;
- Atitudes da marca, de ouvir e resolver os seus problemas; inclusive, de se desculpar pelos erros.

Lista longa, não? Existe muita pressão nas empresas hoje em dia por causa da exigência e impaciência dos clientes. Várias dessas iniciativas são implementadas pelas empresas (de acordo com os seus recursos) para incentivar seus clientes a voltarem a comprar, manterem o seu nível de satisfação alto, e garantir o seu CLV (*customer lifetime value*) saudável financeiramente para a empresa.

Brand advocacy vai um passo além da fidelização. Os *brand advocates* amam a marca, falam sobre ela (*word of mouth, WOM*) e a recomendam, criam conteúdo da marca e compartilham nas mídias sociais, entre outras ações, espontaneamente e organicamente, sem

Fonte: Andréa Naccarati de Mello

custo para as empresas. Suas opiniões sobre a marca, os produtos e serviços da empresa inspiram confiança, têm credibilidade, geram e convertem *leads* para ela.

Segundo a SproutSocial[1], "76% das pessoas dizem que são mais propensas a confiar em conteúdo compartilhado por pessoas "normais"". Os defensores da marca são uma das formas de publicidade mais "confiáveis".

Então, a marca precisa identificar essas pessoas nas mídias sociais, se conectar com elas, eventualmente compartilhar seus comentários e conteúdo, mas também desenvolver programas para mantê-las e inspirá-las: afinal, são porta-vozes de grande valor para ela.

1. https://sproutsocial.com/pt/glossary/brand-advocate/. Acesso em 12 de junho de 2022

COMO IDENTIFICAR OS *BRAND ADVOCATES*?

Através da análise dos comentários nas mídias sociais é possível identificar os ***brand advocates***, e, utilizando os dados da Persona e da Jornada, é possível conhecer suas características e seus comportamentos, identificando assim as suas necessidades para ações mais assertivas.

Existem outras formas de identificá-los, como:

- Analisando os comentários dos promotores na pesquisa NPS;
- Pelas avaliações e comentários nas pesquisas de satisfação e outras;
- Pela frequência de abertura de e-mails, *click* para conteúdo no site, tempo de navegação;
- Por informações das áreas de atendimento ao cliente e vendas.

Segundo Laura Ramos, da Forrester Research, existem quatro tipos de personalidades dos *brand advocates*: educadores, validadores, ambiciosos e colaboradores. É importante entender em qual categoria (validar se a proposta funciona para o seu caso; se não, pesquise e redefina) seus *brand advocates* se encaixam, para direcionar o tipo de atividade e reconhecimento no programa desenvolvido para eles.

PERSONALIDADES DOS *BRAND ADVOCATES*

Fonte: https://blog.hubspot.com/service/future-of-customer-advocacy. Acesso em 12 de junho de 2022

O reconhecimento pelas marcas é esperado pelos *Brand Advocates*, e variam de acordo com suas personalidades, como mostram os gráficos a seguir.

SE UMA MARCA EXPRESSASSE SUA GRATIDÃO POR SUA PARTICIPAÇÃO NO PROGRAMA DE *BRAND ADVOCACY*, QUAL DAS SEGUINTES OPÇÕES VOCÊ MAIS APRECIARIA?

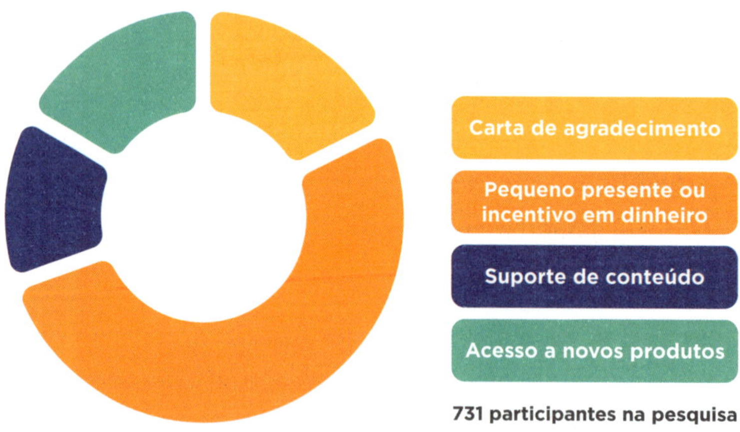

Fonte: https://blog.hubspot.com/service/future-of-customer-advocacy. Acesso em 12 de junho de 2022

RECONHECIMENTO DESEJADO PELAS MARCAS, DE ACORDO COM AS DIFERENTES PERSONALIDADES DOS *BRAND ADVOCATES*

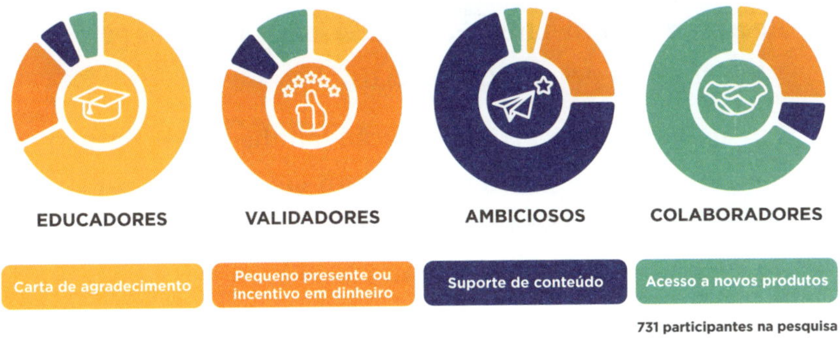

Fonte: https://blog.hubspot.com/service/future-of-customer-advocacy. Acesso em 12 de junho de 2022

O QUE CONSIDERAR NUM PROGRAMA DE *BRAND ADVOCACY*?

Seis etapas devem ser seguidas para tentar garantir sucesso no engajamento dos *brand advocates* com o programa da empresa:

1. **Planejamento**: defina seus objetivos estratégicos, operacionais e táticos;

2. **Recrutamento:** identifique, crie a Persona e a convide por e-mail, WhatsApp ou pelas mídias sociais;

3. **Engajamento com pedido de ação** (alinhado aos objetivos de marketing e de negócio)**:** produza um site específico para o programa, com conteúdo diferenciado e relevante, onde os *brand advocates* se registrem e tenham acesso às regras, recompensas, ideias de conteúdo a serem postados etc.

   Alguns exemplos de ações que podem ser pedidas seriam: falar em um evento, usar uma *hashtag*, gravar um videotestemunhal, fazer uma recomendação em mídias sociais etc;

4. **Reconhecimento e recompensa:** considere a expectativa do seu *brand advocate* conforme explicado anteriormente. No entanto, tente evitar remuneração financeira e ofereça coisas exclusivas como participações VIPs em eventos de lançamento de produto, em cursos e seminários, brindes simples mas personalizados, relacionamento com executivos da empresa, criar almoço com o CEO da empresa, por exemplo;

5. **Pesquisa de satisfação e/ou entrevista em profundidade:** deve ser realizada com frequência para ouvir e entender como o programa está evoluindo, com base na visão do *brand advocate*, e ajustar o que não estiver funcionando. Inclusive para ouvir sugestões de melhorias. Isso fará com que ele se mantenha feliz e motivado no programa;

6. **Acompanhamento da performance do programa:** faça uma análise geral do funil de conversão dos *brand advocates*, das ações que tiveram melhores resultados e geraram mais *leads*. Assim será possível não só ajustar o que for necessário, mas calcular o ROI do programa.

Fonte: Andréa Naccarati de Mello

Os *brand advocates* não são influenciadores digitais. A distinção é clara desde como eles promovem a marca, o tempo de relacionamento com ela e a remuneração recebida. Ambos são importantes para a marca, mas são distintos.

DIFERENÇAS ENTRE *BRAND ADVOCATES* E INFLUENCIADORES DIGITAIS

	BRAND ADVOCATES	INFLUENCIADORES DIGITAIS
Como eles promovem a sua marca	Usam o boca a boca (contam a outras pessoas sobre o seu produto)	Por exemplo (mostram aos outros como eles usam o seu produto)
Tempo de relacionamento	Geralmente, embaixadores de longo prazo promovem a sua marca repetidamente	Os influenciadores de curto prazo promovem a sua marca apenas uma ou duas vezes
Pagamento	Frequentemente, promovem a sua marca gratuitamente	Esperam receber algum tipo de pagamento (dinheiro, descontos ou produtos gratuitos)
Relacionamento com a sua marca	Já usam ativamente o seu produto	Não necessariamente usaram o seu produto antes
Como selecionar alguém para sua marca	Com base no amor existente pelo seu produto	Com base em sua capacidade de alcançar e influenciar um público

Fonte: Andréa Naccarati de Mello

Outro ponto importante, quando falamos de *brand advocates*, é que eles também estão dentro das organizações. Os colaboradores, além de estarem presentes nas mídias sociais, podem ser identificados para um trabalho colaborativo e genuíno de divulgação da marca, de produtos e serviços da empresa.

Fonte: https://sproutsocial.com/insights;what-is-employee-advocacy/. Acesso em 12 de junho de 2022

Colaboradores felizes e motivados, naturalmente, se tornam *employee advocates*. Para isso, a empresa precisa desenvolver um bom trabalho de *Employee Experience*, como foi tratado no volume 1 desta coleção "Experiências que deixam marcas".

Podemos deixar, aqui, algumas dicas para a criação do *employee advocacy* dentro das organizações, como: incentivar a participação, oferecer treinamento, estabelecer metas e KPIs, medir, ajustar, reconhecer e recompensar dentro de critérios predefinidos, que não esbarrem em questões de conflito de interesses da empresa.

"CONTEÚDOS COMPARTILHADOS POR FUNCIONÁRIOS TÊM 8X MAIS ENGAJAMENTO DO QUE CONTEÚDOS DO CANAL DA MARCA[2]."

[2] https://www.sprinklr.com/pt-br/features/employee-advocacy/. Acesso em 12 de junho de 2022

Há plataformas de *employee advocacy* (exemplo: Hootsuite, Sprout-Social, Sprinklr etc.) disponíveis, possibilitando o compartilhamento de conteúdo relacionado à empresa nos canais pessoais em que está presente. Acho importante, para organizar a gestão interna, o uso de um programa como esse.

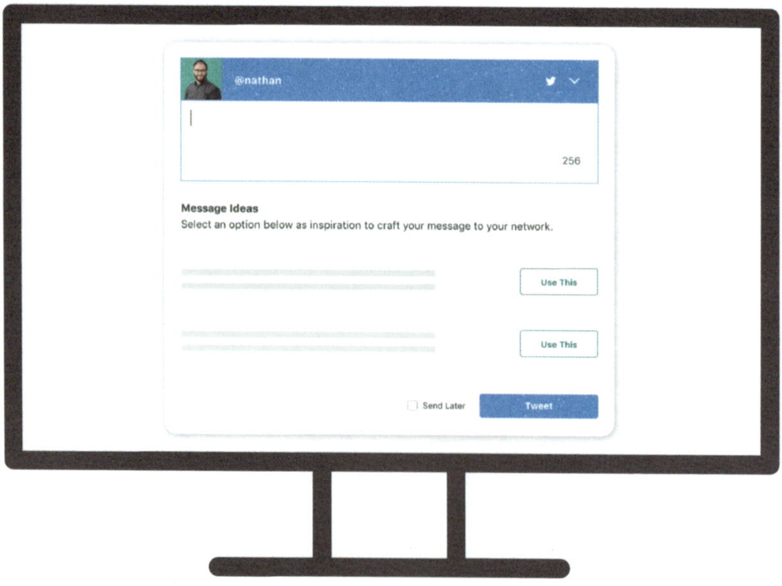

Fonte: https://sproutsocial.com/pt/features/employee-advocacy/. Acesso em 12 de junho de 2022

Para finalizar, quero reforçar a necessidade da liderança da empresa em entender o impacto positivo na imagem da marca, na satisfação do cliente e nos resultados, de iniciativas como o CRM tradicional, o CRM Social, os programas de *brand advocacy* e *employee advocacy*, entre outros. Uma Experiência do Cliente positiva requer essas frentes endereçadas pelas organizações.

23

E PARA CONCLUIR...

por Andréa Naccarati de Mello

A Experiência do Cliente (CX) com a marca acontece em cada ponto de contato entre eles ao longo da jornada de compra. Ela é pontual, cumulativa das percepções que o cliente vai adquirindo ao longo do tempo com a marca, os produtos, os serviços e os canais da empresa; é frequente e contínua. E para retroalimentar as boas experiências, a empresa necessita ter conhecimento do cliente, construir o relacionamento e a confiança entre eles, e comunicar de forma personalizada, relevante e frequente. Isso tudo só será possível se a empresa fizer uma boa gestão do CRM.

CXM (gerenciamento do CX), CRM (gerenciamento do CRM tradicional) e SCRM (gerenciamento do CRM nas mídias sociais) andam juntos, se completam, e têm impactos positivos ou negativos um no outro, dependendo da gestão. Por causa disso, produzimos este livro dentro da coleção **"Experiências que deixam marcas"**, para alertar os executivos sobre a importância do CRM tradicional e do CRM Social e esclarecer conceitos e aplicações.

As empresas têm recursos limitados, e muitas vezes fica muito difícil implantar tudo o que é necessário. Acho muito importante mapear o todo e começar por partes, e de forma contínua, com monitoramento da performance e do ROI. No entanto, não adianta as empresas correrem para implantar o CX e o CRM, se não tiverem o suporte da liderança, uma Cultura com o cliente no centro das atenções e das decisões, funcionários motivados, felizes e com boas experiências com a empresa, processos, métricas e monitoramento estabelecidos para a gestão ocorrer com excelência.

Quando se fala em CX, muitos pensam em iniciativas grandiosas, custosas e inesquecíveis para os clientes, mas pequenas coisas muitas vezes fazem uma grande diferença. Tenha empatia, "calce os sapatinhos dos clientes", enxergue o mundo pelos olhos deles, e só assim haverá conexão e clareza do que realmente precisa ser feito para fazer a diferença na vida das pessoas.

Como cliente em busca de boas experiências, sigo sofrendo com muitas empresas. Sofro quando fico minutos tentando resolver um problema por telefone e a ligação cai, tendo que ligar e explicar tudo novamente para outro atendente porque o anterior não registrou o motivo da minha ligação; sofro quando tento agendar revisão do meu carro pelo WhatsApp da oficina da marca e não me respondem; sofro quando abro uma ocorrência no banco por causa de um estorno não realizado no cartão de crédito e nunca mais me retornam; sofro quando quero falar com um atendente e a empresa só oferece atendimento automatizado, e assim por diante.

Por outro lado, fico feliz quando tenho boas experiências, como quando faço um pedido por um aplicativo, a sopa chega com embalagem rompida e rapidamente o restaurante repõe o produto; fico feliz quando recebo um bilhetinho escrito à mão pela atendente da pizzaria, com meu nome e mensagem de agradecimento pela preferência e dizendo que sou importante para eles; fico feliz quando um atendente de uma loja de esportes manda buscar uma chuteira para meu filho em outra loja, manda entregar na minha casa e ainda me manda mensagem pelo WhatsApp para verificar se o produto foi recebido.

Experiências deixam marcas nas pessoas, sim; positivas, negativas ou neutras. Que experiência você quer deixar para seus clientes? Se for positiva, hora de trilhar o caminho do CX, CRM e SCRM. Conte conosco!

"A comunicação aberta e honesta é a melhor base para qualquer relacionamento, mas lembre-se de que, no final do dia, não é o que você diz ou o que você faz, mas como você faz as pessoas se sentirem é o que mais importa."

Tony Hsieh , ex-CEO da Zappos.

Ilustração: Caio Oishi

COAUTORES

Alex Mariano

Graduado em Ciências da Computação e gestão de negócios pela MBM Business School, Alex Mariano é empresário, consultor e professor de CRM. Com mais de 18 anos de experiência, é também sócio e fundador do movimento CRM Day e atualmente tem contribuído para fomentar e levar a cultura de CRM, especialmente para pequenas e médias empresas.

https://www.linkedin.com/in/alex-mariano/

Andrea Calvino

Especialista em UX Design e UX Writing, com mais de 25 anos de experiência em criação de interfaces interativas e conteúdo digitais. Já atendeu marcas como Coca-Cola, McDonald's, Neon, Claro, Natura, Einstein, PicPay e muitas outras, em agências como Ogilvy e Wunderman. Coordenou ações de comunicação digital internacionais envolvendo EUA, Finlândia e países da América Latina, para marcas como Ford e Nokia. Formada em Comunicação Social pela PUC-SP, foi aluna especial na pós-graduação da ECA e fez a extensão da pós-graduação na PUC-SP, na área de Inteligência Artificial. Acaba de concluir a pós em Educação e Jogos de Aprendizagem e é mestranda em Transformação Digital. Palestrante em eventos corporativos, realiza *workshops* em empresas e ministrou aulas no Senac, FMU e Belas Artes. Também foi professora de pós-graduação na área de Arquitetura de Informação e Usabilidade na Faculdade Impacta.

https://www.linkedin.com/in/andreacalvino/

Andréa Naccarati de Mello

Consultora de Marketing, escritora, editora e professora na ESPM, formada em Engenharia de Alimentos pela Unicamp, MBA em Administração pela FIA-SP, pós-graduada em Influência Digital pela PUCRS (término em 2022). Mais de 30 anos de experiência em multinacionais como Samsung, Mondelez, Unilever e Bestfoods, em posições locais e regionais (L.A. e U.E.).
Fundadora da Robecca & Co. Consultoria de Marketing e Editora. Coautora dos livros "Mulheres do Marketing" (2018), "Líderes do Marketing" (2019) e "Experiências que deixam marcas (CX)" vols. 1 e 2 (2021). Vários Awards: Cannes Lions Bronze 2018 (Branded Content Print & Publishing); AMPRO Globes Awards Gold 2018 (Best brand activation and best social responsibility project); El Ojo de Iberoamérica Gold 2018 (Digital & Social); LIA Bronze 2018 (London International Awards); 31st Marketing Best Award 2018; D&AD Impact 2017 (Creative Impact/Health & Wellness).

https://www.linkedin.com/in/andrea-naccarati-de-mello-4a88b540/

Carlos Alberto Bentim Pires

Graduado em Administração de Empresas pelo Centro Universitário da FEI e pós-graduado em Gestão Estratégica de Pessoas pela Universidade Presbiteriana Mackenzie.
Possui experiência de 37 anos em atendimento ao cliente, sendo 28 anos em cargos de liderança, com forte atuação na Gestão dos Indicadores de Performance, Back Office, Monitoria, SAC, Cobrança, Meios de Pagamento, Customer Experience. Tem atuação junto aos segmentos de varejo, atacado, serviços e meios de pagamento. Responsável pela gestão de pessoas, processos, treinamentos, palestras e clientes, tendo atuado em áreas operacionais e comerciais, com orientação para resultado, sucesso e experiência do cliente.

https://www.linkedin.com/in/carlos-alberto-bentim-pires-70a98531/

Eric Bacconi Gonçalves

Estatístico formado pela Unicamp, tem Mestrado e Doutorado em Administração pela FEA/USP. Professor universitário, leciona disciplinas ligadas às áreas de Business Intelligence, Data Mining, Inteligência Artificial, Estatística Aplicada, Economia e Finanças. Como consultor, ministra treinamentos e auxilia empresas com soluções analíticas como modelos estatísticos, análise de segmentação, análise de dados e pesquisas de mercado que suportam a tomada de decisão do cliente. Já atuou em diversas áreas: Marketing, Planejamento, Finanças, Crédito, Cobrança, Antifraude e Recursos Humanos, em diferentes segmentos de mercado como bancos, telecomunicações, varejo, serviços, agências, entre outros. Coautor do livro "Experiências que deixam marcas (CX) vol. 2" (2021).

https://www.linkedin.com/in/eric-bacconi-423137/

Fábio Dias Monteiro

Formado em Marketing, com especialização em Planejamento Estratégico de Marketing. Trabalhou no marketing de empresas como IBM Brasil, Harte Hanks Inc., Claro Telecomunicações, Telefônica e CredSystem. Como consultor, planejou e executou projetos de transformação digital, BI, CRM e CX em diversas empresas varejistas de gestão familiar, conseguindo resultados expressivos. Atualmente é professor convidado da ESPM nos cursos de CRM e CX e Diretor de Planejamento da Cristal Comunicação.

https://www.linkedin.com/in/fabio-dias-monteiro/

Francisco Neto

Fortics

CEO da Fortics, empreendedor na área de Ciência da Computação, com ênfase em TIC. Foi sócio da Brasil Informática, empresa especializada no desenvolvimento de soluções ERP, onde atuou como Diretor de Desenvolvimento de Software. Foi sócio, fundador e CEO da BRconnection (atualmente Blockbit), empresa especializada no desenvolvimento de soluções para segurança da informação que otimizam o uso da internet em ambientes corporativos. É sócio, fundador e CEO da empresa Fortics, empresa especializada no desenvolvimento de plataformas de atendimento ao cliente (voz, mensageria, automação, humanização e conveniência). Possui formação em Análise e Desenvolvimento de Software pela FIAP e especialização em Marketing pela ESPM. Atua há mais de 35 anos em Tecnologia da Informação e Comunicação e está à frente de todo o planejamento estratégico da Fortics.

https://www.linkedin.com/in/fopneto/

Jonathan Melo

Zoho

Jonathan Melo é Diretor de Marketing da Zoho Brasil, uma Tech Company Global focada em Softwares Empresariais e presente em mais de 190 países. É formado em Administração de Empresas e possui especialização em Social Media Marketing pela LDS Business College, MBA em Marketing pela Estácio de Sá e certificação em Marketing Estratégico. Trabalhou em grandes empresas de tecnologia e telecom como Head de Marketing e foi responsável pela unificação da marca Net2Phone na América Latina. Jonathan atualmente trabalha liderando a equipe de Marketing no lançamento da Zoho no Brasil - engajado em educar o mercado e transformar o dia a dia das empresas com as melhores soluções empresariais.

ttps://www.linkedin.com/in/jonathan-melo-3292aa6b/

Julio Quaglia

Empreendedor e gestor com mais de 25 anos de experiência em CRM, Loyalty, Analytics e Business Intelligence. É CEO da Value-net, empresa que oferece serviços de consultoria, planejamento e operação de estratégias de fidelização e incentivo, também é sócio-diretor da DataMotion, empresa do segmento de Gestão, Tratamento e Análise de Banco de Dados. Foi um dos fundadores da LTM, Loyalty and Trade Management, empresa especializada em desenvolver estratégias e gerir programas de fidelidade B2B e B2C. Foi, também, Diretor de CRM da Alquimia Serviços de Marketing, Presidente da Rapp Data, vice-presidente de Business Intelligence da Grátis1 e Gerente de Database Marketing para América Latina na IBM, Multicanal (Net) e Credicard.

https://www.linkedin.com/in/julio-quaglia-b89126/

Rodrigo Andrade

Multiplica Brasil

Formado em Economia pela Universidade Mackenzie, cursou Administração de Empresas no IBMEC e tem quase 30 anos de experiência no mercado publicitário. Foi sócio da F/Nazca e da AlmapBBDO, CEO da Isobar e COO do Grupo Dentsu Aegis Network. Atualmente é sócio e country manager da Multiplica no Brasil, uma consultoria de origem espanhola com diversos escritórios na Europa, nos Estados Unidos e na América Latina.

https://www.linkedin.com/in/rodrigoandrade63/

Rodrigo Tavares

RecargaPay

Bacharel e Mestre em Estatística pelo Instituto de Matemática e Estatística da USP com Especializações em Marketing Direto pela ABEMD e Marketing de Serviços pela FGV. Trabalhou nas empresas Itaú, Santander, HSBC, Multiplus e Fast Shop nas áreas de Marketing de Relacionamento, CRM, Redes Sociais e Parcerias. Atuou como Diretor de Customer Experience no Mercado Livre, Diretor de Gestão Comercial de Mercado na Expedia, Head de Experiência e Relacionamento na 99 e Diretor de Atendimento a Clientes no PagSeguro. Atualmente, ocupa a posição de SVP de Customer Journey na RecargaPay. Eleito "Executivo do Ano" em 2014 pela ABT, "Personalidade ClienteSA" em 2015 no Prêmio CIC e "Executivo do Ano América Latina" em 2016 no Prêmio LATAM.

https://www.linkedin.com/in/rodrigo-tavares-1b22b16/

Sérgio Szpoganicz de Oliveira

Empreendedor, consultor e professor, formado em Processamento de Dados pela UFRGS, MBA em Gestão Empresarial pela FGV e extensão em Docência Superior também pela FGV. Experiência de 30 anos nas áreas de TI e Relacionamento com o Cliente em empresas como IBM, Gerdau, Genesis Software, RBS, Claro e Vésper/ Embratel. Professor por 10 anos na Universidade Estácio de Sá e mais recentemente como professor convidado em cursos de CRM na ESPM. Desde 2010 atua também como consultor em projetos envolvendo CRM e Customer Experience em empresas como Oi, Peixe Urbano, Credilink e L'Oréal. A partir de 2019 tornou-se sócio na Garfo Design, uma agência de marketing sediada em Porto Alegre. Atualmente, é Diretor de Social Media Marketing na Cristal Comunicação.

https://www.linkedin.com/in/sergio-szpoganicz-de-oliveira--323707a

Tania Zahar Miné

Formada em Publicidade e Propaganda pela ECA-USP, possui especialização em Administração com ênfase em Finanças pelo CEAG-FGV e MBA Executivo pela FDC. Mestre em Comunicação e Consumo pela ESPM. Tem mais de 30 anos de experiência em grandes empresas como a Unilever, Johnson & Johnson, Flora, Santher e Kimberly-Clark, atuando em posições executivas nas áreas de Marketing, Trade Marketing e Vendas.
Articulista da revista Consumidor Moderno. Atualmente, é diretora da Consultoria Trade Design e professora de pós-graduação da ESPM e da FIA.

https://www.linkedin.com/in/taniazmine/

Tatiana Thomaz

Graduada em Engenharia Civil e MBA Executivo em Neurociência aplicada ao Marketing, com diversos cursos de especialização em Gerenciamento de Produtos, Branding, Neuromarketing e Customer Experience.

30 anos de experiência, sendo mais de 25 em Pesquisa de Mercado e Customer Experience, com profundo conhecimento do Consumidor & Shopper aplicado aos negócios. Experiência construída em grandes empresas como: Nielsen, Gillette, DIRECTV, Grupo Pão de Açúcar, Kimberly Clark, Mondelēz e Credicard.

Fundadora e CEO da consultoria Shopper Centric e Professora na ESPM.

https://www.linkedin.com/in/tatiana-thomaz-45658326/

GLOSSÁRIO

5W2H: sigla em inglês que tanto pode ser uma ferramenta (de gerência de projeto) como a resposta das perguntas mais comuns que uma pessoa faria. É a base da informação, também chamada de lide no jornalismo, e inclui as respostas das seguintes questões: o que (*What*), por quê (*Why*), quem (*Who*), quando (*When*), onde (*Where*), como (*How*) e quanto (*How much/How many*).

ARQUÉTIPOS: conceito da psicologia que representa padrões de comportamento através de personagens.

GRAPHICAL USER INTERFACE (GUI): que são consumidas com os olhos, a pessoa vê.

HANDOFF: de forma simples, é a "explicação", as dicas e regras anotadas de uma entrega. Exemplo: os *wireframes* ou um fluxograma trazem anotações para explicar o que foi proposto e aplicado.

LEADS: pessoas que forneceram suas informações de contato como nome, e-mail, telefone para a empresa em algum momento de interação com elas.

NLP (*NATURAL LANGUAGE PROCESSING*) OU PROCESSAMENTO DE LINGUAGEM NATURAL (EM PORTUGUÊS, PLN): é a tecnologia usada para "entender" o que a pessoa está solicitando ao sistema. Exemplo: quando você digita a palavra "cartão" no *internet banking*, ele pode relacionar com "Enviar cartão", "Cancelar cartão", "Fatura do cartão", entre outras coisas. Cabe ao sistema e ao usuário desambiguar: entre todas essas opções mapeadas de cartão, qual esta pessoa usuária pode solicitar? A resposta vem a partir da especificação: "quero ver as milhas do meu cartão" (e o sistema exibe as milhas).

PESSOA USUÁRIA: termo usado em *UX Design* para se referir a todas as pessoas que interagem com produtos e serviços digitais e físicos, sejam clientes ou não.

***SLA* (*SERVICE LEVEL AGREEMENT*):** acordo de nível de serviço entre empresa e prestadores de serviço, como agências de atendimento ao cliente, por exemplo, que a empresa monitora frequentemente.

***VOICE USER INTERFACE* (VUI):** são interfaces de voz, consumidas por meio da audição (a pessoa escuta).

REFERÊNCIAS BIBLIOGRÁFICAS

LIVROS

BELL, Steve. *Lean enterprise systems: using IT for continuous improvement.* Hoboken: Wiley Interscience, 2005

BOOTLE, Roger. *The AI economy: work, wealth and welfare in the robot age.* Londres: Nicholas Brealey, 2019.

CAPOTE, Gart. *A jornada do cliente: guia essencial para entender clientes, desenvolver soluções, projetar experiências, repensar processos e prosperar.* [S.l.: s.n.], 2020

CONNELLAN, Tom. *Nos bastidores da Disney: os segredos do sucesso da mais poderosa empresa de diversões do mundo.* São Paulo: Saraiva, 2010.

DIXON, Matthew; TOMAN, Nick; DELISI, Rick. *The effortless experience: conquering the new battleground for customer loyalty.* Nova York: Portfolio, 2013.

GARY, L. Lilien; G. L., RANGASWAMY, A.; DE BRUYN, A. *Principles of marketing engineering and analytics.* State Colete: DecisionPro, 2017.

GOLDENBERG, Barton J. *The definitive guide to social CRM: maximizing customer relationships with social media to gain market insights, customers and profits.* Londres: FT Press, 2015.

KALE, H. CRM failure and the seven deadly sins. *Journal of Marketing Management*, Vol. 13, No. 5. pp. 42-46. Londres, 2004.

KANE, Gerald C. et al. *The technology fallacy: how people are the real key to digital transformation.* Cambridge: The MIT Press, 2019.

KALBACH, James. *Mapping experiences: a complete guide to customer alignment through journeys, blueprints & diagrams.* Sebastopol: O'Reilley Media, 2020.

KOTLER, P. *Marketing para o século XXI: como criar, conquistar e dominar mercados.* Rio de Janeiro: Alta Books, 2021.

KOTLER, Philip; KARTAJAYA, Hermawan; SETIAWAN, Iwan. *Marketing 4.0: do tradicional ao digital.* Rio de Janeiro: Editora Sextante, 2017.

LAMB, C. W.; HAIR, J. F.; MCDANIEL, C. *Essentials of marketing 6th edition.* Nashville: South-Western Publishing Co., 2008.

MELLO, Andréa N., (Coord.). *Experiências que deixam marcas: conceitos fundamentais sobre customer experience.* São Paulo: Editora Robecca & Co., 2021

MELLO, Andréa N.; MONTEIRO, Fábio D. (Coord.). *Experiências que deixam marcas: jornada, dados e métricas para um customer experience bem-sucedido*. São Paulo: Editora Robecca & Co., 2021

MICHELLI, Joseph A. *Guiados pelo encantamento: o método Mercedes-Benz para entregar a melhor experiência do cliente*. São Paulo: DVS Editora, 2017.

PAHARIA, Rajat. *Loyalty 3.0: how to revolutionize customer and employee engagement with big data and gamification*. Nova York: McGraw Hill, 2013.

PODMAJERSKY, Torrey . *Redação estratégica para UX: aumente engajamento, conversão e retenção com cada palavra*. São Paulo: Novatec, 2019.

PROVOST, F.; FAWCETT, T. *Data science for business: what you need to know about data mining and data-analytic thinking*. Sebastopol: O'Reilly Media, Inc., 2013.

SHARDA, R.; DELEN, D.; TURBAN, E. *Business intelligence e análise de dados para gestão do negócio 4ª. edição*. Porto Alegre: Bookman Editora, 2019.

SIEBEL, Thomas. *Digital transformation: survive and thrive in an era of mass extinction*. Nova York: Rosetta Books, 2019.

STONE, Brad. *As upstarts: como a Uber, o Airbnb e as killer companies do Vale do Silício estão mudando o mundo*. Rio de Janeiro: Editora Intrínseca, 2017.

INTERNET

ABAD – Associação Brasileira de Atacadistas e Distribuidores de Produtos Industrializados. *Mercado de saudáveis mostra crescimento*. Disponível em: https://www.anuarioabad.com.br/2021/09/29/mercado-de-saudaveis-mostra-crescimento/#:~:text=O%20brasileiro%20est%C3%A1%20partindo%20para,esse%20percentual%20era%20de%2078%25. Acesso em: 22 de fevereiro de 2022.

Baynard Institute. *46 cart abandonment rate statistics*. Disponível em: https://baymard.com/lists/cart-abandonment-rate. Acesso em: 9 de julho de 2022.

BI Worldwide. *Why a timely thank you is the currency of smart business*. Disponível em: https://www.biworldwide.com/research-materials/blog/recognize-now-why-a-timely-thank-you-is-the-currency-of-smart-business/. Acesso em: 13 de março de 2022.

BLAKE, Morgan. *50 stats that prove the value of customer experience*. Forbes Magazine. Disponível em: https://www.forbes.com/sites/blakemorgan/2019/09/24/50-stats-that-prove-the-value-of-customer-experience/?sh=2f35a2674ef2. Acesso em: 9 de março de 2022.

CASAROTTO, Camila. *Conheça os 9 passos para implementar uma estratégia de CRM na sua empresa*. Disponível em: https://rockcontent.com/br/blog/implementar-estrategia-de-crm/. Acesso em: 14 de abril de 2022.

Clarus Commerce. *2021 loyalty industry data study: insights, challenges and plans from today´s retailers.* Disponível em: https://info.caruscommerce.com/WC-2021-FYQ2-B2B-DataStudy_LP-2021-B2B-DataStudy.html. Acesso em: 13 de março de 2022.

Clarus Commerce. *2022 customer loyalty data study: what are the true drivers of loyalty in the minds of consumers?* Disponível em: https://info.claruscommerce.com/WC-2022-FQ2-Customer-Loyalty-Data-Study_Main-LP.html. Acesso em: 13 de março de 2022.

Clarus Commerce. *Adding a premium tier to your existing Loyalty Program.* Disponível em: https://info.claruscommerce.com/WC-2021-FQ4-Adding-a-Premium-Tier-eBook_LP.html. Acesso em: 13 de março de 2022.

CURTIS, Mark et al. *Life reimagined: mapping the motivations that matter for today 's consumers.* Disponível em: https://www.accenture.com/us-en/insights/strategy/reimagined-consumer-expectations. Acesso em: 13 de março de 2022.

Demand Gen Report – *Demand gen report: your source for the latest B2B marketing news & trends.* Disponível em: https://www.demandgenreport.com. Acesso em: 27 de fevereiro de 2022.

DECKER, Dan. *The 25 best CRM software for small business & startups in 2021.* Disponível em: https://allthatsaas.com/roundup/best-crm-software/. Acesso em: 18 de abril de 2022.

Edraw. *8 customer journey map examples to inspire you.* Disponível em: https://www.edrawsoft.com/8-customer-journey-map-examples-to-inspire-you.html. Acesso em: 9 de julho de 2022.

Euromonitor International. *Dez principais tendências globais de consumo 2022.* Disponível em: https://go.euromonitor.com/white-paper-EC-2022-Top-10-Global-Consumer-Trends-PG.html. Acesso em: 22 de fevereiro de 2022.

Forbes. *Tech leaders predict 15 ways UX design will soon change.* Council Post. Disponível em: https://www.forbes.com/sites/forbestechcouncil/2021/03/09/tech-leaders-predict-15-ways-ux-design-will-soon-change/?sh=70bcb2a24337. Acesso em 19 de maio de 2022.

Forrester Consulting. *State of offer relevancy 2021.* Disponível em: https://formation.ai/offer-relevancy-will-save-the-b2c-marketing-funnel/. Acesso em: 13 de março de 2022.

Fox Manager. *As 7 expectativas do cliente no atendimento em 2020.* Disponível em: https://blog.foxmanager.com.br/as-expectativas-do-cliente-atendimento/. Acesso em: 1 de junho de 2022.

FRANÇOIS, Laure. *A roadmap for the implementation of a CRM.* Elixir Solutions. Disponível em: https://blog.elixir-solutions.net/crm-implementation-roadmap. Acesso em 11 de abril de 2022.

GALLO, Amy. *The value of keeping the right customers.* Disponível em: https://hbr.org/2014/10/the-value-of-keeping-the-right-customers. Acesso em: 10 de março de 2022.

GUSMÃO, Amanda. *Conheça os 10 principais erros na implementação de um sistema CRM.* Disponível em: https://rockcontent.com/br/blog/erros-na-implementacao-de-crm. Acesso em: 15 de abril de 2022.

HOLLAR, Katie. *CRM industry user research report.* Capterra. Disponível em: https://www.capterra.com/customer-relationship-management-software/user-research. Capterra. Acesso em: 21 de fevereiro de 2022.

INSPER. *Mundo se aproxima da marca de 5 bilhões de usuários de internet, 63% da população.* Insper Notícias. Disponível em: https://www.insper.edu.br/noticias/mundo-se-aproxima-da-marca-de-5-bilhoes-de-usuarios-de-internet-63-da-populacao/. Acesso em: 13 de abril de 2022.

MEADE, Megan. *Top 25 estatísticas sobre software de automação de marketing.* Disponível em: https://softwarepath.com/guides/marketing-automation-statistics. Acesso em: 27 de fevereiro de 2022.

Mensageria no Brasil. *Panorama.* Disponível em: https://www.mobiletime.com.br/pesquisas/mensageria-no-brasil-fevereiro-de-2022/. Acesso em: 13 de abril de 2022.

Mintel. *Global Consumer Trends 2022: What consumer want and why – now, next and in the future.* Disponível em: https://www.mintel.com/global-consumer-trends?utm_term=%2Bmintel%20%2Btrends&utm_campaign=SCH_(CP-LeadGen)_(G-LAR)_%7BBrand%7D_(D-All)_B_&utm_source=adwords&utm_medium=ppc&hsa_acc=9603040692&hsa_cam=10445632723&hsa_grp=104537149340&hsa_ad=445726075827&hsa_src=g&hsa_tgt=kwd-569283586203&hsa_kw=%2Bmintel%20%2Btrends&hsa_mt=b&hsa_net=adwords&hsa_ver=3&gclid=CjwKCAiAsNKQBhAPEiwAB-I5zZtUUPZzOkwDsdFQJlLAhbo9sXhUAcLQ8q_4-To06S0LwO9r1rp-9xoCfVUQAvD_BwE. Acesso em: 22 de fevereiro de 2022.

NIELSEN, Jakob. *Heuristic evaluation.* YouTube vídeo. Disponível em: https://www.youtube.com/watch?v=6Bw0n6Jvwxk. Acesso em: 19 de maio de 2022.

Northwestern Spiegel Research Center. *Do instant rewards drive purchase in a loyalty program.* Disponível em: https://spiegel.medill.northwestern.edu/loyalty-programs/ Acesso em: 13 de março de 2022.

OLDROYD, James B.; MCELHERAN, Kristina.; ELKINGTON David. *The short life of online sales leads.* Harvard Business Review. Disponível em: https://hbr.org/2011/03/the-short-life-of-online-sales-leads. Acesso em: 09 de março de 2022.

Opinion Box. *A experiência do consumidor com empresas de serviços.* Disponível em: https://materiais.opinionbox.com/ebook-experiencia-com-servicos. Acesso em: 13 de março de 2022.

Opinion Box. *Consumer Trends 2022.* Disponível em: https://d335luupugsy2.cloudfront.net/cms%2Ffiles%2F253331%2F1638532348cms_files_7540_1638222478Consumer_Trends_2022_1.pdf. Acesso em: 22 de fevereiro de 2022.

Organis – Associação de Promoção dos Orgânicos. *Mercado de orgânicos cresce 30% e aponta nova tendência.* Disponível em: https://organis.org.br/imprensa/setor-de-organicos-cresce-30-e-aponta-nova-tendencia/#:~:text=%E2%80%9CFechamos%202020%20com%20um%20crescimento,simples%20salto%20passageiro%20no%20consumo. Acesso em: 22 de fevereiro de 2022.

PIAI, Bruno. *Do metaverso ao TikTok: o que vem por aí nos treinamentos virtuais.* RH para você. Disponível em: https://rhpravoce.com.br/redacao/do-metaverso-ao-tiktok-treinamentos-virtuais/. Acesso em: 28 de maio de 2022.

Portal do Franchising. *Estrutura, planejamento e apoio. Mesmo assim, há riscos de negócio em franquias.* Disponível em: https://www.portaldofranchising.com.br/franquias/riscos-de-negocios-em-franquias/. Acesso em: 4 de junho de 2022.

PWC. *Experience is everything: here's how to get it right.* Disponível em: https://www.pwc.com/us/en/services/consulting/library/consumer-intelligence-series/future-of-customer-experience.html. Acesso em: 13 de março de 2022.

PAULILLO, Júlio. *Implantação de CRM: como ganhar a confiança de sua equipe nesse processo.* Agendor Blog. Disponível em: https://www.agendor.com.br/blog/implantacao-crm/. Acesso em: 28 de março de 2022.

REICHHELD, Frederick. *Prescription for cutting costs.* Disponível em: https://www.bain.com/contentassets/2598a2341fed40eba41954ee442ead22/bb_prescription_cutting_costs.pdf. Acesso em: 13 de julho de 2022.

Salesforce. *O empoderamento do consumidor.* Disponível em: https://insights.liga.ventures/customer-experience/empoderamento-do-consumidor/. Acesso em: 22 de fevereiro de 2022.

Salesforce. *State of the connected customer.* Disponível em: https://www.salesforce.com/br/resources/research-reports/state-of-the-connected-customer/. Acesso em: 13 de março de 2022.

Salesforce. *Why do CRM projects fail (and how to fix them).* Disponível em: https://www.salesforce.com/ap/hub/crm/why-do-crm-projects-fail. Acesso em: 14 de abril de 2022.

SCHWEYER, Allan. *Academic research in action: the psychology of points rewards programs.* Incentive Research Foundation. Disponível em: https://theirf.org/research/academic-research-in-action-the-psychology-of-points-reward-programs/3232/. Acesso em: 13 de março de 2022.

SHAH, Baiju; FALEIRO, Flaviano; EL-WARAKY, Levine. *O renascimento da experiência para impulsionar crescimento.* Disponível em: https://www.accenture.com/br-pt/insights/interactive/business-of-experience. Acesso em: 22 de fevereiro de 2022.

SILVA, Douglas da. *O que é acordo de nível de serviço + importância e exemplo.* Blog da Zendesk. Disponível em: https://www.zendesk.com.br/blog/o-que-e-acordo-de-nivel-de-servico/. Acesso em: 4 de junho de 2022.

SIMON, Herbert A. *Do we understand human behavior?* UBS Nobel Perspectives. Disponível em: https://www.ubs.com/microsites/nobel-perspectives/en/laureates/herbert-simon.html. Acesso em: 13 de março de 2022.

SUÁREZ, Evangelina; ARAMBURU, Marcos. *Think with Google: cinco conselhos para atrair consumidores e fidelizá-los.* Disponível em: https://www.thinkwithgoogle.com/intl/pt-br/tendencias-de-consumo/jornada-do-consumidor/como-conquistar-clientes/. Acesso em: 22 de fevereiro de 2022.

SUGAR CRM. *Finding value in your CRM.* Disponível em: https://www.sugarcrm.com/blog/finding-value-in-your-crm/. Acesso em: 21 de fevereiro de 2022.

TORTORETTE, Maiara. *A importância da aplicação de treinamento.* Dicon Consultoria Organizacional. Disponível em: http://diconconsultoria.com.br/noticia-detalhe.asp?codigo=98. Acesso em: 22 de maio de 2022.

Tudo Sobre Incentivos. *[Guia] Ferramentas de fidelização e engajamento – parte 1.* Disponível em: https://materiais.tudosobreincentivos.com.br/guia-ferramentas-de-fidelizacao-e-engajamento-edicao-1. Acesso em: 13 de março de 2022.

Tudo Sobre Incentivos. *Panorama da participação em programas de fidelidade no Brasil.* Disponível em: https://materiais.tudosobreincentivos.com.br/pesquisa-programas-de-fidelidade-2019. Acesso em: 13 de março de 2022.

Tudo sobre incentivos. Pesquisa ABEMF – Locomotiva, 2020. *Percepção sobre programas é boa, mas é preciso empatia.* Disponível em: https://tudosobreincentivos.com.br/pesquisa-sobre-programas-de-fidelidade/. Acesso em: 13 de março de 2022.

VENEZUELA, Sandro. *Guia definitivo: como fazer a implantação do sistema de CRM na prática.* Disponível em: https://www.inovatize.com.br/site/como-fazer-implantacao-do-sistema-crm-na-empresa. Acesso em: 5 de abril de 2022.

Zendesk. *CX trends 2022.* Disponível em: https://www.zendesk.com.br/customer-experience-trends/#report. Acesso em: 10 de março de 2022.

IMAGENS

Páginas 2 e 3: Antonino Visalli | Unsplash
Página 12: Alvin Balemesa | Unsplash
Página 14: Brock Wegner | Unsplash
Página 24: Nate Johnston | Unsplash
Página 26: Charl Folscher | Unsplash
Página 30: Gabriel Gonzalez | Unsplash
Página 36: James Baldwin | Unsplash
Página 41: Christian Buehner | Unsplash
Página 46: Lucas Andrade | Unsplash
Página 49: Vinicius Wiesehofer | Unsplash
Página 62: Joyce Busola | Unsplash
Página 66: Mi Pham | Unsplash
Página 71: Louis Hansel | Unsplash
Página 74: Shoeib Abolhassani | Unsplash
Página 77: ThisisEngineering RAEng | Unsplash
Página 83: Christina @ wocintechchat.com | Unsplash
Página 84: Matt Flores | Unsplash
Página 98: İrfan Simsar | Unsplash
Página 108: Kelsey Weinkauf | Unsplash
Página 111: Jack Hamilton | Unsplash
Página 117: Rodrigo Gonzalez | Unsplash
Página 120: Luis Machado | Unsplash
Página 122: Tyler Nix | Unsplash
Página 128: ThisisEngineering RAEng | Unsplash
Página 135: Nathan Dumlao | Unsplash
Página 136: Becca McHaffie | Unsplash
Página 142: Stephan Valentin | Unsplash
Página 147: Charley Pangus | Unsplash
Página 148: LinkedIn Sales Solutions | Unsplash

Página 152: Nasik Lababan | Unsplash
Página 154: Divulgação | Mills Solaris
Página 156: Charlesdeluvio | Unsplash
Página 158: Jeshoots.com| Unsplash
Página 162: Proxyclick Visitor Management System | Unsplash
Página 167: Rod Long | Unsplash
Página 176: Brooke Cagle | Unsplash
Página 184: LinkedIn Sales Solutions | Unsplash
Página 190: Ben Moreland | Unsplash
Página 192: Brian McGowan | Unsplash
Página 199: Sincerely Media | Unsplash
Página 205: CoWomen | Unsplash
Página 209: Tony Schnagl | Pexels
Página 213: Nataliya Vaitkevic | Pexels
Página 220: Motorola | https://www.tecmundo.com.br/mercado/236924-motorola-realiza-treinamento-equipe-brasileira-metaverso.htm
Página 222: Ameer Basheer | Unsplash
Página 229: Viki Mohamad | Unsplash
Página 235: Ricardo Arce | Adobe Stock
Página 236: Jeffery Erhunse | Unsplash
Página 241: Cyrus Crossan | Unsplash
Página 246: Artem Beliaikin | Unsplash
Página 251: Briana Tozour | Unsplash
Página 253: Saffu | Unsplash
Página 255: Rupert Britton | Unsplash
Página 258: Paola Aguilar | Unsplash
Página 266: John Schnobrich | Unsplash
Página 274: J V | Unsplash
Página 277: Gabriella Clare Marino | Pexels
Página 285: Via a Autora
Página 286: Via a Autora
Página 287: Via a Autora

Página 288: Riccardo Ginevri | Unsplash
Página 291: Sašo Tušar | Unsplash
Página 296: Victor | Unsplash
Página 299: Arlington Research | Unsplash
Página 300: Surface | Unsplash
Página 306: Logan Weaver | Unsplash
Página 318: Daria Nepriakhina | Unsplash
Página 320: Charlesdeluvio | Unsplash
Página 330: Dylan Gillis | Unsplash
Página 334: Katka Pavlickova | Unsplash
Página 338: Count Chris | Unsplash
Página 340: Tim-Mossholder | Unsplash
Página 344: Matheus Ferrero | Unsplash
Página 345: Priscilla Du Preez | Unsplash
Página 348: Shingi Rice | Unsplash
Página 352: Freepik
Página 353: David Hurley | Unsplash
Página 355: Jarritos Mexican Soda | Unsplash
Página 360: LinkedIn Sales Solutions | Unsplash
Página 362: Sutirta Budiman | Unsplash
Página 392: Olia Nayda | Unsplash

LIVROS DA EDITORA ROBECCA

A Editora Robecca é nova, mas cheia de energia acumulada e inspiração para levar a melhor experiência de leitura para você, sempre.

Conheça também os volumes 1 e 2 da coleção *Experiências que deixam marcas.*

www.editorarobecca.com.br